W0078947

Gert Scobel

Der fliegende Teppich

Eine Diagnose der Moderne

S. FISCHER

Originalausgabe

Erschienen bei FISCHER Taschenbuch
Frankfurt am Main, April 2017

© 2017 S. Fischer Verlag GmbH, Hedderichstr. 114,
D-60596 Frankfurt am Main

Satz: Dörlemann Satz, Lemförde
Druck und Bindung: CPI books GmbH, Leck
Printed in Germany
ISBN 978-3-596-03689-9

INHALT

… Das Wertvollste, was ich aus den Zaubermärchen [aus dem Osten] gelernt habe, ist, dass Literatur und Wahrheit nicht zweierlei Dinge sind. Es geht um Phantasieprodukte. Madame Bovary ist nicht weniger erfunden als ein fliegender Teppich. Auch sie existierte niemals. Hat man einmal verstanden, dass Literatur ihrem Wesen nach im Erfundenen liegt, dann liegt darin eine große Befreiung. Ehe man ein Rad baut, muss man sich ein Rad vorstellen. Ehe man einen Hyperlink programmiert, muss man sich einen Hyperlink vorstellen. Unsere Vorstellungskraft – sie ist das Entscheidende im Menschen.

Salman Rushdie, ARD Druckfrisch, 4.10.2015

Für Susanne

Sie sagen: »Es gibt keine fliegenden Teppiche.« So etwas kommt nur in Märchen vor.
Ich werde Ihnen zeigen, dass Sie auf einem sitzen, ob Sie wollen oder nicht. Und dass er fliegt. Mehr noch: Dass Sie gerade jetzt auf ihm sitzen und sogar jetzt auf ihm fliegen.
Die Welt ist zauberhaft – aber anders, als wir vermuten.

VORWORT

PAUL SMITH, DIE MODERNE, DIE ANGST VORM FLIEGEN UND WORUM ES GEHT

$$i\hbar \frac{\partial}{\partial t} |\psi(t)\rangle = \hat{H} |\psi(t)\rangle.$$

Erwin Schrödinger, 1926

Worum es geht, ist denkbar einfach. So einfach, dass ein Kind, dem man die Sache in Ruhe erklärt, sie leicht in ein oder zwei Minuten verstehen kann. Ob es sie gut finden wird, ist eine andere Sache. Im Wesentlichen läuft es darauf hinaus zu zeigen, dass die Welt keinen Boden hat. Und das bedeutet, dass auch unser Leben – gerade weil es ganz und gar von dieser Welt ist, zu ihr gehört und ihren Gesetzen folgt – keinen Boden hat. Jedenfalls hat es keinen echten Boden. Was wie ein Boden aussieht, ist in Wahrheit eher wie ein fliegender Teppich.

Das ist, etwas vereinfacht gesagt, die Lage, in der wir uns gegenwärtig befinden: Wir leben auf einem fliegenden Teppich. Zur Beschreibung des Wortes *gegenwärtig* werden je nach Denkweise, politischem Lager und Tradition, in der man erzogen wurde, verschiedene Begriffe herangezogen. Manche bezeichnen das »In-heutiger-Zeit-Sein« als modern – was zur Frage führt, ob in diesem Sinn nicht auch vergangene Zeiten modern waren. Natürlich gibt es auch genauere historische und soziologische Beschreibungen. Verwendet werden neben Moderne auch Begriffe wie Post-Moderne, Post-Post-Moderne, postfaktisches Zeitalter, virtuelles Zeitalter, Internetzeitalter, Zeiten des entfesselten Turbokapitalismus, Big Data oder Anthropozän. Man könnte stattdessen auch einfach von unserem *Jetzt* sprechen, was verständlicher, aber nicht unbedingt präziser ist.

Wie auch immer man die Gegenwart bezeichnen will: Das Leben in ihr wird von den meisten Menschen unabhängig von dem Kontinent, auf dem sie leben, in ähnlicher Weise als schwierig und mühsam beschrieben. Doch die Beschreibungen der Gegenwart erweisen sich in der Regel als widersprüchlich. Man muss nur lange genug warten, dann ist auch das Gegenteil einer Behauptung ebenso wahr wie sie selbst. Das Leben ist schnell, für viele zu schnell, turbulent, oft gewalttätig und mit Regelmäßigkeit chaotisch. Verlässlich ist dieses Chaos nur insofern, *dass* es in Erscheinung tritt. Wann ein System wie ein Finanzsystem kippt, d. h. in eine chaotische Dynamik übergeht und aufgrund seiner Nichtlinearität unregierbar wird, lässt sich hingegen wie beim Klima nicht genau bestimmen. Allerdings gibt es ein Modewort, das all diese Eigenschaften und Gegensätze einschließlich des Chaos bequem in einem einzigen Begriff zusammenfasst: *komplex*. Seltsamerweise hatte dieses heute viel verwendete Wort jahrzehntelange Anlaufschwierigkeiten. Außer in gewissen Fachkreisen der Mathematik, Physik, Biologie und Informatik wurde es vermieden und galt selbst in den Wissenschaften lange Zeit als unpräzise und zu esoterisch. *Komplex* war alles andere als ein cooles Wort, zumindest wenn man von den wenigen Wissenschaftlern absieht, die in den 1980er und 1990er Jahren des letzten Jahrhunderts am Santa Fe-Institut zur Erforschung der Komplexität Pionierarbeit leisteten.

Inzwischen haben *komplex* und *Komplexität* Karriere gemacht und begegnen einem im Internet (rund 20 Millionen Einträge) ebenso oft wie in den Nachrichten, auf Whats-App, in Modezeitschriften oder Kolumnen. Die Gegenwart ist die komplex gewordene Moderne. Und doch befinden wir uns, wo auch immer wir sind, aller Komplexität zum Trotz in einer ebenso einfachen wie seltsamen, zuweilen verstörenden Lage: Wir leben auf einem fliegenden Teppich – obwohl wir glauben, dass es sich völlig anders verhalte. Warum glauben wir, dass es sich anders verhalten muss? Die Antwort kennt heutzutage jedes Kind: Weil es natürlich keine fliegenden Teppiche gibt! Aber auch das ist nur ein weiterer Irrtum.

Den Eindruck, dass das Leben an einem vorbeifliegt, teilen heutzutage viele Menschen. *Man rasiert sich, man ißt, man liebt, man liest Bücher, man übt seinen Beruf aus,* schrieb Robert Musil vor rund 100 Jahren, so *als ob die vier Wände stillstünden, und das Unheimliche ist bloß, daß die Wände fahren, ohne daß man es merkt.* Insofern ist das Bild vom *fliegenden* Teppich nicht so unpassend, wie es im ersten Moment vielleicht erscheinen mag. Viele Menschen – und nicht nur die mit Burnout, Depressionen, Suizidgedanken oder anderen klinischen Symptomen – haben zunehmend das Gefühl, besser heute als morgen die Kurve kriegen und rechtzeitig abspringen zu müssen. Was sie daran hindert, ist nicht selten das unheimliche Gefühl, dass sich das Tempo ihres Lebens von Tag zu Tag weiter steigert, so als sei man in Wahrheit bereits über das Ziel hinausgeschossen, habe es einfach verfehlt und sei jetzt auf eine völlig falsche Spur geraten. Vom Zug der Zeit abspringen zu wollen, klingt seltsam antiquiert nach 19. Jahrhundert – nicht nur, weil die Züge noch schneller geworden sind (wie die Magnetschwebebahn Transrapid Shanghai), sondern vor allem, weil das Leben längst nicht mehr mit Metaphern aus dem alten Industriezeitalter beschrieben werden kann.

Heute ist das Leben ein digitaler Scherbenhaufen, eine undurchschaubare, sich in ständiger Auflösung befindliche und neu formierende Flut von Daten, ein Flackern von Informationen in einem völlig unübersehbaren Netzwerk. Aber ein fliegender Teppich?

Einer der innovativsten und »coolsten« Designer der Gegenwart ist für mich nach wie vor der Brite Paul Smith. Ich halte ihn für einen extrem entspannten, klugen und humorvollen Menschen mit einem großen Sinn für Qualität und Stil. Paul Smith, vielen bekannt als *Herr der Streifen* (so der Titel eines Interviews, das Claudia Merkle in *Elle Decoration*, 2/2016, führte), wurde 1946 in Nottingham geboren. Sein Vater Harry war Textilkaufmann und zudem ein guter Amateurfotograf. Paul verließ die Schule mit 15, arbeitete in einem Warenhaus, das Stoffe, Kleider und Anzüge anbot, und entwickelte schnell die Ambition, Rennradprofi zu werden. Er trainierte täglich auf dem Weg zur Arbeit, bis er mit 17 einen schweren Unfall hatte, der ihn für sechs Monate ins Krankenhaus brachte. In dieser Zeit machte er Bekanntschaft mit Studenten des Art College und begann, sich für Kunst zu interessieren. Zurück bei der Arbeit, setzte er sein neues Interesse in die Wirklichkeit um und dekorierte zunächst Ausstellungsräume. Schließlich nahm er in Nottinghamshire Abendkurse, um das Schneiderhandwerk von Grund auf zu erlernen, zog später nach London und arbeitete bei Lincroft Kilgour in der berühmten Savile Row im Stadtteil Mayfair. Savile Row ist bis heute berühmt für ihre Geschäfte und Schneidereien, die seit dem 18. Jahrhundert Herrenmode, Schuhe und Maßanzüge herstellen. Auch die ehrwürdige Royal Geographical Society war in der Savile Row Hausnummer 1 ansässig – von dort wurden wichtige Expeditionen u. a. zum Nordpol geplant. In Hausnummer 3 Savile Row befand sich das Büro der Beatles. Auf dem Dach dieses Hauses gab die Band ihr berühmtes *Let it Be*-Konzert – ihr letztes gemeinsames Konzert überhaupt. Paul Smith blieb London, der Mode und dem Design treu – und ist bis heute ein leidenschaftlicher Rennradfahrer geblieben.

In dem Interview in *Elle Decoration* antwortete Paul Smith auf die Frage nach einem seltsamen (in der Zeitung selbst nicht abgebildeten) Foto, das ihn auf einem fliegenden Teppich zeigt: *Das ist eine Fotomontage meines verrückten Vaters! Er hatte unseren Wohnzimmerteppich im Garten auf Kisten drapiert. Ich musste mich darauf setzen und so tun, als würde ich fliegen … Aber vielleicht ist das auch mein Geheimnis. Ich habe den Kopf in den Wolken, aber die Füße meist fest auf dem Boden.* Mir schien diese Auskunft eine perfekte Beschreibung dessen, worum es in *Der fliegende Teppich* gehen sollte. Ich rief daher sein Büro in London an, bekam die freundliche Auskunft, mich an seine persönliche Assistentin Isabel Vince zu wenden, der ich mein Anliegen und Buchkonzept kurz erläutern sollte, und erhielt bereits wenige Tage später eine überaus freundliche Antwort.

Abb. 1: Paul Smith als Kind auf dem fliegenden Teppich.

Im Namen von Paul Smith schickte sie mir das Bild aus dem Familienalbum sowie die Erlaubnis, es für dieses Buch zu verwenden.

Das Foto bringt die Situation, in der wir uns befinden, perfekt auf den Punkt. Es zeigt etwas, das auf den ersten Blick real und nicht erfunden erscheint – so wie jede Nachricht aus dem Internet und jede heutige Fotografie zunächst real erscheint. Und doch ist beinahe alles, was zu sehen ist, in dieser Zusammenstellung erfunden (obwohl es Photoshop noch nicht gab). Die Dinge existieren: Aber sie existieren nicht *so*. Und doch ist heute vieles, was unseren Vorfahren wie ein solches Foto erschienen sein muss, real. Was diese neuen Konstellationen (nennen wir sie die Konstellationen der Moderne) möglich macht, sind Wissen, handwerkliche Fähigkeiten und Techniken, die wie auf dem Bild selber unsichtbar bleiben. Wir können sie nicht direkt sehen, obwohl sie die Bedingungen für das sind, was wir sehen. In dem Bild vermischt sich eine damals moderne Technik der Fotobearbeitung mit den Elementen der wirklichen Welt und mit den alten Mythen von 1001 Nacht, mit Geschichten von Prinzen und Prinzessinnen, Zauberern und wirklichen Städten, über die man heute mit Google Maps im Satelliten-Modus hinwegfliegen kann: ein Bild, in dem sich, keineswegs zufällig, Orient und Okzident treffen.

Ins Bodenlose zu stürzen bedeutet, den Halt – jeden Halt – zu verlieren. Alles um uns herum scheint dem zu widersprechen. Stehen wir nicht mit beiden Füßen auf dem Boden? Sitzen, laufen oder schlafen wir nicht auf ihm? Einen großen Teil unserer Zeit fühlen wir uns sicher, und die Welt ist alles Mögliche – nur keine Realität, die sich im freien Fall befindet. Doch Behaglichkeit und Sicherheit haben ihre Grenzen. Und dann schimmert plötzlich etwas durch den Boden durch, so, als sei dahinter – nichts. Oder genauer: zwar etwas, aber dieses Etwas trägt mit einem Mal nicht mehr. Ein Schicksalsschlag, ein Unglück oder ein plötzliches Ereignis, das einen aus der Bahn wirft (als befänden wir uns in einem Zug oder auf einer vorbestimmten Flugbahn) – und von einem Augenblick auf den anderen ist die Welt seltsam fadenscheinig geworden. Umgekehrt gilt auch für die Momente, in denen wir zu schweben scheinen oder richtig abheben in eine neue, bislang unentdeckte Welt, dass das Leben eine neue Leichtigkeit bekommt, die uns selbst das Gefühl der Schwerelosigkeit gibt. Erst dann, wenn wir uns wieder im Sinkflug befinden und »landen«, nimmt das Leben eine ungeheure Schwere an. Es bekommt einen Sog, den wir nach der Euphorie des Flugs stärker empfinden als je zuvor. Was bedeutet es also, dass wir uns die meiste Zeit über zu Hause fühlen auf der Welt, getragen (von was auch immer) und geborgen? All das soll ein fliegender Teppich sein, weil der Boden bodenlos ist? Der Augenschein spricht dagegen. Aber genau darum geht es in diesem Buch: dass die Dinge häufig anders sind, als sie scheinen.

Eine letzte Vorbemerkung. Es gibt Sachverhalte, die erstaunlich klar und einfach sind und leicht durchschaut werden können. Und doch fällt der Umgang mit ihnen überraschend schwer. Das liegt meist nicht nur daran, dass diese Dinge noch ungewohnt und neu sind, sondern dass sie uns Angst einjagen – ein Begriff, der auf unsere biologische Herkunft verweist, zurück in eine Zeit, in der es keine Supermärkte gab und Säbelzahntigerschnitzel eher eine Seltenheit waren. Einfachheit und Umgang mit einfachen Dingen liegen nicht unbedingt auf derselben Ebene. Beispielsweise ist es etwas völlig anderes, die einfache Feststellung zu machen, *da draußen regnet es gerade unglaublich heftig*, oder selbst derjenige zu sein, der mitten in diesem Gewitterregen auf der Straße steht und ohne Schirm, Regenmantel oder sonstigen Schutz dem

Wasser hilflos ausgeliefert ist. Das eine kommt leicht über die Lippen und ist nicht der Rede wert. Regnet es nicht immer irgendwo auf der Welt? Irgendjemand wird gerade immer nass bis auf die Knochen. Das andere, das eigene Erleben, ist jedoch unerträglich, auf Dauer jedenfalls. Genau das markiert den Unterschied zwischen Erkenntnis und Erfahrung. Es kann sein, dass man gerade mit einfachen Sachverhalten nur schwer umgehen kann. So leicht das eine scheint, so schwer ist das andere.

Angenommen, das Leben, der Alltag und mit ihm vertraute Werte oder so etwas wie Wahrheit haben keinen Boden; angenommen, es gibt kein Ziel, keinen letzten Aufenthaltsort, keinen klaren Anfang, es sei denn einen, den wir definiert haben: Wäre ein solches Leben im Bodenlosen nicht schwierig, vielleicht sogar unzumutbar und unmenschlich? Andererseits: Wen sollte es kümmern, wenn es so wäre – außer die Betroffenen selbst? Wenn man sich einlässt auf das Gedankenspiel, *wenn* die Erkenntnis also *wirklich* wahr ist, kann sich ein Gefühl des Schwindels einstellen: im doppelten Sinn des Wortes. In diesem Buch geht es darum, diesen Schwindel auszuloten, der typisch ist für die Moderne. Das Grundprinzip ist denkbar einfach.

Die Moderne hat eine Menge von Apparaturen und Mitteln erfunden, mit deren Hilfe wir durch die Tage rasen, surfen, gleiten, schweben und fliegen, ohne jemals hart landen zu müssen. Im Internet, in der Luft, bei der Arbeit oder Liebe – immer scheinen wir dank unserer Hilfsmittel und Techniken festen Boden unter den Füßen zu haben. Die reißfesten fliegenden Teppiche der Moderne sehen täuschend echt aus, so wie echte Teppiche, die man auf echte Böden gelegt hat und auf die man unbesorgt treten kann, weil man dort weich und sicher steht. Bis etwas passiert. Bis Sie sich wie ein Kind fragen, warum das Flugzeug, in das Sie gerade steigen – ein

Gerät aus Metall, das schwerer ist als alles, was Sie je in Ihrem Leben gehoben und in die Luft geworfen haben –, überhaupt fliegen kann. Nicht nur Kinder, auch viele Erwachsene haben ein Leben lang Angst vor dem Fliegen. Ein Flugzeug schwebt wie ein Vogel in der Luft und erzeugt umso mehr Auftrieb, je schwerer es ist? Sie können mir viel erzählen. Flugzeuge, die fliegen – das soll ich glauben?

Das Prinzip, um das es in diesem Buch geht, ist weitaus einfacher zu verstehen als solche Erklärungen der Strömungslehre aus der Newton'schen Physik, die von Auftrieb, Tragflächen und Anströmgeschwindigkeiten handeln. Alles, worum es geht, ist die Einsicht, dass der Boden der Realität, auf dem wir stehen, in Wahrheit kein fester Boden ist – auch wenn es (fast immer) anders aussehen mag. Was direkt zum zweiten Thema dieses Buches führt: zur Frage, was den direkten Aufprall eigentlich unterbindet und uns das gute Gefühl gibt, scheinbar festen und sicheren Boden unter den Füßen zu haben.

Natürlich hinkt der Vergleich des fliegenden Teppichs mit einem Flugzeug an entscheidenden Stellen. Flugzeuge sind natürlich keine fliegenden Teppiche – höchstens auf eine sehr metaphorische Weise. Doch die Bodenlosigkeit, von der die Rede war, und auch die Fähigkeit fliegender Teppiche, uns vor dem Fall zu bewahren, sind völlig real. Die Welt *hat* keinen Boden. Es *gibt* fliegende Teppiche – und sie fliegen *wirklich*. Sie werden im Laufe des Buches sehen, wie diese Gedanken Ihnen immer vertrauter werden.

Am Ende lässt sich das, was die Realität und unser Leben *ist*, nur in Bildern *zeigen* und *sagen*. Selbst die bewährten Formeln, die diese Wirklichkeit in wissenschaftlicher Form scheinbar fehlerlos und perfekt in Zahlen und Relationen wiedergeben, müssen, damit sie uns etwas *sagen*, in Bilder *übersetzt* werden. Dass wir rechnen können und wissen, was die Wurzel aus einer imaginären Zahl ist, hilft uns nicht, das Leben zu verstehen – und erst recht nicht, Lebenskrisen zu überwinden. Die Formeln selber sagen ohne Übersetzung am Ende ebenso wenig wie die Lehren der Wissenschaften, der Philosophien oder Religionen. *Gott*, schreibt der Schriftsteller und Medienwissenschaftler Tim Parks, *ist eine Schöpfungsgeschichte in einem Wort. Wir verstehen Wörter wie Gott, Engel, Teufel, Gespenst nur anhand von Geschichten, da solche Wesen unmöglich ohne sie verstanden werden können, jedenfalls von meinesgleichen.* Falls Sie widersprechen: *Sagt* Ihnen die folgende Formel tatsächlich, *wie* die ungestörte zeitliche Entwicklung von nichtrelativistischen Quantensystemen verläuft und *was* sie ist? Ein Fachmann bzw. eine Fachfrau wird antworten *natürlich*, denn die Schrödingergleichung beschreibe auf genaueste Weise – und ich zitiere hier nur Wikipedia-Wissen – *die Dynamik des quantenmechanischen Zustands eines Systems, solange an diesem keine Messung vorgenommen wird.* So also sieht die Welt aus, bevor jemand auf die Idee kommt, dass all das, was er gerade sieht, die *Welt* sein könnte, die man hören, riechen, schmecken, fühlen, denken und vermessen kann:

$$i\hbar \frac{\partial}{\partial t} | \psi(t) \rangle = \hat{H} | \psi(t) \rangle.$$

In gewisser Weise ist diese Gleichung, die die Welt beschreibt, bevor wir sie Welt nennen, sicherer Boden; so sicher, wie es ein fliegender Teppich eben sein kann.

KAPITEL 1
FALL

Die leichte Taube, indem sie im freien Fluge die Luft theilt, deren Wider-
stand sie fühlt, könnte die Vorstellung fassen, daß es ihr im luftleeren
Raum noch viel besser gelingen werde. Eben so verließ Plato die Sinnen-
welt, weil sie dem Verstande so enge Schranken setzt, und wagte sich
jenseits derselben auf den Flügeln der Ideen in den leeren Raum des reinen
Verstandes. Er bemerkte nicht, daß er durch seine Bemühungen keinen
Weg gewönne, denn er hatte keinen Widerhalt gleichsam zur Unterlage,
worauf er sich steifen und woran er seine Kräfte anwenden konnte, um den
Verstand von der Stelle zu bringen. Es ist aber ein gewöhnliches Schicksal
der menschlichen Vernunft in der Speculation, ihr Gebäude so früh wie
möglich fertig zu machen und hintennach allererst zu untersuchen, ob auch
der Grund dazu gut gelegt sei. Alsdann aber werden allerlei Beschönigun-
gen herbeigesucht, um uns wegen dessen Tüchtigkeit zu trösten, oder auch
eine solche späte und gefährliche Prüfung lieber gar abzuweisen. Was uns
aber während dem Bauen von aller Besorgniß und Verdacht frei hält und
mit scheinbarer Gründlichkeit schmeichelt, ist dieses. Ein großer Theil und
vielleicht der größte von dem Geschäfte unserer Vernunft besteht in Zer-
gliederungen der Begriffe, die wir schon von Gegenständen haben.

Kant, Kritik der reinen Vernunft AA III (1781)

FALL UND FLUG:
DIE WIRKLICHKEIT DER ILLUSION

Sich nichts vorzumachen, von vornherein, würde bei ihm auf große Sympathie stoßen, die Welt leide doch daran, dass die meisten Menschen in ihrer Phantasie lebten, in Träumen, die mit der Wirklichkeit nichts zu schaffen hätten und dauernd zu Fehlinterpretationen führten ...
eine Theorie, die er nie müde wurde zu erläutern (wenn man ihn nicht bremste), all die falschen Schlüsse, die aus solchen Voraussetzungen gezogen würden, und nicht nur Einzelne, sondern mehr als einmal schon ganze Gesellschaften ruiniert hätten, glaub mir, ich weiß aus Erfahrung, wovon ich rede.

Ulrich Peltzer, Das bessere Leben (2015)

Wer verzweifelt ist, sagt von sich, dass er keinen Boden mehr unter den Füßen spürt. Er oder sie hat jeden Halt verloren. Dieses seltsame Gefühl völliger Verlorenheit und Ohnmacht erzeugt Schwindel, Angst und Depression. Nicht selten wird von einem Menschen, der Halt und Orientierung verloren hat, gesagt, dass er abstürze. Umgekehrt fühlt sich jemand, der euphorisch ist, weil es ihm gutgeht oder er Erfolg hat, leicht und unbeschwert. Er hat das Gefühl, abheben zu können. Es spielt in diesem Fall keine Rolle mehr, keinen Boden mehr unter den Füßen zu haben. Im Gegenteil: Das Abheben vom Boden, das Schweben und Fliegen machen gerade das Gefühl der Euphorie aus. Erst wenn jemand völlig abzuheben droht, mahnt ihn die Umwelt, auf dem Teppich zu bleiben. Was bedeuten diese Metaphern, mit denen entscheidende Lebenssituationen beschrieben werden?

Fall und Flug markieren zwei extreme Pole unserer Existenz. Doch in der Regel verläuft das Alltagsleben irgendwo in der Grauzone zwischen Aufstieg und Absturz. Es ist dieser wohltemperierte mittlere Bereich, in dem Menschen sich am ehesten aufzuhalten versuchen. Wird die Balance gehalten, dann bewegt sich das Leben der meisten Menschen in einem angenehmen Gleichgewicht. Es nimmt einen Zustand geringer Anspannung an, der als wohltuend erlebt wird. Wie alle Lebewesen versuchen auch Menschen von Natur aus, Energie zu sparen – was paradoxerweise dazu führt, dass sie dafür riesige Mengen an Energie aufwenden müssen. All das hat weniger mit Faulheit und Moral zu tun als vielmehr mit den Möglichkeiten einer Ökonomie, die verbunden wurde mit der Vorstellung von unerschöpflichen Ressourcen – eine Fiktion angesichts der Tatsachen. Im Idealfall haben Menschen, denen es gelingt, eine Balance zwischen Entspannung und Anstrengung zu halten, das befreiende Gefühl, ohne große Widerstände und Stress durchs Leben zu gleiten. Sie befinden sich in einem Zustand des Schwebens, der häufig erst im Nachhinein und in der Erinnerung daran als Glück interpretiert wird. Psychologen sprechen angesichts solcher Tätigkeiten, die Zustände des Schwebens hervorbringen, von Flow bzw. Flow-Erfahrungen. Wer schwebt, hält ein perfektes Gleichgewicht, das weder ein Fallen noch ein Aufsteigen, weder ein Über- noch ein Unterfordern ist. Dinge, die schwerelos sind, brauchen keine Energie mehr, um gehalten zu werden und in ihrem Zustand zu verweilen: Auftrieb und Gewicht halten sich ohne weiteres Zutun die Waage.

Die Metapher vom fliegenden Teppich, um die es im Folgenden geht, soll helfen, solche Vorgänge besser zu verstehen. Allerdings wäre es seltsam, damit eine Art allgemeine Theorie fliegender Teppiche zu entwickeln, so als handele es sich dabei um eine Variante der Aerodynamik oder eine Art allgemeine Teppichkunde. Metaphern sind eingebunden in eine Vielzahl kultureller Prozesse, die auf sehr unterschiedlichen Ebenen ablaufen können. Es gibt, obwohl viele sich darum bemüht haben, bis heute keine wirklich verbindliche, universale und einheitliche Theorie von Kultur. Stattdessen findet man viele unterschiedliche Theorien über das, was im Annäherungsmodus Kultur genannt wird. Wie bei allen Metaphern und Paradigmen, bei leitmotivischen Sprachspielen oder zentralen Symbolsystemen gibt es zwischen den einzelnen narrativen Bildern und den Begriffen unvermeidliche Überschneidungen.

Denn eine Metapher kommt selten allein. Sie ist ein Muster innerhalb anderer Muster, mit denen sie, hier und da, Überschneidungen hat. Dies gilt auch für die Metapher vom fliegenden Teppich. Selten sind sprachliche Bilder wirklich trennscharf definiert (weshalb sie nicht problemlos durch analytische Begriffe ersetzbar sind). Deshalb können Metaphern oder Bilder, zuweilen auch ganze Bildzusammenhänge wie ein Mythos, dazu benutzt werden, umfassende Vorgänge zu beschreiben, die sich über viele Gebiete erstrecken. Beispielsweise kann der Mythos von Daidalos und Ikarus, dem Helden, der abstürzt, weil er mit seinen Wachsflügeln der Sonne zu nahe kommt, als eine Metapher für die Hybris und Gier mancher Investmentbanker gelesen werden, die ihre Bank buchstäblich zum Absturz gebracht und Kunden in den Ruin getrieben haben. Zwischen den einzelnen Bildern besteht, wissenschaftlicher formuliert, ein Funktionsäquivalent. Trotzdem ragen einzelne Bilder heraus, weil sie, zumindest für eine gewisse Zeit, eine suggestive und vor allem überraschend starke diagnostische Kraft haben. Vermutlich wird man das Bild vom fliegenden Teppich eher zu den peripheren als zu den Zentralmetaphern des Abendlandes zählen wollen. Und doch hat, wie dieses Buch zeigen wird, die Metapher vom fliegenden Teppich eine überraschend weitreichende und starke diagnostische Kraft. Die Metapher vom fliegenden Teppich ist gut geeignet, die Gegenwart, in der wir leben, besser zu verstehen und ihre wesentlichen Züge klarer zu erkennen. Ob sich am Ende das, was man auf dem Weg erkannt hat, wirklich in *ein* begriffliches System, *eine* Theorie übersetzen lässt oder ob man nicht immer auf mehrere alternative Begriffe und Theorien angewiesen bleiben wird, muss dabei zunächst offen gelassen werden. In den meisten Fällen laufen die realen Entwicklungen ohnehin den Begriffen und Theorien davon. Dies gilt, zum Leidwesen der Analytiker von Finanz- und Banksystemen, häufig sogar für ihre angeblich unschlagbaren, trickreichen Algorithmen, die ebenso wenig wie ihre Schöpfer den ökonomischen Krisen entkommen.

Entsprechend kann auch das Bild vom fliegenden Teppich in einer Vielzahl von Zusammenhängen verwendet werden. Beispielsweise verweist es einerseits auf die absolute Bodenlosigkeit unseres Lebens, andererseits aber auch auf die Möglichkeit, Halt zu finden und sich zu erheben. Ähnlich wie wir stabile Netzwerke bilden oder versuchen, die losen Fäden unseres Lebens zu einer soliden Lebensgeschichte zu verbinden, erweist sich auch das luftige Gewebe des Teppichs als überraschend reißfest. Es kann zuweilen ein Leben tragen. Schließlich hat auch das Vertrauen, das wir zueinander haben, in Wahrheit keine andere Basis als ebendieses Vertrauen selbst. Vertrauen ist aus Vertrauen gewoben – und erweist sich dennoch in vielen Fällen als äußerst strapazierfähig. Der fliegende Teppich ist ein Bild für diesen Zusammenhang: für die Tragfähigkeit eines Gewebes, das aus nichts anderem besteht als aus Phantasie und den Tauen, die Menschen einander zuwerfen und dann miteinander verbinden, um größeren Halt zu finden.

Nicht alles, was sich als tragfähig erweist, ist auch wissenschaftlich – im naturwissenschaftlich-empirischen Sinn – hundertprozentig erklärbar. Die Frage ist, ob es das überhaupt sein muss. Häufig dient die Forderung nach nomologischer Geschlossenheit von naturwissenschaftlichen Erklärungen in erster Linie dazu, das, was sich als sperrig und widerständig gegenüber etablierten Erklärungen erweist, ganz zu eliminieren. Die Metapher vom fliegenden Teppich steht auch für den Zwang, in der Kommunikation etwas zu erfassen, was sich der Kommunikation entzieht. Sie entzieht sich, weil sie nur bedingt in unseren Kulturkreis gehört und damit auch nicht in den Bereich eines etablierten Realismus. Fliegender Teppich klingt nach Magie. In den *Märchen aus 1001 Nacht* dienen fliegende Teppiche dazu, im Bruchteil eines Augenblicks wohlbehalten an einen anderen Ort, einen Wunschort zu gelangen –, um von dort aus später wieder sicher zurückzufinden, ohne sich Gedanken machen zu müssen über Zeit und Raum, Navigation oder Wetter. Der fliegende Teppich ist das Medium, das uns trägt, wenn wir weit reisen und Gedankenflüge machen wollen. Er ist ein Vehikel, mit dem wir abheben können, ohne je in ein Flugzeug oder eine Raumkapsel steigen zu müssen. Der fliegende Teppich steht daher nicht zuletzt für die Kraft unserer Imagination. Tatsächlich erschließt das Leben im Fiktiven neue Möglichkeiten – wirkliche Möglichkeiten, die wirklich sind, weil sie zu Wirklichkeiten werden könnten. Das Fiktive hilft uns, Widerstandskraft und das Vermögen zu entwickeln, den Riss im Leben auszuhalten, das Gefühl der Vergeblichkeit und des Scheiterns. Mit Hilfe von Vorstellungen und Geschichten zu leben bedeutet, so leben zu können, dass man im Widerstreit mit sich und der Welt nicht auch noch der Welt sekundieren muss, dem mächtigen Gegner, der am Ende immer die geschwächte Seele auszählt, weil er den längeren Atem hat. Der fliegende Teppich steht für die befreiende Fähigkeit unseres Vorstellungsvermögens, uns gegen alle Erfahrung, gegen den Knacks in uns, neu zu beflügeln und den Ort, an dem wir uns befinden, wieder zu verlassen, um ihn gegen eine bessere Gegenwart einzutauschen – eine Gegenwart, die nicht erst in einem sagenhaften Jenseits zu finden ist, sondern in einem veränderten Hier. Manche Menschen finden für das, was sie zutiefst beschädigt, kein richtiges Wort – und haben vielleicht auch deshalb keines für das, was sie retten könnte. Sie finden weder einen Begriff noch ein Symbol für das, was sie zu zerstören droht und in die falsche Richtung treibt, weg vom Leben. Statt die Dinge wieder zusammenzubringen – dies ist die wörtliche Bedeutung des Wortes Symbol: zusammenfügen –, dominiert in ihnen Zerrissenheit, eine innere Leere und ein sinnloses, raumgreifendes Rauschen, das anschwillt, bis alles zerbirst. Roger Willemsen brachte in seinem Buch *Der Knacks* für dieses Auseinanderbrechen den Begriff des Diabols ins Spiel: das Gegeneinandertreiben und Entzweien, darin das Gegenteil des Symbols (wörtlich: Zusammenbringen). Es ist nicht nur eine Frage des Klangs, wenn Diabol und diabolisch verwandt scheinen.

Viele Menschen leiden an ihrer Zeit und damit an sich selbst und ihren Zeitgenossen. Sie tun dies auf eine eigene, oft stille und leise Weise. Die Literatur der vergangenen Jahrhunderte ist ein guter Beleg dafür, dass es vermutlich niemals anders war. Die wahren Paradiese, schreibt Marcel Proust in *Die wiedergefundene Zeit*, sind die Paradiese, die man verloren hat. Hat es sie je gegeben, so dass man sie verlieren könnte? Oder sind sie Erfindungen wie der fliegende Teppich – Relikte aus Märchen? Walter Benjamin war der Ansicht, dass vom Paradies her ein Sturm weht – der Sturm, der uns der Zukunft entgegenträgt und den fliegenden Teppich im Aufwind fliegen lässt. Handelt es sich bei alldem nur um Metaphern? Ist Erlösung nur *das Wunder einer Analogie*, von der Proust sprach, als er das Glückserlebnis seines Lebens zu verstehen suchte? Dieses kurze Erlebnis beim Schmecken einer Madeleine, die er zuvor in Tee getaucht hatte, enthob ihn tatsächlich der Ordnung der Zeit, so *dass das Wort Tod keinen Sinn für ihn hatte*. Proust beschreibt mit diesem Erlebnis das, was in den Märchen ein Flug auf dem Teppich vermag: Man wird aus der Gegenwart gerissen, um (eine Analogie?) in Sekundenschnelle anzukommen. Wo? An einem Ort, an dem die *Idee der Existenz* keine Idee mehr ist und die verloren geglaubte Zeit wiedergefunden wird; an dem das Ich, *das manchmal seit langem tot schien, aber es doch nicht völlig war, erwacht und ein neues Leben gewinnt*. Dies geschieht völlig unabhängig von den Bemühungen des Gedächtnisses und des Verstandes, die erlebte Zeit zu erinnern – ein Prozess, den bislang keine neurowissenschaftliche Theorie des Erinnerns vollständig zu entschlüsseln weiß. Wenn dies so ist: Ergibt sich aus einer Theorie des Bewusstseins (falls es sie je geben wird), dass alle anderen Erklärungen falsch sein müssen – bloße Analogie oder ein Symbol, das in Wahrheit (welche Wahrheit?) nichts sagt? Ist nicht auch die neurowissenschaftliche Beschreibung der Wirklichkeit bei Licht besehen ein fliegender Teppich der Erklärungen, die an einen Wunschort der Erkenntnis der Welt tragen sollen – in Wahrheit aber auch nur in der Luft hängt, statt auf dem sicheren Boden purer Physik zu ruhen? Alle bisher existierenden Theorien über die Welt sind, einschließlich der besten, die es gibt, keine geschlossenen Gebäude: Es fehlen ganze Stockwerke und Verbindungen zwischen den einzelnen Zimmern. Es führt kein direkter Weg von der Atomphysik zum Bewusstsein oder zur Kultur.

Und dennoch haben wir uns einigermaßen komfortabel eingerichtet und fühlen uns sicher. Einen Grund dafür erwähnt Karl Marx in seinen Thesen über Feuerbach: *Alles gesellschaftliche Leben ist wesentlich praktisch. Alle Mysterien, welche die Theorie zum Mystizismus veranlassen, finden ihre rationelle Lösung in der menschlichen Praxis und im Begreifen dieser Praxis.* Es geht nach Marx also bei aller Komplexität des Lebens, damals oder heute in der Moderne, nicht alleine um die Entwicklung elaborierter gesellschaftlicher Theorien. Sobald eine Theorie der menschlichen Praxis entflieht, entwickelt sie sich zum Mystizismus und zur Ersatzreligion. *In der Praxis muß der Mensch die Wahrheit, i. e. die Wirklichkeit und Macht, die Diesseitigkeit seines Denkens beweisen. Der Streit über die Wirklichkeit oder Nichtwirklichkeit des Denkens – das von der Praxis isoliert ist – ist eine rein scholastische Frage.* Alles, was eine von der Praxis isolierte Theorie hervorbringen kann, sind Mystizismem wie die Credit Default Swaps: reine Erfindungen der modernen Finanztheorien. Werden sie in die Wirklichkeit entlassen und umgesetzt, dann zeigt sich, dass die Erklärungen nur Teil- und Scheinerklärungen waren. Faktisch sind wir niemals in der Lage gewesen, die angeblich berechenbaren Risiken tatsächlich genau zu berechnen. So gering das

Restrisiko eines Börsencrashs durch einen Zusammenbruch des Immobilienmarktes angeblich war, und so gering es nach wie vor bei modernen Atomkraftwerken angeblich ist: Die Crashs haben sich ebenso wie die Kernschmelzen ereignet. Kleinste Risiken, nahezu verdünnt wie das Nichts einiger unscheinbarer Tropfen, die irgendwo in den Riesenwolken von Wahrscheinlichkeiten verteilt sind, aber dann, gegen alle Erwartungen, plötzlich doch kondensieren und abregnen?

Worauf gründet sich die Gewissheit von jemandem, der an die Beherrschung von Restrisiken glaubt, in Zukunft weniger zu irren als in der Vergangenheit? Wer an die Beherrschbarkeit von Restrisiken glaubt, unterscheidet sich kaum von jemandem, der sagt, das Leben sei ein fliegender Teppich, dessen Flug wir weder verstehen noch beherrschen. Am Ende ist es die Realität, um die es geht und die sich, in der menschlichen Praxis, zeigt. Das Bild vom fliegenden Teppich dient dem Begreifen dieser Praxis. Es hat viele Fürsprecher. Hat nicht der Systemtheoretiker Niklas Luhmann recht, wenn er schreibt, dass die Illusion, einen festen Boden unter den Füßen zu haben, sich fortschreibt in der Illusion, mit Hilfe von wissenschaftlichen Beobachtungen die Umwelt zu berühren? Wir glauben, dass es genüge, *etwas* zu beobachten – und glauben dann direkt zu beobachten, *was* wir da beobachten. Die darin steckende Illusion der Wissenschaft wird jedoch erst deutlich, wenn wir beobachten, *wie* wir beobachten. Denn alles, was wir beobachten, beobachten wir, so Luhmann, innerhalb des Systems *unserer* menschlichen Praxis. Die objektive Berührung der Welt, ihre objektive Erfassung in Theorien gleich welcher Art, ist eine Illusion. Aber leider *bleibt auch die durchschaute Realitätsillusion ein Faktum in der realen Welt.*

In dieser dialektischen Bewegung liegt die kritische Kraft der Metapher. Fliegende Teppiche sind so real wie Wahrheiten *und* so haltbar wie Illusionen; sie fliegen, ungehindert, genau so wie jene bereits durchschauten Realitätsillusionen ungehindert Fakten bleiben, die unser Leben weiterhin bestimmen, obwohl es sich um Illusionen handelt. Alles kommt darauf an, diese Illusionen endlich als das zu erkennen, was sie sind. Nur so gelingt es, überhaupt in der Realität anzukommen, statt weiter in einer täuschend echten Illusion zu leben. Die Illusionskritik ist dabei nur ein Teil der Wahrheit; das Aufdecken seiner Mechanismen und enormen Antriebskraft der andere. Was gemeint ist, lässt sich gut am Phänomen des Flugsimulators zeigen, der ohne Zweifel eine simulierte *Wirklichkeit* ist. Doch die fiktive Welt eines Flugsimulators ist so »echt« und wirklich, dass sie es Menschen tatsächlich ermöglicht, in der Realität zu fliegen, ohne je ein wirkliches Flugzeug betreten zu haben. Man muss nur lange genug in der Simulation lernen, dann gelingt auch der wirkliche Flug. Auch der fliegende Teppich ist eine Fiktion, die hilft, die Natur von Fiktionen, in denen wir leben, besser zu verstehen – um auf diese Weise, ganz real und wirklich, Täuschungen zu erkennen und im Wirklichen anders leben zu können. Insofern existiert der fliegende Teppich. Er ist ein reales Mittel der Aufklärung; und, wenn sie gelingt, auch des Transports in die Wirklichkeit.

DIE WELT IST ALLES, WAS DER FALL IST

Die Welt ist alles, was der Fall ist.

Ludwig Wittgenstein (1918)

Aus Gleichheit entsteht Unsicherheit, aus Unsicherheit Krieg. Aus dieser Gleichheit der Fähigkeit erwächst Gleichheit der Hoffnung, unsere Ziele zu erreichen. Und wenn daher zwei Menschen das gleiche verlangen, in dessen Genuß sie dennoch nicht beide kommen können, werden sie Feinde … Und aus dieser gegenseitigen Unsicherheit führt für keinen Menschen ein vernünftiger Weg, sich zu sichern, als zuvorzukommen; das heißt, alle Menschen, soweit er es vermag, mit Gewalt oder List so lange zu unterwerfen, bis er keine andere Macht sieht, die groß genug ist, um ihn zu gefährden.

Thomas Hobbes, Leviathan (1651)

Die Welt ist alles, was der Fall ist, schrieb Ludwig Wittgenstein. Und fügte an: *Die Welt ist die Gesamtheit der Tatsachen, nicht der Dinge.* Er meinte damit, dass wir uns keinen einzelnen Gegenstand, kein isoliertes Ding, kurz nichts, das es gibt, denken können, das nicht mit *allen* anderen Dingen in einem logischen Zusammenhang steht. Die Dinge tragen diesen Zusammenhang – die Tatsachen – in sich. Die Dinge strömen, bildhaft gesprochen, den Geruch einer ganzen Welt aus. Sie alle sind eingehüllt in diese Welt. Dennoch passiert es Wissenschaftlern aller Disziplinen, dass sie, völlig versunken in die Betrachtung einzelner Weltphänomene, diesen Zusammenhang völlig übersehen oder vergessen. Wenn beispielsweise von einem Tisch oder einem Stuhl gesprochen wird, dann weiß jeder Mensch, unabhängig von seiner Herkunft oder Kultur, zugleich immer auch, dass dieser Tisch oder Stuhl, so wie alle anderen Dinge, die mit ihnen in dieser Welt existieren, nur innerhalb von Raum und Zeit vorstellbar sind. Über Tische und Stühle in einer zeitlosen Welt oder einer Welt ohne Raum wissen wir nichts. Auch auf diese indirekte Weise hängen alle Dinge zusammen. Tische und Stühle, Raum und Zeit – sie bilden einen Verband der Dinge, ein Netzwerk. Diese Cloud des Wirklichen und Unwirklichen ist unsere Welt. In ihr schwingen sogar die noch ungelebten Möglichkeiten der Dinge mit. Das ist mit Notwendigkeit so und gilt für alles, so Wittgenstein.

Doch was *ist*, wenn man genauer hinsieht, *all* das, was der Fall ist? Was ist diese seltsame Tatsache, dass die Dinge und mit ihr eine Welt existieren? Gibt es etwas, das man unbezweifelbar und sicher über sie und die Dinge sagen kann, also über all das, was der Fall ist?

Wer über die Welt nachdenkt, betreibt notgedrungen Fallstudien. Das gilt nicht nur für die Philosophie, sondern auch für die Wissenschaften, die Literatur oder die Kunst. Einer sehr frühen Lehre zufolge, die zunächst mündlich weitergegeben und erst um die Jahrtausendwende vor Christus niedergeschrieben wurde, war diese Welt ein perfekter Garten. Er enthielt alles, was Menschen, Tiere und Pflanzen zum Leben und zu ihrem Glück brauchten. Dieser Garten samt seiner Früchte war ein Paradies. Der französische Philosoph Michel Foucault veröffentlichte in seinem Todesjahr 1984 einen Text, in dem er auf diesen Garten zurückkam. Gärten, so schrieb er, sind erstaunliche, jahrtausendealte Schöpfungen, die im Orient sehr tiefe Bedeutung besitzen. Der traditionelle Garten der Perser beispielsweise war ein heiliger Raum, dessen viergeteiltes Rechteck für die vier Teile der Welt und ihre Himmelsrichtungen stand. Im Zentrum des Raumes befand sich ein weiterer Raum, der heiliger als alle anderen war und den Nabel der Welt darstellte. In diesem Raum stand die Brunnenschale mit dem Wasser, um das herum sich die gesamte Vegetation des Gartens verteilte. Teppiche waren ursprünglich Nachbildungen eines solchen Gartens. *Der Garten ist ein Teppich, auf dem die ganze Welt in symbolischer Vollkommenheit erscheint, und der Teppich ist gewissermaßen der im Raum bewegliche Garten. Der Garten ist die kleinste Parzelle der Welt, und zugleich ist er die ganze Welt.*

Doch auch dieser Paradiesgarten trug den Zerfall in sich – symbolisiert durch eine böse Schlange. Woher der Wurm kam, der die wunderbare Frucht faulen ließ, wird nirgendwo gesagt; er war einfach da. Trotz dieses Widerspruchs zwischen dem vollkommenen Paradies und seiner Zerstörung blieb die biblische Erzählung vom Sündenfall im Westen neben dem Schöpfungsbericht die zweite, fundamentale Grunderzählung von der Welt. Schöpfung und Sündenfall folgen notwendig aufeinander. Und doch sind die Spannungen in beiden Berichten auffällig. Die ungeklärte Herkunft der Schlange, die sich offensichtlich einem anderen Ursprung verdankt, ist nur eines von mehreren Elementen, die in einem ambivalenten, sogar widersprüchlichen Verhältnis zum Rest der Erzählung stehen. Der Literaturwissenschaftler Albrecht Koschorke spricht daher zu Recht von einer Bimythie (einer Zwei-Mythigkeit), die sich auch in vielen anderen Mythen etwa über die Gründung von Staaten und Nationen nachweisen lässt. Solche Erzählungen helfen gerade in ihrer eigenen Widersprüchlichkeit dabei, die widersprüchliche, konfliktreiche Vielfalt der Welt zu bändigen. Die Widersprüche im Detail werden durch den großen Bogen der Erzählung abgefedert und zusammengehalten. Doch die Spannung bleibt spürbar.

Dem Glauben zufolge war der Mensch ein glückliches Lebewesen, darin beinahe Gott ähnlich, ein Engel, der aus dem Paradies vertrieben wurde. Er selbst trägt als Mensch in Gestalt von Mann und Frau die Schuld für den Fall, der ihn ganze Stufen und Dimensionen hinabschleuderte. Bis heute müssen Männer und Frauen im Schweiße ihres Angesichts arbeiten, um zu leben. Und alle sind sterblich »geworden«. Diese Geschichte, die kein Happy End bereithält, für niemanden, ist postfaktisch. Sie imaginiert einen Anfang, der im Heute endet – im Heute einer endlichen, veränderlichen Welt, in der alle Menschen sterben. Dort, in der Welt, in der wir leben und in die wir nach einem paradiesischen Anfang gefallen sind, herrscht der Tod. Die Vergänglichkeit des Lebens ist die Folge der Verfehlung eines einziges Paares gegen Gott. Seitdem sind alle, die ihm folgten, schuldig geworden. Der Fall aller ist auch in Zukunft unaufhaltsam. Unsere Biologie *ist* unser Fall.

Tatsächlich gibt es selbst im westlichen säkularen Kulturkreis wenige Beispiele dafür, dass der Anfang der Welt anders als negativ, d.h. als Fall, vorgestellt wird. Selbst das weltliche Denken erwidert den religiösen Aufschlag, statt das Spiel zu beenden. Untergangsszenarien haben immer wieder Konjunktur. Obwohl alle ihr Alltagsleben leben, glauben die wenigsten, dass der Gang der Dinge und Menschen wirklich in Ordnung ist und alles so bleiben sollte, wie es ist. In fast allen Entwürfen der Geschichte, die ihr Woher und Wohin bedenken, bleibt alles, was geschieht, vom Fall infiziert. Die Welt ist schlecht. Sie ist gefallen. Das ist auch einer der Gründe, warum Denker wie Thomas Hobbes der Ansicht waren, dass ein Mensch für den anderen theoretisch zwar ein Gott sein könne, tatsächlich aber das Gegenteil ist, vor allem, wenn er sich in einer größeren Ansammlung von anderen Menschen befindet oder als Mitglied eines Staates auftritt. Staaten sehen in jedem anderen Staat und mit ihm in den dazugehörigen fremden Menschen den Wolf. Da das Verhältnis auf Gegenseitigkeit beruht, wird jeder Mensch für den anderen zum Wolf. Entsprechend verhalten sich die Menschen seit Anbeginn der Zeiten. Selbst die besten Menschen, die, die anfänglich noch beste Absichten hatten, müssen angesichts der Verdorbenheit ihrer Mitmenschen Zuflucht zu Gewalt und List nehmen. Sie müssen kämpfen, Kriege führen und töten. Es ist am besten, wenn man sich gleich darauf einstellt und sich wie ein wildes Tier verhält, nur listiger. Denn alle führen Krieg gegen alle: Das ist der natürliche Zustand des Menschen nach dem Fall.

Es mag einfältig klingen angesichts derart großer Geschichtspanoramen, aber man vergisst inmitten der Erzählung und der Argumente für das geradezu biologische Wolfsein des Menschen leicht, dass der Blick von Hobbes tiefer in die Vergangenheit zurückreicht, als es jeder Wissenschaft möglich ist. Sein Blick landet an einer Stelle, an der es noch keine menschlichen Wesen gab. Oder vielmehr Wesen, die Hobbes sich als Menschen vorstellte, ohne über sie und ihre Lebensweise wirklich etwas zu wissen. Was Hobbes gesehen hatte, war eine Phantasie, so plausibel manches auch erscheinen mag. Sollte es den Naturzustand je gegeben haben – niemand von uns, kein Wissenschaftler, Soziologe, auch kein Märchenerzähler war dabei. Es ist anzunehmen, dass auch dieser Zustand ein fließender Übergang war, der von der nachparadiesischen Gartenwelt mit Pflanzen, Tieren und Affen zur sich weiterentwickelnden Kulturwelt der Primaten führte. Hobbes selbst ahnt die mythologische Natur seiner Überlegungen. Er benennt seine Einsicht nach einem Sagentier sowohl der babylonischen und kanaanitischen wie auch der jüdischen und christlichen Tradition: Leviathan. Gott konnte mit diesem Seeungeheuer namens Leviathan spielen, heißt es in der Bibel. Er ist schließlich Herr über alles, auch über das mächtige Böse. Nicht aber der Mensch, der kein Herr mehr ist und vertrieben wurde aus dem Paradies und daher von der Stärke eines Leviathan überwältig wird. So, dachte Hobbes, muss auch der Einzelne von einem absolutistischen Staat gezähmt werden, damit durch diesen neuen Leviathan und seine Gewaltausübung die wilden Wölfe aus Anarchie und Gewalt herausgeführt werden. Man muss Gewalt ausüben, um den Schaden möglichst gering zu halten.

Auch das weitere Denken im Anschluss an Hobbes bleibt infiziert von der religiösen Vorstellung des längst schon gefallenen, verdorbenen Menschen. Theoretiker wie David Hume und viele andere nach ihm behaupten, allein unter der Führung des Verstandes und der auf ihn gegründeten Institutionen, sozusagen mit vernünftiger Gewalt, könne Abhilfe geschaffen werden. Nur die Vernunft kann das tierische Anfangschaos und die wilden Neigungen der wölfischen Menschen bändigen und in den Griff bekommen. Aufklärer wie John Locke oder Jean-Jacques Rousseau, die nicht gewillt waren, den Urzustand durch die Brille des Sündenfalls zu betrachten, bilden seither eine Minderheit, wenn auch die weitaus optimistischere. Locke war wie Rousseau im *Discours sur l'origine et les fondements de l'inégalité parmi les hommes* keineswegs der Ansicht, dass sich die Menschen von Anfang an betrügen und zerfleischen würden. Im Gegenteil: Sie waren bestens in der Lage, aus freien Stücken miteinander zu kooperieren und zu leben. Aber in dem Maße, in dem durch die Anhäufung von Eigentum die Ungleichheit zunimmt und damit der Gegensatz von Arm und Reich, sah Locke die Notwendigkeit, gegenzusteuern – jedoch (anders als später Rousseau) nicht mit Gewalt.

Lockes Ideen haben, noch vor der Französischen Revolution, die amerikanische Unabhängigkeitserklärung von 1776 zutiefst geprägt. Ihr folgte erst 1791 der französische Verfassungsentwurf, der fälschlicherweise im Gedächtnis der Europäer der erste und wichtigere geblieben ist. Diese geschichtliche Verzerrung ist dem Umstand geschuldet, dass die Französische Revolution auf dem Kontinent stattfand. In der Wahrnehmung der wahren Ureinwohner der Welt, die natürlich Europäer waren, blieb die Revolution in Paris das entscheidende Geschehen, auch wenn ihr eine Welle der Gewalt folgte. Wenn sich die Aufklärung bereits vor der Revolution in der Renaissance gegen die Religion wandte, dann vor allem, um endlich dem belastenden religiösen Märchen vom Fall ein Ende zu setzen. Kamen nicht die verehrten vorchristlichen Denker, die zunächst auch vom christlichen Humanisten bewundert, dann aber für zu gefährlich gehalten wurden, ohne eine negative Vorgeschichte der Weltgeschichte aus? Im christlichen Weltbild sind alle Menschen von Grund auf böse. Sollte ihre weitere Zukunft tatsächlich derart automatisch ablaufen und zur ewigen Wiederholung vorherbestimmt sein? Ist alles ein immer weiterer Fall, der in der Hölle endet – und der einzige Ausweg der, dass die Menschen bekennen, was die kirchliche Dogmatik ihnen zu glauben vorgibt, und tun, was ihnen durch kirchliche Hierarchie und institutionalisierte Macht zu tun befohlen ist? Ist die einzige Möglichkeit, dem ewigen Fall zu entgehen, tatsächlich der Kniefall? Locke und andere in seiner Folge weigerten sich, die Welt so zu sehen.

Das direkte Echo der kritischen Haltung von Locke findet sich in der amerikanischen Unabhängigkeitserklärung: *Wir halten diese Wahrheiten für ausgemacht, daß alle Menschen gleich erschaffen worden, daß sie von ihrem Schöpfer mit gewissen unveräußerlichen Rechten begabt worden, worunter sind Leben, Freyheit und das Bestreben nach Glückseligkeit.*

Dieser positive und nur scheinbar theologisch gedachte Ausblick hat Konsequenzen. Denn wenige Zeilen später heißt es in der Präambel: *Zwar gebietet Klugheit, daß von langer Zeit her eingeführte Regierungen nicht um leichter und vergänglicher Ursachen willen verändert werden sollen; und demnach hat die Erfahrung von jeher gezeigt, daß Menschen, so lang das Übel noch zu ertragen ist, lieber leiden und dulden wollen, als sich durch Umstoßung solcher Regierungsformen, zu denen sie gewöhnt sind, selbst Recht und Hülfe verschaffen. Wenn aber eine lange Reihe von Mißhandlungen und gewaltsamen Eingriffen, auf einen und eben den Gegenstand unabläßig gerichtet, einen Anschlag an den Tag legt sie unter unumschränkte Herrschaft zu bringen, so ist es ihr Recht, ja ihre Pflicht, solche Regierung abzuwerfen, und sich für ihre künftige Sicherheit neue Gewähren zu verschaffen.*

Der Fall einer Regierung, eines Staates und der Kirchen kann zur notwendigen Aufgabe werden und sogar die Erfüllung einer moralischen Pflicht darstellen. Doch was ist mit der Welt als Ganzes, die ja nicht nur aus Menschen und Staaten und Pflichten und Gedanken besteht, sondern auch aus Tischen und Stühlen, Geranien und Krimiserien?

Alles fällt – aber immer nur in Gottes Hand, lautet die dominante christliche Vorstellung von der Welt. Doch auch Christen war immer schon klar, dass im Alltag vieles zu Bruch ging, darunter auch Wesentliches und Bedeutsames. Die Dinge in der Welt fallen und zerbrechen, ohne dass sie jemand wieder völlig zusammensetzen kann. Mit dem Aufkommen der Naturwissenschaften wurde diese Erfahrung zur großen Entdeckung in der Physik Isaac Newtons. Er zeigt, dass nicht nur die Dinge auf der Erde fallen, sondern diese selbst in rasender Geschwindigkeit durch das Universum fällt. Es gibt nichts im ganzen Universum, das den Gesetzen der Gravitation und Anziehung und damit dem Fall widerstehen könnte. Alles fällt aufeinander und umeinander: kleine Planeten wie der Mond um größere wie die Erde, die ihrerseits um die Sonne kreisen, die als Stern in einem Galaxienverband zirkuliert, der seinerseits seine kreisenden Bahnen entsprechend der Kepler'schen Bahngesetze und der Newton'schen Gravitation zieht. Die Welt ist nicht nur, was der Fall ist – die Welt selbst fällt auch, kontinuierlich und immer weiter.

Doch der Mensch hat Angst zu fallen. Denn zu fallen heißt: zu stürzen. Er hatte diese archaische Angst immer schon – nicht erst seit der Geschichte vom Fall. Und er hat sie immer noch. Kein Wunder, dass der Mensch seine Aufmerksamkeit auf Dinge richtet, die den Fall verhindern und ihm widerstehen: moralisch, physikalisch, logisch, ästhetisch. Gerade weil die Welt fällt, braucht sie etwas, das ihren Fall erträglich macht. Das sie stabilisiert. Und, im Fallen, auch den Sündenfall aufhebt und die Perspektive umkehrt, so dass nicht alles immer in der Hölle und im Bösen endet. In all dem spiegelt sich die Sehnsucht nach Erlösung und nach einer anderen Welt wider: einer Welt wie im paradiesischen Garten oder in seinem transportablen Abbild, dem persischen Teppich. Eine ruhige, friedliche Welt. Die Welt, die fällt, braucht einen Teppich, um sie aufzufangen: einen Teppich, der fliegen kann, um nicht seinerseits den Gesetzen des Falls zu unterliegen.

Wenn man sagt, dass die Welt alles ist, was der Fall ist, dann ließe sich ihre Geschichte etwa so erzählen: Schon im Morgengrauen der ersten Bewusstseinsdämmerung entwickelt der Mensch einen Sinn dafür, dass er fällt. Je heller es wird, je klarer er seine Situation begreift, desto mehr versteht der Mensch, dass sich an seinem Fall, dem Verlauf seines Lebens, nichts geändert hat. Der Mensch bekommt es mit der Angst zu tun. Denn er ist ein Lebewesen ohne Flügel, das sich im freien Fall befindet und darum weiß. Weder ist ihm klar, von wo aus er wirklich abgeworfen wurde, noch wie es zum Sturz kam. Sicher ist nur, dass alles, was ist, fällt – und er zusammen mit allem anderen. Noch hat ihm niemand einen rettenden Fallschirm gereicht. Das ist die schlechte Nachricht. Es gibt keinen Halt, keine Sicherung. Doch die schlechte Nachricht enthält paradoxerweise auch die gute: Es gibt keinen Boden. Niemals. Weil alles immer weiter fällt, gibt es auch keinen alles zerstörenden Aufprall. Die Welt ist einfach alles, was der Fall ist. Immer weiter.

DER FALL IM ORBIT

This is Major Tom to Ground Control
I'm stepping through the door
And I'm floating in a most peculiar way
And the stars look very different today
For here
Am I sitting in a tin can
Far above the world
Planet Earth is blue
And there's nothing I can do
Though I'm past one hundred thousand miles
I'm feeling very still
And I think my spaceship knows which way to go
Tell my wife I love her very much she knows.

David Bowie, Space Oddity, (1969)

Die Erde fällt auf doppelte Weise durch den Raum. Zum einen dreht sie sich in 24 Stunden genau einmal um sich selbst. Wer 24 Stunden wartet, steht in Bezug zur Sonne wieder da, wo er war. Mit einfacher Schulmathematik kann man daher den Weg und damit auch die Drehgeschwindigkeit der Erde bestimmen. Der Weg, den ein Punkt auf dem Äquator in 24 Stunden zurücklegt, entspricht genau dem Umfang der Erde, der sich über $U = 2 \times \pi r$ leicht berechnen lässt, wenn man weiß, wie groß der Erdradius r am Äquator ist. Diese Größe wird, mit kleinen Schwankungen, mit 6378 Kilometern angegeben. Der Umfang der Erde und damit der gesamte Weg, den sie in 24 Stunden zurücklegt, beträgt also 40 067 Kilometer. Teilt man diese Zahl durch die Anzahl der benötigten Stunden, so erhält man die in einer Stunde zurückgelegten Kilometer und damit die Geschwindigkeit: 1669 km/h. Doch das ist nur der erste Teil der Erdbewegung – die Drehung.

Während sich die Erde dreht, fällt sie gleichzeitig mit einer atemberaubenden Geschwindigkeit von 29,78 km/s um die Sonne. In gewohntere Angaben übertragen, entspricht das einer Durchschnittsgeschwindigkeit von 107 208 km/h. Niemand bemerkt das, es sei denn, man ist gerade mit der Messung ebendieser Erdbewegung befasst. Tage, Jahre, Veränderungen des Lichts und des Standes der Sonne in den Jahreszeiten – all das hängt ebenso wie viele Wetter- und Strömungsphänomene in der Atmosphäre und den Weltmeeren mit dem Fall der Erde durch den Raum zusammen. Tatsächlich kann man es drehen und wenden, wie man will: *Dass* wir fallen, ist eine unbestrittene physikalische Tatsache. Wer sie leugnet, gerät in Widerspruch zum gesamten physikalischen Weltbild.

Und doch bleibt etwas seltsam an dieser Vorstellung. Warum fallen die Dinge – Satelliten, Weltraumtrümmer und vieles andere – nicht senkrecht zur Erde? Und warum bewegen sie sich wie die Erde selbst auf einer Kreisbahn? Zu diesem Problem gab es eine Reihe von Experimenten und Überlegungen. Galileo Galilei war einer der Ersten, der sich über Jahrzehnte hinweg systematisch mit den Fallgesetzen befasst hat. Auf ihn geht die bahnbrechende Idee zurück, Kugeln aus verschiedensten Materialien statt im direkten Fall zu untersuchen sie auf einer schiefen Ebene, und damit kontrolliert und wie schräg fallend, langsam herunterrollen zu lassen. Diese Versuchsanordnung erlaubte es ihm, das Verhältnis von Geschwindigkeit und Beschleunigung zu bestimmen. In *Discorsi e Demonstrazioni* beschrieb Galilei 1636 die Gesetze des freien Falls, wobei er − anders als wir Jahrhunderte später − davon ausging, dass diese Gesetze unabhängig vom Standort oder der Bewegung des Beobachters gelten. In *Discorsi e Demonstrazioni* änderte Galilei seine anfängliche Ansicht, dass Körper unterschiedlicher Dichte im luftleeren Raum unterschiedlich schnell fallen, und behauptete nun, dass, *wenn man den Widerstand der Luft ganz aufhöbe, alle Körper gleich schnell fallen würden*. Dass dies tatsächlich so ist, demonstrierten erst die Astronauten von Apollo 15 auf dem Mond mit einem Hammer und einer Feder.

Was den freien Fall angeht, gelang es erst Isaac Newton, Regeln und Gesetze des Falls als Auswirkungen der Gravitationskraft zu beschreiben. In seiner 1687 veröffentlichten *Philosophiae Naturalis Principia Mathematica* erklärte Newton die Gesetze des freien Falls durch das weiter gefasste Gravitationsgesetz, das allgemeine Prinzipien des Falls formulierte. Aufgrund dieser Prinzipien konnte Newton den »Fall« des Mondes um die Erde nicht nur berechnen, sondern auch seine Umlaufbahn bestimmen. Aber auch Newtons Theorie hatte keine Erklärung für die seltsame, der Intuition widersprechende Tatsache, dass alle Dinge im luftleeren Raum (d. h. ohne den unterschiedlich hohen Widerstand, den die Luft dem freien Fall entgegensetzt) völlig unabhängig von ihrer stofflichen Zusammensetzung oder Form völlig gleich fallen. Dieses Phänomen blieb trotz vielfacher Experimente von Newton und seinen Nachfahren ein ungelöstes Rätsel der Physik. Erst Albert Einsteins Allgemeine Relativitätstheorie lieferte eine befriedigende Antwort auf die Frage, warum alle Körper gleich schnell fallen und die Erde nicht einfach senkrecht auf die Sonne zustürzt, so wie ein Apfel senkrecht vom Baum zur Erde fällt. Tatsächlich fallen große Massen wie die Erde oder Sonnen Einstein zufolge nicht auf gerader Linie nach »unten« oder »oben« auf den sie anziehenden Körper zu, sondern drehen sich in Ellipsen oder Kreisbahnen um sie, weil sich der Raum, in dem sie fallen, krümmt.

Nur eine Frage ist bis heute unbeantwortet geblieben: was »in« der Materie die Gravitationskraft (in Newtons Sprache) bzw. das Entstehen eines Gravitationsfeldes (in Einsteins Formulierung) verursacht. Dieses Gravitationsfeld entsteht nach Einstein schlicht dadurch, dass unterschiedliche Dinge anwesend sind. Dass so ein Feld durch die Existenz von Körpern entsteht, hat weitreichende Folgen. Nach Einstein ist Raum in Wahrheit nichts anderes als ein »Feld«, das weder als Rahmen für die Dinge noch zeitlich vor den Dingen existiert. Vielmehr entsteht Raum zugleich bzw. ist gleichursprünglich mit den Dingen. Diese Einsicht ist seltsam und verdient eine genauere Betrachtung, denn in ihr kommt eine Denkweise zum Ausdruck, die maßgeblich für die Erklärung einer Reihe von Phänomenen der Moderne geworden ist.

Vor Einstein dachten Physiker wie Isaac Newton oder Philosophen wie Immanuel Kant, dass der Raum eine Art Behälter wäre, in dem die Dinge liegen, sich bewegen und fallen. Einstein war anderer Ansicht. Es sei schon seltsam genug, dass von der Erde eine Kraft ausgehen soll, die einen Apfel anzieht, und umgekehrt vom Apfel eine ebensolche, wenn auch geringere, Anziehungskraft, die ihrerseits auf die Erde wirkt. Noch seltsamer sei, dass diese Gravitationskraft über weite Entfernungen hinweg – etwa über die Entfernung von Sonne und Erde – immer mit Lichtgeschwindigkeit entsteht. Anders als das Licht, das von der Sonne ausgesendet wird und erst nach einigen Minuten auf der Erde ankommt, ist das Gravitationsfeld der Sonne »hier«, sobald die Sonne »da« ist. Einstein kam im Laufe seiner Überlegungen zu dem Schluss, dass er Körper und Dinge analog zur Elektrizitätslehre betrachten müsse. Die beiden britischen Physiker Michael Faraday und James Clerk Maxwell hatten eine Lehre des sogenannten Elektromagnetismus entwickelt und eine entsprechende Theorie des elektrischen Feldes formuliert. Als Kind hatte Einstein, dessen Vater ein Pionier der Elektrotechnik war, unter anderem das Münchener Oktoberfest »elektrifizierte« und verschiedene Kraftwerke belieferte, Generatoren gesehen, die ihn stark beeindruckt hatten. Einstein wusste, dass elektromagnetische Felder wie die unsichtbaren Radiowellen den gesamten, scheinbar leeren Raum füllen. Aus Sicht der Elektrophysik war dieser Raum in Wirklichkeit also ein einziges komplexes Feld voller elektrophysikalischer Phänomene. Einsteins geniale Einsicht bestand nun darin, auch die Dinge ähnlich wie elektrische Teilchen und die Kräfte der Gravitation analog zu denen des elektrischen Feldes zu betrachten. Wo Körper und Dinge vorhanden sind, dort gibt es auch ein Gravitationsfeld, das je nach Stärke Raum und Zeit verformen kann. Derartige Phänomene der »Raumkrümmung« wurden erst nach dem Erscheinen der Allgemeinen Relativitätstheorie im Jahre 1915 im Rahmen einer Expedition bestätigt, die zeigte, dass Licht von einer schweren Masse wie der Sonne abgelenkt werden kann. Erst seit kurzem gibt es auch einen direkten Nachweis von Gravitationswellen. Es gilt heute als bewiesen, dass Gravitationsfelder tatsächlich existieren. In der heutigen Physik ist es völlig selbstverständlich davon auszugehen, dass Raum und Zeit erst mit den Dingen entstehen. Die Dinge existieren also nicht irgendwo *im* Raum. Vielmehr *ist* das Gravitationsfeld bzw. in Newtons Sprache die Schwerkraft dieser Raum. Es sind, bildhaft gesprochen, die Dinge, die den Raum verursachen, und nicht der Raum, der sich mit Dingen füllt.

Warum aber stürzt die Erde nicht senkrecht auf die Sonne zu? Einstein zufolge muss man Gravitation in Analogie zum elektrischen Feld denken. Nach Einstein zieht ein Magnet Eisen so an wie die Erde einen Apfel. Man dürfe sich aber nicht mit der Vorstellung zufriedengeben, schrieb Einstein, *daß der Magnet durch den leeren Zwischenraum hindurch auf das Eisen direkt einwirke.* In Wahrheit ist es völlig anders. Der Magnet schafft um sich herum einen Raum, ein elektromagnetisches Feld, das physikalisch etwas völlig Reales ist. Dieses Feld wirkt auf das Eisen ebenso ein wie auf einen Magneten. Analog dazu verhält es sich mit den Dingen. Die Erde erzeugt, wie jedes Ding, ein Gravitationsfeld, das auf das Gravitationsfeld eines anderen Dinges wie eines Steins wirkt. Einsteins einfach klingende Kinderfrage *Warum fällt ein Stein, den wir emporheben und darauf loslassen, zur Erde?*, ist nur mit Hilfe einer extrem komplexen Theorie zu beantworten: Der Stein fällt, weil das Gravitationsfeld auf ihn wirkt. Diese Wirkung der Erde auf einen Apfel, der vom Baum fällt, ist also nicht direkt und wird nicht erst durch eine (zusätzlich zur Erde entstehende) Kraft verursacht, sondern ist Folge des Gravitationsfeldes, das beide umgibt. Dieses Feld nimmt mit der Entfernung von der Erde ab – eine Feststellung, die der Intuition entspricht. Dinge, die fern sind, wirken schwächer. Nur im Reich der Gefühle und des Bewusstseins kehrt sich dieses physikalische Gesetz um. Sehnsucht wirkt umso stärker, je ferner sich das befindet, was wir nicht haben, oder je ferner die Menschen sind, bei denen wir nicht sein können.

So intuitiv verständlich die Schwächung des Gravitationsfeldes mit der Entfernung ist, so seltsam ist jedoch eine andere Eigenschaft, die Gravitation vom elektrischen und vom magnetischen Feld unterscheidet. Angenommen, ein Apfel gerät in ein Gravitationsfeld, aber ohne dass irgendeine weitere Kraft oder Energie auf diesen Apfel einwirkt. Dann wird dieser Apfel durch das Feld angezogen, dabei bewegt und sogar beschleunigt. Die Beschleunigung hängt dabei nach Einstein erstaunlicherweise *weder vom Material noch vom physikalischen Zustand des Körpers im geringsten ab.* Es spielt also keine Rolle, ob es sich um einen Apfel, eine Feder oder einen Menschen handelt (vorausgesetzt, es gibt keinen Widerstand, etwa durch Luft): Die Beschleunigung ist stets dieselbe und davon völlig unabhängig. Das Gravitationsfeld verhält sich daher anders und weniger wählerisch als ein elektromagnetisches Feld. Die Wirkung elektromagnetischer Wellen hängt stark vom Material ab. Auf Holz haben elektromagnetische Felder kaum Einfluss, wohl aber auf Gegenstände aus Metall, die auch Strom anders leiten und dadurch Magnetfelder induzieren können. Das Gravitationsfeld wirkt auf alle Massen. Dass Dinge fallen und »schwer« werden, hängt von einem Schwere- oder Gravitationsfeld ab. Im freien Raum fallen alle Dinge gleich: ein Körper aus Blei exakt genauso wie ein Stück Holz. Umgekehrt entwickeln die Dinge Trägheit und Schwere. Jeder, der ein ruhendes Auto bewegen will, weiß, dass es »träge« ist und Widerstand leistet. Es beharrt darauf zu bleiben, wo es ist. Einstein zufolge sind die »schwere Masse« eines Körpers und seine »träge Masse« physikalisch ein und dasselbe Phänomen. Die »Kraft«, die eine Masse »schwer« macht und anzieht, ist dieselbe »Kraft«, die einen Körper träge macht, so dass er sich einer anderen Kraft widersetzt und in seinem Zustand verharrt. So unterschiedlich beide Phänomene auch scheinen: Nach Einstein gibt es zwischen ihnen keinen Unterschied.

Es ist immer ein Risiko, Erkenntnisse der Grundlagen-
physik metaphorisch zu verstehen. Ein Physiker würde darauf hinweisen, dass die Aussage, dass es außerhalb der Dinge
keinen Raum und keine Zeit gibt und die Dinge es sind, die
den Raum erzeugen, keine Metapher ist, sondern das Resultat einer Gleichung, die die Realität gut beschreibt. So weit
die Physik. Ist jede weitere Analogiebildung verboten? Wenn
es außerhalb der Dinge keinen Raum gibt – produzieren sie
nicht mit diesem Raum eine Art von mentalem Schatten-
raum, ein Feld der Vorstellung? Die Dinge erschaffen gleich-
ursprüngliche »Geisterdinge« – allerdings nicht in einem Gravitationsfeld, sondern im Feld unseres Bewusstseins. Neben
der realen, physikalischen Welt der Dinge und Kräfte, die
aufeinander wirken und in der wir alltäglich leben, existiert
ein weiterer nicht minder realer und durchaus physikalisch
wirksamer Raum: die psychische Welt der Imagination und
Vorstellung. So, wie Dinge einander anziehen, zieht auch
eine Vorstellung die andere an. Eine Vorstellung fällt auf eine
andere zu. Der Raum der Vorstellung krümmt und verbiegt
sich um bestimmte Dinge herum. Ebenso wie Vorstellungen
auf Vorstellungen reagieren, können Vorstellungsfelder über
Handlungen auch auf die reale Welt wirken. Etwas, das in der
bewussten Wahrnehmung schmutzig erscheint, wirkt anders
auf einen Menschen als etwas, das er als schön oder rein bezeichnet und sich entsprechend anders vorstellt. Die Wirkung
von Vorstellungen oder Bildern auf die Geistesdinge unseres
Bewusstseins ist häufig ebenso real, ebenso anziehend oder
abstoßend wie die realen Dinge selbst. Deshalb verwechseln
wir sie so leicht. Nur wenn wir lernen, unterscheiden wir
zwischen vorgestellter und tatsächlicher Information. So wie
Felder miteinander wechselwirken, können auch Informationen, die für uns von großer Bedeutung sind, ein Moment der
Trägheit entwickeln. Sie schaffen eine Tendenz und Neigung,

ein Feld, das die Welt in eine bestimmte Richtung krümmt. Der fliegende Teppich ist ein Bild dafür, dieser Anziehungskraft zu entkommen.

Und es ist nötig, dass wir versuchen der Gravitation der Vorstellungen zu entkommen. Denn wir holen uns, betont Wittgenstein, nicht nur beim Anrennen gegen einen realen Tisch oder einen Stuhl Beulen, sondern auch beim Anrennen gegen unsere Vorstellungen von ihnen. Die einen Beulen sind nicht realer als die anderen – wohl aber schwerer zu fassen. Es ist die Sprache, die mit den in ihr existenten Gegenständen oder Dingen einen durchsichtigen Parallelraum, eine Geist-Welt aufspannt. In diesem Raum, glauben wir, könnten wir durch die Kraft der Begriffe alles frei bewegen. Ludwig Wittgenstein war der Ansicht, dass sich philosophische Probleme genau aus solchen falschen Vorstellungen ergeben. Bestimmte Bilder und Vorstellungen halten uns gefangen, weil wir sie und die Sprache falsch verwenden: und das hat Konsequenzen. Immer dann, wenn die Sprache feiert und über die Stränge schlägt, holen wir uns, so Wittgenstein, nach dem Rausch einen Kater. Wir werden Opfer unserer eigenen Feiern im Raum der Vorstellung. Die Verworrenheit und Komplexität mancher philosophischer Probleme entspricht nicht den Konstellationen der Dinge selbst, sondern der *unseres verknoteten Verstandes*. Entsprechend sollten Aufklärung, kritisches Denken und Philosophie *ein Kampf gegen die Verhexung unseres Verstandes durch die Mittel unserer Sprache* sein, die uns Begriffe wie wirkliche Dinge erscheinen lässt.

Insofern bleibt die Frage, ob das, was im mentalen Raum – dem Raum der Sprache – gilt, nicht in gewisser Weise auch für die »wirklichen« Dinge gilt, die wir uns erst über die Sprache erschließen. Niemand hat je ein Quark gesehen. Und doch operieren wir mit solchen Begriffen wie mit Dingen. Das Feld der Imagination und Vorstellung entsteht ähnlich wie das Gravitationsfeld immer dann, wenn in der Sprache Begriffs-Dinge aufeinandertreffen. Mit den Begriffen entsteht eine Geistwelt der Dinge – eine *Hinterwelt*, wie Friedrich Nietzsche gesagt hätte – ein *Wahn jenseits des Menschen. Traum schien mir da die Welt, und Dichtung eines Gottes; farbiger Rauch vor den Augen eines göttlich Unzufriednen. Mensch war er, und nur ein armes Stück Mensch und Ich: aus der eigenen Asche und Glut kam es mir, dieses Gespenst, und wahrlich! Nicht kam es mir von Jenseits*, heißt es bei Nietzsche.

Der Mensch ist das Lebewesen, das nicht nur in der Welt, sondern in gleichem Maße auch in der Sprache lebt. Er ist in der Realität, der Welt der Dinge, ebenso zu Hause wie in der Realität seiner Vorstellungen. Der Mensch ist ein Lebewesen, das mit Hilfe seines Bewusstseins sowohl auf die Dinge in seinem Bewusstsein reagiert als auch auf die Dinge in der Welt, auf die ihn seine Wahrnehmung stößt. In einer langen Geschichte der Evolution und des Überlebens hat der Mensch gelernt, auf die Dinge »da draußen« ebenso zu achten wie auf all das, was sich im Gravitationsfeld seiner Sprache, d. h. in seiner inneren Vorstellungswelt, ereignet. Dingwelt und Vorstellungswelt sind miteinander verbunden durch das, was Wittgenstein und andere die Lebensform nannten. In der Lebensform oder Lebenswelt kommt alles zusammen: Dinge und Menschen, Handeln und Denken, das Imaginäre und das niemals Ausgedachte, niemals Erfundene. Der Mensch lebt mindestens in diesen zwei Welten – der Welt der Dinge und Tatsachen, die eine Welt des Falls ist, und in der Welt der Vorstellung, die für ihn häufig eine Welt des Aufstiegs ist, in der die Gesetze des Fallens keine Geltung mehr haben. Die Vorstellung kompensiert den Fall ebenso wie den Verfall des Menschen. Menschen haben ganz pragmatisch gelernt, nicht nur auf die Dinge zu achten und in einer Dingwelt zu handeln, sondern auch auf die Welt der Vorstellungen zu achten, mit deren Hilfe wir die Dinge nicht nur benennen, sondern auch verändern können – beispielsweise indem wir über die Dinge sprechen und die Sprache als Werkzeug gebrauchen, im Umgang miteinander ebenso wie im Umgang mit der Welt. Wir können gemeinsam auf die Welt in besprochener Weise einwirken.

Die Kommunikation mit dem Internet, die verdoppelte Welt der sozialen Medien, die mit der herkömmlichen sozialen Welt die »neue« soziale Sphäre bilden, wäre ohne Sprache und Zeichensysteme nicht denkbar. Die gesamte moderne, medial vermittelte Kommunikation, so technisch sie auch scheint, ist trotz ihrer High-Tech-Displays die alte Welt der Zeichen, die der sozialen und sprachlichen Geisterwelt der Dinge entsprungen ist. Das Problem besteht darin, dass diese Sprache zunehmend durch Software ersetzt und die soziale Interaktion zu Teilen bereits von einem völlig autonomen Internet der Dinge übernommen wird. Wir bedienen uns bei der Erstellung von Programmen einer Sprachform, einer Software, die der Hardware der toten Dinge Leben einhaucht. Man implementiert eine Funktion in einem lernfähigen Computersystem oder Ding ähnlich wie man Kinder abrichtet, Wörter auf eine bestimmte Art und Weise zu gebrauchen. Kinder lernen »blau« zu sagen, indem andere Menschen auf etwas deuten und sagen: »Dieses Ding hat die Farbe Blau.« Doch blau existiert nicht in der Welt der Dinge. Die Dinge selbst haben keinen Sprachraum. So, wie die Dinge den physischen Raum erst erschaffen, werden sie überhaupt erst zu Dingen, indem Menschen sie im mentalen Raum sehen, der zwar ohne die Dinge nicht wäre, aber diese eben auch nicht ohne Bewusstsein. Es gibt keine Dinge, die gesehen und gedacht werden können, ohne Bewusstseinsfeld – ebenso wenig wie es Dinge ohne Gravitationsfeld gibt. Der französische Philosoph Roland Barthes hat die Fähigkeit der Dinge, sich mit Bedeutungen dadurch aufzuladen, dass wir ihnen Bedeutungen zuschreiben, u. a. in seinem Buch *Mythen des Alltags* untersucht. Barthes interessiert dabei nicht die Frage, was ein Mythos ist. Was ihn interessiert, sind die vielfältigen Phänomene der Aufladung mit Bedeutung, mit deren wissenschaftlicher Analyse sich u. a. Linguistik und Semiologie befassen. Für Barthes ist der Mythos keine alte Geschichte oder Mystifikation, die ihre Wurzeln in der Vergangenheit hat. Vielmehr ist ein Mythos eine aktuelle *Aussage, ein Mitteilungssystem, eine Botschaft, kein Objekt, kein Begriff oder eine Idee; er ist eine Weise des Bedeutens, eine Form.* Eine solche Form hat zwar historische Grenzen – bleibt aber flexibel und kann neu erfunden und in eine Gesellschaft eingeführt werden. Die Objekte, die eine solche Gesellschaft in der Natur vorfindet, sind zunächst nur die Objekte. Worauf es ankommt, ist die Form, in der über die Objekte gesprochen oder in der die Objekte – etwa wie durch Siri beim neuesten Apple-Betriebssystem – angesprochen werden. Diese Form der Ansprache verändert nicht nur den Umgang mit den Objekten, sondern die Objekte selbst. Und *da der Mythos eine Aussage ist, kann alles, wovon ein Diskurs Rechenschaft ablegen kann, Mythos werden. Der Mythos wird nicht durch das Objekt seiner Botschaft definiert, sondern durch die Art und Weise, wie er diese ausspricht.* Eine formale Grenze gibt es nicht. Jeder Gegenstand der Welt kann auf besondere Weise ange- und besprochen und damit zum Mythos werden: die damals neue Göttin des Straßenverkehrs, die Citroën DS (La Déesse), ein Waschmittel oder auch Beefsteak und Pommes, sie alle können das gesamte Sehnsuchtspotential des Essens wachrufen. *Es gibt formale Grenzen des Mythos, aber keine inhaltlichen … Jeder Gegenstand der Welt kann von einer geschlossenen, stummen Existenz zu einem besprochenen, für die Aneignung durch die Gesellschaft offenen Zustand übergehen, denn kein – natürliches oder nichtnatürliches – Gesetz verbietet, von den*

Dingen zu sprechen. Durch unseren Umgang mit den Dingen und insbesondere durch unsere Sprachform überführen wir ihre *stumme Existenz* in den Raum der Wörter, des Denkens, der Sprache und fügen sie damit in die menschliche Gemeinschaft ein. Die Dinge sind nicht mehr stumm, sondern leben mit und unter uns.

Dieser Umstand hat nicht nur für die Mythen des Alltags, sondern auch für den Alltag erhebliche Konsequenzen. Nicht nur die Dinge bestimmen den Menschen, sondern auch die jeweiligen Ansichten über die Dinge, die unweigerlich eine zweite Schattenwirklichkeit erzeugen. Wie das berühmte Konformitätsexperiment von Solomon Asch zeigte, passen sich Menschen in vielen Fällen dem Wahrnehmungsmuster der Mehrheit und damit dem Bewusstseinsfeld anderer Menschen an. Wenn eine Mehrheit in einer Gruppe behauptet, ein Strich a sei länger als ein Strich b, dann wird nach einer gewissen Zeit auch die Versuchsperson, die sich zunächst mit ihrer eigenen Meinung im Konflikt zur Mehrheitsmeinung befindet, bereit sein, das Urteil der Mehrheit zu übernehmen. In einer Umkehrung dieses Experimentes zeigte der französische Sozialpsychologe Serge Moscovici, wie sich die Wahrnehmung von Farben bei einer Mehrheit durch eine hartnäckige, sich konsistent verhaltende, die Farben anders bezeichnende Minderheit verändern lässt. Im Experiment waren immer mehr Menschen bereit, zu sagen, dass ein Gegenstand grün sei, den sie selber zunächst klar und deutlich für blau gehalten hatten. Allerdings setzt diese Umkehrung voraus, dass die Minderheit, die in Bezug auf die Farbe anderer Meinung als die Mehrheit ist, konsistent argumentiert und sich in diesem Punkt hartnäckig verhält, in anderen Belangen aber völlig normal und ausgesprochen fair und glaubhaft erscheint. Doch noch einmal zurück zur Physik.

Dass der Raum oder genauer die Raumzeit erst mit den

Dingen entsteht und durch die Dinge verändert und verzerrt werden kann, hatte Einstein gezeigt. Dass die Raumkrümmung existiert und durch Gravitationsfelder verursacht wird, die ihrerseits durch die Anwesenheit (großer) Massen, also Dinge, entstehen und beeinflusst werden, ist immer wieder experimentell bestätigt worden. Diese Krümmung des Raums wie auch der Zeit beinhaltet die Lösung von Problemen und beantwortet Fragen wie die, warum die Erde nicht senkrecht auf die Sonne zufällt. Die Wahrheit ist, dass die Erde genau das tut. Newton hatte recht, als er behauptete, dass die Dinge gradlinig – und das bedeutet auf der Linie der kürzesten Verbindung zweier Punkte – aufeinander zufallen. Auch die Erde fällt gradlinig und so gleichförmig wie überhaupt nur möglich auf die Sonne zu. Doch der Raum, in dem das geschieht, ist gekrümmt. Deshalb fällt die Erde in einem Bogen.

Wie man sich diese Krümmung der Raumzeit durch die Anwesenheit von Dingen vorstellen kann, lässt sich leicht an einem Globus zeigen. Die räumlichen Orientierungslinien auf einem Globus weichen bei genauerer Betrachtung von der euklidischen Schulgeometrie der Fläche ab. Wie man leicht feststellen kann, werden die Linien, die die Längen- und Breitengrade auf einem Globus markieren, durch die Krümmung der Kugel verbogen. Wie der Globus im Kleinen ist auch die Erde im Großen eine Kugel und keine ebene Fläche wie eine Schreibtischplatte. Wer einen Spaziergang um den Block macht oder von Frankfurt nach Aachen fährt, bewegt sich noch einigermaßen krümmungsfrei fast auf einer Fläche. Man spricht in diesem Fall von einer sogenannten konstanten Metrik. Bei der Berechnung von Wegen, die man in einer konstanten Metrik (bildhaft gesprochen: auf einer ebenen Fläche) zurücklegt, greift man daher auf die bekannten Gesetze der euklidischen Geometrie zurück. Anders verhält es sich im gekrümmten Raum. Wer von Frankfurt nach

Shanghai fliegt, legt einen weiten Weg über der gekrümmten Erde zurück. Die Flugbahn folgt, anders als bei der kurzen Autofahrt, dieser Krümmung – auch wenn jeder im Flugzeug das Gefühl hat, wie im Auto völlig gerade unterwegs zu sein. Wie auf dem Globus ist eine längere Strecke zwischen zwei Punkten gebogen. Dies gilt auch, wenn man drei Punkte miteinander verbindet. In einem solchen Dreieck, das beispielsweise vom Nordpol zu einem Punkt auf dem Äquator führt (Längen- und Breitengrad treffen an dieser Stelle mit 90 Grad zusammen), dann weiter über eine Strecke auf dem Äquator entlangführt und erneut zurück zum Nordpol (jedes Mal entstehen Winkel von 90 Grad), bildet sich eine Winkelsumme aus drei mal 90 Grad, also insgesamt 270 Grad. Ein Dreieck in einem positiv gekrümmten Raum weist also eine Winkelsumme auf, die größer als 180 Grad ist.

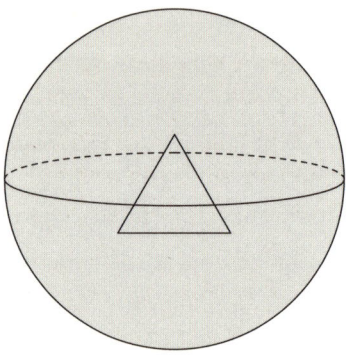

Ähnlich folgt auch die Erde bei ihrem Weg um die Sonne einer solchen Krümmung der Raumzeit. Von außen betrachtet, kreist sie um die Sonne, während sie aufgrund des Gravitationsfeldes, in dem sie sich befindet, immer nur gerade fällt und fällt …

Seltsamerweise schrieb Albert Einstein wenige Monate vor seinem Tod: *Ich betrachte es aber als durchaus möglich, dass die*

Physik nicht auf den Feldbegriff gegründet werden kann, d. h. auf kontinuierliche Gebilde. Dann bleibt von meinem ganzen Luftschloss inclusive Gravitationstheorie nichts bestehen.

Im Moment sieht dennoch alles danach aus, als würde die Erde weiterhin wie von Einstein beschrieben mit einer Geschwindigkeit von 107 208 km/h um die Sonne fallen. Wie Major Tom in David Bowies Song schwebt die Menschheit mit einer enormen Geschwindigkeit durch den Raum. Die Erde als Raumschiff weiß, wohin sie fliegen muss: *Though I'm past one hundred thousand miles / I'm feeling very still / And I think my spaceship knows which way to go.* Auch in der Mythologie bewegt sich die Welt in berechenbaren Bahnen. Sie folgt dem geordneten Geisterfeld der Dinge. Ikarus ist das beste Beispiel. Die Geschichte von seinem Aufstieg und Fall handelt von einem Menschen, der versucht, sich zu retten, indem er den Traum vom Fliegen verwirklicht. Weil alles auf der Welt fällt und sogar die Welt selbst, liegt es nahe, diesem Fall entkommen und der Wirklichkeit entschweben zu wollen. Dieser Gedanke war damals so relevant und zeitgemäß wie heute. Roger Willemsen macht in seinem letzten Buch *Wer wir waren* darauf aufmerksam, dass nichts so antiquiert wirken kann wie Science-Fiction. Produkte werden nicht, wie noch vor 15 Jahren, jünger, indem man sie *aus dem Weltall anreisen lässt. Das Bewusstsein kennt weitere Fernreisen als die zur Raumstation ISS. Jeder Computer animiert mühelos, jedes Musikvideo simuliert genüsslich jenen Zustand der Schwerelosigkeit, der für eine Zeitlang das utopische Lebensgefühl offenbar am besten repräsentierte und uns heute nur noch von fern an das All erinnert. Der Orbit ist alt geworden.* Er ist so alt geworden wie Ikarus. Warum? Weil es sich *bei den Bildern, die wir uns von der Zukunft machen, um Fabrikationen handelt.* Selbst in den scheinbar vom Menschen völlig losgelösten, menschenfreien Bildern von der Zukunft steckt am Ende immer noch der Mensch, der diese Zukunft

imaginiert, ohne doch das Zukünftige bereits im Jetzt identifizieren zu können. Es geht um die alte Sehnsucht, anzukommen. Im Fall von Ikarus endet dieser Versuch, zu fliegen
und dadurch dem Fall zu entgehen, mit einem Fall. *Ground
control to Major Tom – your circuit's dead, there's something wrong.*

DER FALL DES IKARUS

About suffering they were never wrong,
The old Masters: how well they understood
Its human position: how it takes place
While someone else is eating or opening a window or just walking dully
along;
How, when the aged are reverently, passionately waiting
For the miraculous birth, there always must be
Children who did not specially want it to happen, skating
On a pond at the edge of the wood:
They never forgot
That even the dreadful martyrdom must run its course
Anyhow in a corner, some untidy spot
Where the dogs go on with their doggy life and the torturer's horse
Scratches its innocent behind on a tree.

In Breughel's Icarus, for instance: how everything turns away
Quite leisurely from the disaster; the ploughman may
Have heard the splash, the forsaken cry,
But for him it was not an important failure; the sun shone
As it had to on the white legs disappearing into the green
Water, and the expensive delicate ship that must have seen
Something amazing, a boy falling out of the sky,
Had somewhere to get to and sailed calmly on.

W. H. Auden, Musée des Beaux Arts (1938)

Über das Leiden täuschen sie sich nie,
die alten Meister: wie gut kannten sie
seinen Ort bei den Menschen; dies geschieht,
während jemand anderer isst oder ein Fenster öffnet oder träge vorbeigeht;

Wie es immer, wenn die Alten mit frommer Inbrunst warten
auf die wundersame Niederkunft, es Kinder geben muss,
die das Geschehen nicht unbedingt ersehn, die Schlittschuh laufen
auf einem Teich am Waldrand:
sie vergaßen nie,
selbst das grässliche Martyrium nimmt notgedrungen seinen Lauf
in einem Winkel, an einem verkommenen Fleck,
wo Hunde hündisch weiterleben und das Pferd des Folterknechts
sein argloses Hinterteil an einem Baum reibt.

Auf Breughels Ikarus zum Beispiel: wie alles sich
gemächlich von dem Unheil abgewendet; der Mann am Pflug
hat den Plumps vielleicht gehört, den verlassnen Schrei,
jedoch für ihn war dieser Misserfolg nicht von Belang; die Sonne schien,
so wie sie sollte, auf die weißen Beine, die im grünen Wasser
versanken; und das teure, feingliedrig Schiff, das sicher
etwas Unglaubliches gesehen hatte, einen Knaben aus dem Himmel
stürzen,
muss sein Ziel erreichen und hielt ruhig seinen Kurs.

Für einen Moment schien es, als sei David Bowie im Jahr 1969 selbst jene populäre Held namens Major Tom, der sich immer weiter von der Erde entfernt. Mit dem Song *Space Oddity*, am besten übersetzt vielleicht mit *Seltsamkeit des Raums*, nimmt Bowie sehr bewusst den Filmtitel von Stanley Kubricks Welterfolg *2001: A Space Odyssey* auf, der ein Jahr zuvor in die Kinos kam. Die Welt war vom Mondfieber angesteckt. Nur vier Monate vor Bowies Platte feierten die Astronauten Neil Armstrong, Buzz Aldrin und Michael Collins einen Triumph. Collins umkreiste als Pilot der Kommandokapsel von Apollo 11 den Mond – *sitting in a tin can*, wie Bowie sang –, während die beiden anderen als erste Menschen den Mond, den er überflog, tatsächlich betraten und im Mondstaub die amerikanische Flagge hissten, ein wichtiges Zeichen im Kalten Krieg gegen die Sowjetunion. In Bowies Song schwebt Major Tom wie Collins im Raum, melancholisch auf die sich entfernende Erde schauend (*Planet Earth is blue / And there's nothing I can do*). So erobert Major Tom, der gefangen in seiner Blechbüchse den fernen Sternen näher ist als alle anderen, die Weiten des Popuniversums.

Einige Jahre später, 1976, schlüpft Bowie erneut in die Rolle eines Aeronauten. Gekonnt versteht er es, sich als fremder Gesandter einer kommenden Avantgarde zu inszenieren. Wie Major Tom lässt Bowie die beengte Kapsel hinter sich. Diesmal landete er – als Außerirdischer in Nicolas Roegs Film *Der Mann, der vom Himmel fiel*. Wieder wird Sternenmelancholie zum Kennzeichen Bowies. Sein Drogenkonsum machte es nur wahrscheinlicher, dass er sich tatsächlich als Außerirdischer fühlte, der fremde Dinge gesehen hatte, ein ET auf Entzug, den es nicht nur nach Hause in die Ferne zog, sondern auch zurück auf die Erde. Im Film gerät Bowie mitten in das pulsierende Herz der gerade entstehenden futuristischen Industrie des Silicon Valley. Er nimmt als Außerirdischer die Gestalt eines Menschen an, dessen humanoide und geniale Inkarnation Thomas Jerome Newton heißt. Newton ist seiner Zeit und der Menschheit nicht nur in Sachen Mode, sondern vor allem in Technik und Wissen weit voraus. Zwar ist der stylisch getarnte Außerirdische in seiner Raumkapsel gestrandet. Aber als Abgesandter einer fernen Zivilisation bringt Newton es als Spiritus Rector und Chef eines Hightech-Unternehmens namens *World Enterprise* mit neun grundlegenden, innovativen Patenten schnell zu einem Milliardenvermögen.

Während in der Wirklichkeit in den Garagen des Silicon Valley bereits Microsoft und Apple entstehen, feiert der Film

Newton als Erfinder neuer Technologien und Medienkonzepte. Wie nebenbei entwickelt er Instant-Fotografie und ein modernes, neues Fernsehen. Ähnlich wie manche reale Personen dieser Zeit macht Newton Milliarden im neu entstehenden Mediengeschäft. Der Grund, warum er als Außerirdischer so auf irdisches Geld versessen ist, ist ebenso einfach wie romantisch. Newton/Bowie ist ein zur Erde gefallenes Wesen, das notgelandet ist, um auf dem blauen Planeten Wasser für seine sterbende Zivilisation auf einem fernen Wüstenplaneten zu finden. Diese knappe Anspielung, die im Film als ein Leitmotiv wiederkehrt, nimmt die spätere Diskussion um den Klimawandel und die zunehmende Wasserknappheit auf der Erde vorweg. Newton will mit seinem Geld und seinem Know-how ein neues Raumschiff bauen, um von der Erde aufzubrechen und seine ferne Welt zu retten. Dies ist nicht allzu weit entfernt von der Idee einiger amerikanischer Politiker, ernsthaft den Mars zu besiedeln, um der Menschheit dort, auf dem Erd-Ersatz-Planeten, eine zweite, neue Zukunft zu ermöglichen.

Das Raumschiff ist, wie in vielen Science-Fiction-Filmen und -Romanen, Mittel und Weg zu einem anderen Sein. Wie der fliegende Teppich dient auch das Raumschiff, das er konstruiert, als Metapher für eine Sehnsucht, die insofern nicht utopisch ist, als sie sich auf einen ganz konkreten und benennbaren Ort bezieht, an dem er einst lebte und zu dem er zurück will. Newton geht es um den durchaus realistischen Wunsch, den Fall seiner Welt aufzuhalten. Er nutzt die Realität (der Erde), um einen anderen Ort zu verändern und zu retten. Damit ihm das gelingt, muss er wieder abheben, muss der Schwerkraft der Erde trotzen und mit Hilfe von Geld und Technik den Fall in einen Aufstieg, ein Abheben transformieren. Das Bild vom Raumschiff steht, ähnlich wie das Bild des fliegenden Teppichs in vergangenen Jahrhunderten, für diese Idee der Kontrolle des freien Falls und die Fähigkeit des Menschen, schnell und ohne Verzögerung an den Ort der Sehnsucht zu gelangen. Es geht darum, wie im Fall Daidalos und Ikarus, mit Hilfe einer weiter entwickelten Technologie den Fall und einen erneuten Absturz zu verhindern. Es handelt sich dabei zunächst nicht um eine Utopie, also um etwas, das keinen wirklichen Ort und keine Zeit hat, sondern darum, in eine sehr reale Welt aufzubrechen, um diese tatsächlich umzuwandeln, zu transformieren und zu retten. Raumschiff und fliegender Teppich sind Symbole für einen anderen Zustand der Welt.

Der Mann, der vom Himmel fiel entstand teilweise in der Wüste in New Mexico nahe Roswell, wo angeblich am 24. Juni 1947 fremdartige Raumschiffe gesichtet wurden und Außerirdische gelandet seien. Der Film spielt damit auf die bis heute wirksame Roswell-Ufo-Legende an, greift aber auch mythologische Vorstellungen längst vergangener Zeiten auf. In einer Szene des Films wird ein geradezu ikonographisches Bild auf die Leinwand gebracht: *Landschaft mit dem Sturz des Ikarus* des niederländischen Renaissancemalers Breughel. Auch im Filmdialog wird diese Szene aufgegriffen und das Beklemmende dieses Falls thematisiert, der so vollkommen ruhig verläuft, wie ein Ereignis, das nebenbei geschieht und von der Welt nur am Rande, wenn überhaupt, bemerkt wird. Damit bezieht sich der Film nicht nur auf die Bildkonstruktion Breughels, sondern zugleich auch auf ein 1938 entstandenes Gedicht des britisch-amerikanischen Lyrikers Wystan Hugh Auden. Auden beschreibt in seinem Gedicht *Musée des Beaux Arts* Breughels Bild, das er im Dezember des Entstehungsjahrs zusammen mit dem britischen Schriftsteller Christopher William Bradshaw Isherwood gesehen hatte. Beide verbrachten einige Zeit in Brüssel und besuchten dabei auch das berühmte Musée des Beaux Arts, um Breughels Bild zu sehen, das sich bis heute dort befindet. *Landschaft mit dem Sturz des Ikarus* hat die Bildmaße 73,5 × 112 Zentimeter. Es wurde vermutlich um 1560 herum gemalt und seltsamerweise in Öl. Das gibt dem Bild im Kontext vieler anderer Werke von Pieter Breughel dem Älteren eine besondere Stellung, denn Breughel malte weitaus häufiger mit Tempera. Das ist einer von mehreren Gründen, warum viele Kunsthistoriker annehmen, dass es sich bei dem Gemälde im Musée des Beaux Arts nicht um ein Original Breughels handelt, sondern um die Kopie eines weiter nicht bekannten Malers, der das verlorengegangene Originalbild von Breughel kannte und kopierte.

Das Thema dieses Bildes, von dem eine seltsam fremde, beklemmende Stille ausgeht, ist im Unterschied zum Ausgang der kunsthistorischen Debatten um die Urheberschaft eindeutig. Dargestellt wird, wenn auch auf den ersten Blick nicht sofort erkennbar, der Flug des Ikarus. Das Bild bezieht sich damit auf ein klassisches Motiv der griechischen Mythologie. Viele der Details sind Ovids *Metamorphosen* entnommen und direkte Übersetzungen vom Medium der erzählenden Dichtung ins Bildhafte.

Der Sage nach wurden Daidalos und sein Sohn Ikarus auf der Insel Kreta festgehalten. Dort entstand im dritten vorchristlichen Jahrtausend mit der Minoischen Kultur die erste Hochkultur in dem Raum, der später Europa genannt werden sollte. Um 1450 v. Chr. übernahmen die auf dem Festland beheimateten Mykener die Insel samt ihrer kulturellen Hervorbringungen. In dem minoischen Anemospilia-Tempel, einem Gipfelheiligtum am Nordhang des kretischen Berges Juchtas, wurden ebenso wie in der Region des antiken Palastes von Knossos Menschen geopfert. Die Sage berichtet, dass der Erfinder, Baumeister und Künstler Daidalos, nachdem er aus Athen verbannt wurde, bei dem Zeussohn Kö-

Abb. 2: Landschaft mit dem Sturz des Ikarus, Pieter Breughel d. Ä., 1555–68, Musée des Beaux Arts, Brüssel.

nig Minos auf Kreta Asyl erhielt. König Minos hatte sich in die Tochter des Sonnengottes, Pasiphaë, verliebt. Meeresgott Poseidon, der noch eine Rechnung mit König Minos offen hatte, bewirkte jedoch, dass sich Pasiphaë, statt in Minos, unsterblich in einen wunderbaren Stier verliebte, der eigentlich dazu ausersehen war, Poseidon geopfert zu werden. Doch Minos fand, dass der Stier zu schön sei, um ihn einfach einem Gott zu opfern. In ihrem Unglück bat Pasiphaë, die inzwischen mit Minos verheiratet war, den begabten Architekten Daidalos, eine Kuh derart aus Holz zu konstruieren, dass der Stier dazu bereit wäre, die Kuh zu begatten. Bei diesem Liebesakt versteckte sich Pasiphaë in der künstlichen Kuh, wurde schwanger und gebar ein menschenfressendes Wesen mit Stierkopf und menschlichem Körper: Minotaurus. Auch dieses Untier hat eine weitere Geschichte, die mit einem Krieg gegen die Athener zusammenhängt, die Minotaurus jedes Jahr ein junges Mädchen opfern mussten. Wichtig ist im Zusammenhang mit Daidalos lediglich, dass er von König

Minos den Auftrag erhielt, ein Labyrinth für Minotaurus zu bauen. Denn Ariadne, die Tochter von Minos und Pasiphaë, hatte ihren Vater überredet, Minotaurus nicht zu töten, sondern ihn stattdessen in einem Gefängnis unter Kontrolle, aber am Leben zu halten. Es gibt aus Knossos eine Tontafel in mykenischer Schrift, die etwa um 1200 v. Chr. entstanden ist und Opfergaben beschreibt. Auf dieser Tafel ist u. a. von einer »Struktur in Stein« die Rede – ein Begriff, der sich möglicherweise auf eine labyrinthähnliche Struktur, vielleicht aber auch auf die Grundlinien des Palastes von Knossos bezieht.

Daidalos, nach Ovid *weltberühmt durch seinen handwerklichen Erfindergeist*, legte auf Geheiß von König Minos also ein unübersichtliches Gemäuer an. Für jeden, der das Labyrinth betrat, verwirrte er alle Erkennungszeichen *und führte die Augen durch die verschiedensten Umwege in die Irre.* Dass Daidalos und König Minos trotz des grandiosen Bauwerks nicht die besten Freunde waren, lässt sich angesichts des von Daidalos unterstützten Fremdgehens seiner geliebten Ehefrau verstehen. Andererseits wurden Daidalos und sein Sohn Ikarus der langen Verbannung müde. Da Minos den Land- und Seeweg blockierte, stand dem erfindungsreichen Architekten nur noch der Himmelsweg offen. *Wir werden diesen Weg gehen*, sagte er seinem Sohn, versenkte seinen Geist *in unbekannte Künste* und *schaffte die Natur neu*. Was er schuf war – nach dem Modell der Panflöte – ein Paar Flügel aus Federn, Wachs und Leinen, denen er eine leichte Krümmung verlieh, wie Ovid eigens vermerkt. Seinen Sohn Ikarus ermahnte er vor dem Flug, sich auf mittlerer Bahn zu halten. Wenn man zu tief fliegt, erklärte Daidalos, macht das Wasser der Wellen die Flügel zu schwer. Fliegt man zu hoch, versengt das Feuer der Sonne sie. Daidalos ermunterte daraufhin seinen Sohn, ihm zu folgen. *Die beiden erblickte einer*, berichtet Ovid, *der mit zitternder Angelrute Fische fing, oder ein Hirte, der sich auf seinen Stab, oder ein Ackersmann, der sich auf den Pflug stützte, und war erstaunt.* Denn da sie sich durch den Luftraum bewegten, hielt man sie auf der Erde für Götter. Irgendwann hob der Sohn buchstäblich ab – vor Freude, dass sie Kreta längst hinter sich gelassen hatten. Er war vom Drang nach dem Himmel ergriffen. *Da macht die Nähe der zehrenden Sonne das duftende Wachs, die Fessel der Federn, weich. Hingeschmolzen war das Wachs; er ruderte mit den nackten Armen, bekommt ohne sein Flugwerk keine Luft mehr zu fassen, und der Mund, der noch den Namen des Vaters herausschreit, wird vom blauen Wasser umschlungen.*

Audens Gedicht kennt beide Darstellungen, die visuelle von Breughel und die poetische von Ovid. In der Bildbeschreibung nimmt er ebenso Bezug auf Breughel wie auf das antike Vorbild und die entsprechenden Passagen aus dem achten Buch der *Metamorphosen*. In Bild und Text ist vom pflügenden Bauer und den Hirten die Rede. Auch der Angler, den Ovid erwähnt, ist auf Breughels Bild am rechten unteren Rand zu finden. Das Bild öffnet den Blick des Betrachters auf das Meer und den Horizont hin. Möglicherweise sind die beiden Inseln, die zu sehen sind, die von Ovid erwähnten Inseln Samos zur Linken und Lebinthuis zur Rechten. Möglich ist auch, dass die Stadt und die Befestigungsanlagen, die im linken Bildausschnitt zu sehen sind, den Palast des Minos darstellen und das Labyrinth, dem Daidalos und Ikarus entkommen sind. Die malerische Veränderung der Perspektiven – der Bauer mit seinem auffallenden Hemd ist von schräg oben, der Hirte mehr von der Seite und das Schiff in der Ferne längsseits dargestellt – verstärkt den Eindruck einer großen, verlorenen, mittagsschweren Weite. Die Sonne steht hoch am Himmel über der weiten Bucht. In der Ferne kreuzen Schiffe im Wind, der kräftig in die Segel des Schiffes rechts im Bild fährt. Mit dem Rebhuhn, das unterhalb des Schiffes auf einem Ast sitzt, spielt der Maler bildhaft auf die dunkle Vorgeschichte von Daidalos und damit auf den Mord an, der der Grund für die Verbannung aus Athen war. Ovid schreibt vom *geschwätzigen Rebhuhn, damals ein einzigartiges Geschöpf, das man nie zuvor gesehen hatte.*

Zwischen Rebhuhn und Schiff sieht man, klein, fast unbemerkt und wie am Bildrand, das eigentliche zentrale Motiv des Bildes: den herabstürzenden Ikarus. Von allen unbeachtet, fällt er vom Himmel und stürzt ins Meer. Sein Kopf ist bereits untergegangen. Das Rot des Hemdes, das der Bauer trägt, das Weiß des Segels, die Helle der Sonne, aber auch die Blickrichtungen der auf dem Bild dargestellten, in ihrer eingefrorenen Bewegung wie fotografierten Personen – sie alle lenken ab vom eigentlichen Geschehen, das sich wie im Verborgenen ereignet. Ikarus, der seinen Flug auf einer sicheren Bahn zwischen Wasser und Sonne ziehen sollte, verschwindet, wie Auden schreibt, *im grünen Wasser* des Meeres, aus dem, nur für einen Moment, noch die bleichen, *weißen Beine* ragen, während *das teure, feingliedrig Schiff, das sicher etwas Unglaubliches gesehen hatte, einen Knaben aus dem Himmel stürzen,* sein fernes Ziel weiterhin erreichen will und *ruhig seinen Kurs* hält. In die Stille hinein bricht der längst nicht mehr zu hörende, kurze und *verlassene Schrei.* Auden stellt seinem Gedicht eine Beobachtung voran, die auf das Leiden des Ikarus Bezug nimmt, das in seiner alltäglichen Unbemerktheit zugleich etwas Universales bezeichnet:

Über das Leiden täuschen sie sich nie,
die alten Meister: wie gut kannten sie
seinen Ort bei den Menschen; wie etwas geschieht,
während jemand anderer isst oder ein Fenster öffnet und
stumpfsinnig vorbeigeht …

Selbst das grässliche Martyrium nimmt notgedrungen seinen
Lauf
in einem Winkel, an einem verkommenen Fleck,
wo Hunde hündisch weiterleben und das Pferd des Folterknechts
sein argloses Hinterteil an einem Baum reibt.

Der Fall bringt für den Stürzenden Leid mit sich, während für
alle anderen das Leben weitergeht. Menschen essen, Hunde
leben arglos ihr Leben, und alle fahren fort, als sei nichts geschehen. Der Begriff der Verdrängung hilft hier kaum weiter.
Verdrängt werden kann nur eine Tatsache, etwas, das gewusst
wird. Der Fall, der im Zentrum des Bildes und des Gedichtes
steht, bezieht sich nur scheinbar auf Ikarus und einen alten
Mythos. In Wahrheit fällt nicht er, sondern alle fallen in ihrer
scheinbaren Sicherheit, so sehr sie sich auch am Pflug oder an
der Angelrute festhalten mögen. Selbst die sicheren Bauten
und die stolzen Schiffe fallen und mit ihnen sogar die Sonne.
Dieser Fall und das Leiden an der Vergänglichkeit von allem,
auch wenn es übersehen wird, ist real und unvermeidbar.
Dies ist die Wahrheit und kein Mythos mehr: die Tatsache,
dass alles fällt und dieser Fall alles und alle mit sich reißt.
Nach Jahrtausenden ist dies nun sichtbar, wenn auch zunächst
nur am Bildrand. Man muss genau hinsehen und Augen und
Ohren öffnen. Zu verdrängen heißt, blind zu sein für das, was
der Fall ist. Sich dem zu öffnen, was in Wahrheit geschieht,
bedeutet, realistisch zu sein.

Auch die moderne Technik hat sich Realismus auf die Fah-
nen geschrieben. Ein Bauwerk, das nicht realistisch konstruiert und auf die tatsächliche Schwere und Beschaffenheit aller
Materialien abgestimmt ist, stürzt ebenso ein, wie eine falsch
konstruierte, fehlerhafte und unrealistisch gebaute Flugma-
schine abstürzt. Der Mensch selbst, sein Mangel an Realismus, kann Ursache des Absturzes sein, insofern er sich wie

Ikarus nicht an die durch die Realität vorgegebenen Grenzen hält. Ikarus verursacht den Absturz durch sein eigenes Handeln. Nicht das Fluggerät ist fehlerhaft – Daidalos gelingt der Flug ja –, sondern die Wahl der Bahn. Der Pilot und Steuermann (griechisch Kybernetiker) bringt das Luftschiff zum Absturz. Der Philosoph Hans Blumenberg machte darauf aufmerksam, wie eng sich Daidalos bei der Vorbereitung des Flugs am Vorbild der Natur orientiert. Beim Gebrauch der Technik hält er sich an die natürliche Bahn und nimmt den mittleren Weg, den auch Aristoteles in der Ethik und die indischen und buddhistischen Denker favorisieren, von denen Ovid beeinflusst ist. Die künstlichen Flügel ahmen, wie später die Konstruktionen von Leonardo da Vinci, die realen Flügel der Vögel nach. Sie sind ein möglichst »wörtliches« Abbild der Natur.

Was aber, wenn die Form und die Vorgaben der Natur verlassen werden? Ikarus zeigt, wohin es führt, wenn mit den natürlichen Mitteln etwas getan wird, das nicht für sie vorgesehen ist. Doch weder der Mythos noch das Bild thematisieren die Möglichkeit, den Weg der Nachahmung der Natur ganz zu verlassen und völlig frei eine neue Wirklichkeit zu erfinden, die, real geworden, trägt. Was also, wenn die Maxime der Moderne, zu erfinden, statt nur nachzuahmen, das Gebot der Stunde ist? Wenn Menschen nicht länger gewillt sind, sich an die vorgeschriebenen Bahnen der Natur oder der Mythen zu halten? Was, wenn sie sich wie Ikarus wagemutiger und verrückter, aber dabei erfolgreicher verhalten?

Tatsächlich haben weder die Formen noch die Flugbahnen der Piloten moderner Kampfflugzeuge viel mit dem Vogelflug gemein. Die Form eines Stealth Bombers F-117 Nighthawk erinnert nur noch von Ferne an die Natur und das Vogelvorbild. Genau diese willentliche Abkehr von den Vorgaben der Natur und ein neuer Wille zur Macht, ein Drang, nach eigenen, neuen Gesetzen der Vorstellung und Phantasie zu handeln statt zu imitieren, machen eines der zentralen Momente der Moderne aus.

Während Daidalos sich an die exakte Form der Natur hält – die Flügel aus Wachs ahmen die der Vögel nach –, halten sich die Konstrukteure heutiger Flugzeuge wie auch die Navigatoren moderner fliegender Teppiche nicht länger an das natürliche Vorbild. Sie setzen auf die eigene Form einer Technik, die den Gesetzen der Vorstellung und Konstruktion entspricht und ihre eigenen Fähigkeiten entfaltet. In gewisser Weise misslingt der Flug des Ikarus, weil der Aeronaut der griechischen Sagen, um Erfolg zu haben, *seine technische Fertigkeit zu demselben Ziel von den Mitteln [hätte] abkoppeln müssen, die die Natur verwendet.* Technik hat, um erfolgreich zu sein, ihre eigenen Gesetze und beruht nicht auf Nachahmung, jedenfalls nicht ausschließlich.

Erstaunlicherweise ist in diesem entscheidenden Punkt die Interpretation der antiken Geschichte ähnlich angelegt wie die christliche Geschichte des Sündenfalls. In beiden Fällen

Abb. 3: Stealth Bomber F-117 Nighthawk

geht es im Kern um das Verbot von etwas, das die Natur bietet (Früchte vom Baum der Erkenntnis, Flügel wie die der Vögel). Es geht darum, dem Lauf der Dinge zu entsprechen und den – vom Anfang der Welt, sei es durch Gott, sei es durch einen Logos oder ein erstes Prinzip – vorbestimmten Regeln der Natur zu folgen. Der Gebrauch der Dinge orientiert sich an einem entweder von der Natur oder von Gott vorgegebenen Zweck, einem Telos oder Ziel, dem zu folgen ist. Absturz und Sünde sind die Folge einer eigenmächtigen Verfremdung dieses ursprünglichen Zweckes. Die Verfremdung der Natur hat die Entfremdung des Menschen zur Folge. Nicht Hybris oder Moral sind also in erster Linie das entscheidende Thema, sondern vielmehr die Vorgabe von realen Grenzen, an denen der Mensch sich orientieren muss. Ikarus lässt diese Grenzen außer Acht. Indem er seiner Vorstellung folgt und nicht dem Rat seines Vaters, stürzt er ab.

Der fliegende Teppich war nie als Bild der natürlichen Nachahmung gedacht. Ein Teppich ist kein Produkt der Natur, sondern ein durch Weben hergestellter, im wahrsten Sinn erfundener handwerklicher Gegenstand. In die Metapher vom fliegenden Teppich ist die Idee einer – wie auch immer bewerkstelligten – Produktion durch den Menschen eingeschrieben. Mögen die Zauberkräfte und Eigenschaften des Teppichs auch unerklärbar sein, so handelt es sich bei ihm doch um ein Produkt, dessen Herstellung nicht der Natur, sondern der Vorstellung des Menschen entspringt. Ein Teppich verdankt sich der Phantasie, der Handwerkskunst, der Stoffkunde und der Technik des Webens und Färbens – nicht aber einem natürlichen Vorbild. Vielleicht wurde aus diesem Grund das Weben von Teppichen über Jahrhunderte hinweg als Kunst und Handwerk besonders hoch geachtet. Auch fliegende Teppiche sind und bleiben in erster Linie Teppiche, deren Normalität in den Erzählungen vielfach dadurch betont wird, dass gerade fliegende Teppiche als wenig attraktiv und schön dargestellt werden. Sie haben, auf den ersten Blick, keinerlei besondere Eigenschaften. Sie sehen normal aus – so normal wie das, was Menschen für ihr Leben herstellen. Ein fliegender Teppich erscheint unspektakulär und sieht eher gebraucht und unscheinbar aus als besonders und kostbar. Als Prinz Hussein in der Kerngeschichte fliegender Teppiche – *Geschichte des Prinzen Ahmed und der Fee Pari Banu* aus *1001 Nacht* – den Teppich zum ersten Mal sieht, erscheint der Teppich ihm *nicht bloß wegen seiner Kleinheit, sondern auch wegen seines sonstigen geringen Aussehens viel zu teuer.* Der Aspekt der Herstellung, des Künstlichen, den man jedem Teppich ansieht, rückt ihn in eine größere Nähe zum F-117 Nighthawk und damit zur Moderne als die Flügel des Daidalos, die eine möglichst exakte Nachahmung der Flügel von Vögeln sein sollen. Während Daidalos nach dem Prinzip arbeitet, dass die möglichst genaue Imitation der Natur – das Prinzip der Mimesis und Nachahmung – den Schlüssel zum Erfolg darstellt, folgt die Idee des fliegenden Teppichs von vornherein der Kraft der Imagination und künstlichen Herstellung. Während Daidalos sich am Maß der Natur orientiert, folgt der fliegende Teppich allein den Gesetzen der Vorstellung und damit anthropologischen Kriterien, die nur insofern natürlich sind, als das, was Menschen als biologische Lebewesen tun, natürlich genannt werden kann. Als Kunstprodukt (denn im strengen Sinn von Technik zu sprechen verbietet sich zunächst, weil die Prinzipien fliegender Teppiche keiner bekannten Technologie folgen) vermag der Teppich etwas, das in der Natur nicht anzutreffen ist. Mehr noch: Fliegende Teppiche überwinden die Grenzen, die die Natur vorzugeben scheint. Dabei sind Teppiche weich und haben eine Form, die alles andere als aerodynamisch günstig ist. Ein fliegender Teppich ist aus vielerlei Gründen ein Ding mit unerwarteten Eigenschaften. Seine Fähigkeit zu fliegen ist, in der Sprache moderner Wissenschaft formuliert, eine emergente Qualität – eine Eigenschaft, die mehr ist als die Summe einzelner Bauteile, über deren Funktionsweisen sie hinausgeht.

Doch nicht nur der Aspekt der Emergenz macht den fliegenden Teppich im Rückblick zu einem zeitgemäßeren, moderneren Mythos als die Erzählung vom Fall des Ikarus. Der fliegende Teppich ist eine subversivere Metapher. Er widerspricht dem Mythos vom Fall und setzt ihn außer Kraft. Insofern der Fall des Ikarus eine frühe und geradezu naturwissenschaftlich-atheistische Version des späteren christlichen Sündenfallmythos darstellt, enthält die Idee vom fliegenden Teppich einen für die Neuzeit richtungsweisenden Gedanken. Der Mensch entkommt seinem Schicksal nicht dadurch, dass er die Regeln der Natur (oder eines Gottes) akribisch befolgt, sondern umgekehrt dadurch, dass er ihr die Regeln seiner Imagination und Vorstellung aufzwingt. Die Mathematik der Allgemeinen Relativitätstheorie entstammt sicher nicht der »natürlichen« Anschauung, sondern ist, im Gegenteil, Ergebnis von dem Augenschein widersprechenden Vorstellungen und logischen Operationen. Während Ikarus nicht zuletzt deshalb stürzt, weil er dem Paradigma der Nachahmung der Natur verhaftet bleibt, gelangen Menschen auf modernen fliegenden Teppichen problemlos an den Ort ihrer Sehnsucht. Sie entkommen den Gesetzen des Falls, indem sie gar nicht erst dem Vorbild der Natur folgen.

Newton war es, der sich durch die Beobachtung der Natur die Frage stellte, warum zwar ein beliebiger Gegenstand immer auf die Erde zufällt – doch nicht die Sonne und die Sterne, die *oben* am Himmel stehen, oder, umgekehrt, die Erde auf die Sonne. Was hielt die Wirkung der Schwerkraft, die doch in allem zu sein schien, in Bann? Nach Blumenberg bestand die Leistung Newtons nicht zuletzt in dieser

Frage: Warum bleibt der Mond *oben* am Himmel, während der Apfel, der oben im Baum hängt, fällt? Die immer wieder zitierte Geschichte vom Apfel, der dem berühmten Physiker und Mathematiker angeblich auf den Kopf gefallen ist und ihn mit einem Schlag zur Einsicht in die Gesetze des Falls und der Gravitationskräfte führte, gehört zweifellos ins Reich der Wissenschaftsmythen. Newtons Frage war größer als ein Mythos. Sie stellt eine Variation der größten, unbeantwortet gebliebenen Frage der Metaphysik dar, warum etwas ist und nicht nichts. In seiner Version lautete sie: Warum fällt etwas und anderes nicht? Wer die Antwort kennt, dem eröffnet sich die Möglichkeit des Fliegens und mehr.

Neuzeit und Moderne – die genaue Abgrenzung beider Begriffe ist Gegenstand zahlreicher Debatten – zeichnen sich u. a. dadurch aus, dass sowohl die Natur als auch Gott als ihr Schöpfer zunehmend an Respekt verlieren. Ist Gott noch im Mittelalter die eigentliche Realität hinter den Dingen – eine Variante der platonischen Vorstellung, dass die Ideen die »eigentliche« und unwandelbare Wirklichkeit sind, die sich in den Dingen nur auf unvollkommene Weise »realisiert« –, so erscheint zunehmend der Mensch selbst an seinem Platz. Es gilt, nicht mehr der Natur und ihrem Zweck und damit einem göttlichen Plan zu folgen, sondern umgekehrt den eigenen Plänen. Dabei kommt es darauf an, die Ecken und Kanten der Natur, an die man unweigerlich immer wieder stößt, so für sich zu nutzen, dass diese Pläne verwirklicht werden können. Einfach gesagt, hat es keinen Sinn, unrealistisch zu sein und unrealistisch zu planen. Zu diesem neuen Realismus gehört es jedoch, aufzuhören, nach den Plänen der »Hinterwelt« (Nietzsche) zu suchen und in Gottes Inneres zu schauen, um die Natur zu verstehen. Die Natur spricht für sich selbst. Und sie spricht in Experimenten. Sagt sie nichts, wird sie im Labor gezwungen, früher oder später Antworten zu geben. Damit entsteht ein Bild der Welt, das sich nicht göttlichen Gesetzen, sondern dem verdankt, was der Mensch an realen Strukturen (er)findet.

Dieser Blick verschiebt das Verständnis der Realität. Real ist nicht das, was hinter den Dingen liegt, sondern das, was für den Menschen *im* Umgang *mit* den Dingen zwingend ist. Das Wissen von der Welt koppelt sich zunehmend vom ersten Augenschein ab. Es wird indirekter. Entsprechend werden bald auch menschliche Lebensformen selbst als »Produkt« verstanden statt als bloße Nachahmung oder Nachbildung dessen, was die Natur – und durch die Natur ein Gott hinter den Dingen – vorgibt. Mit Gott fällt in der Neuzeit gerade die Realität weg, die allem Struktur und Sinn gab. Diese Ordnung der Dinge ist vorbei. Die neue Ordnung muss daher eine Ordnung der Menschen sein, deren Hauptproblem darin besteht, sich nicht einigen zu können, weil die Perspektive des Einzelnen nicht restlos in der des anderen aufgeht. Es gibt zu viele Stimmen und zu viele Handlungsmöglichkeiten. *Das Ergebnis der spätmittelalterlichen Ordnungskrise,* schreibt Hans Blumenberg in *Geistesgeschichte der Technik, lässt sich beschreiben als Autonominierung der menschlichen Leistungssphäre, als Ablösung der rezeptiven Bindungen an eine vorgegebene und den Bereich der Möglichkeiten ausschöpfende Welt.* Gott hat ausgedient als *finis omnium naturalium,* als Sinn, Zweck und Ziel all dessen, was der Natur entspricht und in ihr zu finden ist. Ähnlich wie Einstein zeigt, dass die Dinge nicht *im* Raum sind, sondern umgekehrt der Raum erst mit den Dingen und ihrem Gravitationsfeld entsteht, ist auch der Mensch der Moderne nicht mehr ein Wesen *im* Haus Gottes, das dem göttlichen Rahmen folgt. Es ist eher umgekehrt. Gottesbilder erscheinen in dem mentalen Raum, in dem Menschen kommunizieren. Aber es ist der Mensch, der sich seine Heimat selbst suchen und (er)finden muss, indem er seine Imaginationskraft entwickelt.

Das Bewusstsein ist das Gravitationsfeld, das mit dem Menschen entsteht und seinen Raum weit aufspannt. Die Welt des modernen Menschen – ob man diese Moderne mit der Renaissance oder später anfangen lässt – beginnt mit der Einsicht, dass es Gegenstände geben kann und folglich auch geben wird, die nie zuvor in der Natur waren. Diese Haltung setzt die Einsicht voraus, *daß der Mensch ›Ideen‹ nicht nur als* Derivate *metaphysischer oder physischer Gegebenheiten besitzt, sondern sie authentisch hervorbringen kann.*

Schon bei Nikolaus von Kues stößt man im 15. Jahrhundert auf diese moderne Haltung. Mit der Figur des Laien, die er wiederholt als Gegenbild zum scholastischen Gelehrten und Theologen ins Spiel bringt, macht der Wissenschaftler, Philosoph, Theologe und Mathematiker deutlich, dass es um die alltägliche Erfahrung geht, um Messen, Zählen, Wiegen, genaues Hinsehen und handwerkliches Können. Kues lässt in dem spannenden Dialog *Der Laie über den Geist* einen Philosophen mit einem Handwerker debattieren, der sich *mit schlichten Arbeiten beschäftigt* und *gerade aus einem Holz einen Löffel schnitzt.* Der Laie erklärt dem Philosophen das, was er tut, folgendermaßen: *Der Löffel hat außer die Idee in unserem Geist kein anderes Urbild. Wenn der Bildhauer und der Maler ihre Vorbilder von den Dingen hernehmen, die nachzuahmen sie bestrebt sind, so trifft das auf mich, der ich Löffel aus Holz, Schalen und Töpfe aus Lehm anfertige, nicht zu. Bei dieser Tätigkeit ahme ich nicht die Gestalt von irgend einem naturgegebenen Gegenstand nach, denn die Formen von Löffeln, Schalen und Töpfen entstehen allein kraft der menschlichen Kunstfertigkeit. Daher ist meine Kunst vollkommener als diejenige, welche die Gestalten von Geschöpfen nachahmt, und darum der unendlichen Kunst näher verwandt.* So wie Löffel und andere Dinge der Vorstellung und den Gesetzen der Imagination des Menschen folgen, so werden auch die sozialen und politischen Belange nach dem Prinzip der Vorstellung bestimmt werden. Aus den Schalen und Töpfen sind inzwischen komplexe mathematische Konstruktionen und Algorithmen geworden, mit denen der Mensch sich selbst und die Big Data, die er hinterlässt, restlos zu erfassen, durchleuchten und vorherzuplanen versucht. Nicht Gottes gewollte Ordnung bestimmt, wo im sozialen Universum oben und unten ist, sondern der Wille eines Tyrannen, einer tyrannischen Partei, oder seltener der eines Volkes. Dass die mittelalterlichen Vorstellungen dennoch lange nachwirkten, zeigt nicht zuletzt ein Bekenntnis des Mathematikers und ersten Professors für Experimentalphysik in Deutschland, Georg Christoph Lichtenberg. In seinen *Sudelbüchern* schreibt er: *Die Dauer der Zeit ist ein wichtiges Hindernis bei allen unsern Bemühungen, die Erscheinungen der Natur mit Oppositionen im Laboratorio zu erklären … Diese Schwierigkeiten werden Menschen nie überwinden können. Der Anfang kann gut so gemacht werden: So wie der Raum uns die Ergründung mancher Dinge unmöglich macht, so kann es auch die Zeit. So wie wir den Mond nicht erklettern oder nicht zum Mittelpunkt der Erde hinabsteigen, so wenig werden wir Naturprocesse nachmachen können, über denen sie vielleicht Jahrhunderte brütet und wozu sie die Ingredienzien aus allen fünf Weltteilen herbeischafft.*

Heute ist das Gegenteil der Fall. Die Umkehrung von Lichtenbergs Gedanken könnte geradezu als Definition der Moderne dienen. Der Mensch ist, was er aus sich macht. Allerdings glaubte auch Lichtenberg, dass *der Mensch am Ende ein so freies Wesen ist, daß ihm das Recht, zu sein, was er glaubt zu sein, nicht streitig gemacht werden kann.* Doch wie weit reicht diese *Perfektabilität des Menschen?* Und nach welchen Prinzipien und Regeln richtet sie sich? *Alles beim Menschen auf einfache Prinzipien zurückbringen zu wollen* sei möglicherweise eine Sackgasse. Denn heißt das nicht am Ende *voraussetzen, daß es ein solches* Principium *geben* müsse, *und wie beweist man dies?*

Der moderne Mensch ist als soziales Wesen ebenso frei

wie als denkendes, forschendes und nach Vorstellungen handelndes Wesen. Dies trifft den Kern der Idee vom fliegenden Teppich. Es geht nicht mehr um die Nachahmung physikalischer Prinzipien der Natur, die, so es sie überhaupt gibt, längst überholt wurde von der Schlagkraft eines Nighthawk, von Drohnen oder vom alltäglichen Gebrauch des Internet, das zwei Orte und Personen nahezu mit Lichtgeschwindigkeit verbindet. Insofern geht es nicht primär um physikalische Zusammenhänge, sondern vielmehr um die Psychologie des fliegenden Teppichs. *Der Mensch ist ein so freies Wesen, daß ihm das Recht, zu sein, was er glaubt zu sein, nicht streitig gemacht werden kann.* Der Mensch glaubt das Recht zu haben, fliegen zu können – und zwar nicht nur in den Urlaub. Geht es nicht psychologisch wie auch sozial und politisch darum, dass alle fliegen können und fliegen wollen können? Dass die Menschheit glaubt, dem Fall, der sie bedroht, tatsächlich entgegenwirken zu können, beruht erstens auf der Idee und dem Glauben, dass sie aufgrund ihrer Vorstellungskraft fliegen kann und stärker als die Natur ist, und zweitens darauf, nach der Vorstellungskraft Technologien zu bauen und dann auch benutzen zu können, um die gesamte Menschheit zu tragen und vor dem Fall zu bewahren. Anders formuliert: Es gibt eine Möglichkeit, dem Fall zu entkommen. Was aus dem Blickwinkel der Antike und des Mittelalters noch wie ein Zauber wirkte, erweist sich heute als eine Alltagstechnologie, über die Menschen verfügen und der sie vertrauen: der Wille zur tragfähigen Fiktion. Der fliegende Teppich ist geradezu eine Leitmetapher für dieses märchenhafte Vertrauen in die neue Tragfähigkeit der Dinge, die, recht gebraucht, dabei helfen, nicht weiter zu fallen. Es gibt eine Klimabedrohung, ein Bankensystem und Gesellschaften, die zu kippen drohen. Doch es gibt auch die Vorstellung, dass all das nur eine Erfindung der Chinesen (Donald Trump) und damit eine schlechte Vorstellung der Zukunft gewesen sein wird. Der Weg zur besseren Welt ist ein Weg der besseren Fiktionen. Dumm nur, dass die Dinge und wir ein so hohes Trägheitsmoment entwickelt haben, dass solche Fiktionen immer wieder auf den Boden der Tatsachen zurückgeholt werden. Selbst in der Vorstellung macht sich noch die Gravitationskraft der Dinge bemerkbar.

Dass Fliegen überhaupt möglich würde, war einst eine reine Vorstellung und galt als unerreichbare Utopie. In Wahrheit handelte es sich, wie die Geschichte zeigte, jedoch nicht um eine Utopie, sondern mit einem Begriff Foucaults, der später noch eine Rolle spielen wird, um eine Heterotopie – eine andere Vorstellung von dem Ort, der hier und jetzt in der Welt wirklich ist. Zunächst lag nichts ferner als die Verwirklichung der Vorstellung, dem unaufhaltsamen Fall erfolgreich zu trotzen. Die Technik, die diese Vorstellung realisierte, war also die Folge, nicht die Ursache der Vorstellung. Der eigentliche Motor war die Überzeugung, mehr zu können, als abzustürzen, und mehr zu sein als ein Lebewesen, das im Fall begriffen ist. Es bedurfte dieser Vorstellung, um in der Realität etwas zu erreichen. In gewisser Weise könnte man sagen, dass die Menschheit nicht nur fliegen lernte, weil sie glaubte, es zu können, sondern auch, weil sie daran glauben wollte, es zu können. Der fliegende Teppich ist ein Bild für diesen Glauben, von dem die moderne Gegenwart durchdrungen ist. Viele Menschen glauben, im wörtlichen wie im übertragenen Sinn fliegen zu können, weil sie in der Lage sind, den augenscheinlichen Tatsachen zu widersprechen und an ihrer Stelle neue Tatsachen zu schaffen. Anders gesagt: Es gelingt zu fliegen, weil Menschen im Fiktiven ebenso gut wie im Realen leben können und wollen. Deshalb stürzen sie nicht, glauben sie. Deshalb können sie fliegen. Der Mensch ist, mit den Worten Blumenbergs, *autotechnisch* und verdankt sich wesentlich sich selbst und seinen sich entwickelnden

Vorstellungen. Zeigt nicht das Internet, wie gut dies bereits im Alltag funktioniert?

Wer lebt, ist mehr oder minder klar und bewusst der Ansicht, dass es etwas gibt, das trägt – wie unwahrscheinlich es auch bei Laborlicht besehen erscheinen mag. Ohne das Gefühl, getragen zu sein und vertrauen zu können, gehen wir unter. Für diese Überzeugung steht symbolhaft der fliegende Teppich. Es ist unwahrscheinlich, dass ein Teppich fliegt – aber nur solange man die Kraft der Fiktion außer Acht lässt. Sie setzt der Angst zu fallen die Hoffnung zu fliegen entgegen. In dem Bild vom Flug drückt sich eine der tiefsten Überzeugungen der Moderne aus: dass es die Vorstellungen sind, die Überlegungen, Konstruktionen und Gedanken, die *retten*. Aus diesem Grund ist die Moderne zu einer Welt der Vorstellung geworden und hat mit der Digitalisierung eine neue Form vom digitalem Materialismus geschaffen. Mit einem Mal sind Daten Geld; Datenverarbeitung ist Intelligenz und Bewusstsein; Maschinen entwickeln, so die Vision, Geist; Verhalten ist nur der Ausdruck einer Software; und die Software ist zwar materiell, zugleich aber auch unabhängig von einer konkreten Form der Materie, denn sie ist abspielbar auf jedem Rechner und, so die Vision, eines Tages auch in Robotern und biologischen Lebewesen wie uns. Wie tief diese Weltsicht tatsächlich reicht, wird deutlich, wenn man sich in der Umkehrung ihrer Gedankenrichtung das Ausmaß der Angst vor Augen führt, die Menschen dann befällt, wenn sie – im wörtlichen oder im übertragenen Sinn – fallen oder zu fallen glauben. Es ist die Angst vor der finalen Katastrophe – dass der Fall trotz aller Kraft der Fiktion mit dem Aufprall endet – und dieses Ende dann einen unaufhörlichen Fall in ein bodenloses Nichts einleitet. Diese Angst existiert ungebrochen seit Jahrtausenden – und sie verbindet Menschen über die Jahrhunderte hinweg. Wie auch immer Vor-

und Nachfahren leben: Die Möglichkeit der Sinnkrise, des Falls und ruinösen Absturzes, des Versagens von Glauben und Fiktion, kennen alle Menschen, wie und wo auch immer sie gelebt haben mögen oder leben werden. Die Geschichten vom Flug sind das Gegenmittel, das die Widerstandskräfte stärkt. Ist nicht auch die Tatsache vom Fall, der die Welt ist, eine Erzählung, der man eine andere entgegenstellen kann? Mögen die Götter mit ihrem Zorn oder der eine Gott mit seinen zwischen Rachsucht und Liebe wechselnden Launen verschwunden sein; und mögen wir die Natur mit ihren Genen, mit ihrer Evolution und ihren Meeren und Stürmen und komplexen Systemen auch in den Griff bekommen: Die Angst selbst ist längst nicht überwunden. Je klarer ist, dass es keine Welt hinter der Welt gibt, die als *wahre* Realität zumindest im Jenseits Halt bietet, desto unklarer wird, womit der Krankheit zum Tode, dem Fall ins Nichts, begegnet werden kann. Was hält das Leben hoch und verleiht uns die Fähigkeit, endlos über dem Abgrund zu schweben, ohne abzustürzen? Die Angst, die viele Philosophen, Theologen, Psychologen und Gesellschaftstheoretiker analysiert haben, erscheint in jeder Zeit auf ihre spezifische Weise. Doch hinter den unterschiedlichen Gestalten der Angst steht immer die Angst vor dem Fall ins Nichts. Mag sie im Einzelfall auch stärker gewesen sein als die Kraft der Fiktion – mit Blick auf die Gattungsgeschichte der Menschheit scheinen weder göttliche Verbote noch scheinbar unaufschiebbare Grenzen der Natur ein Hindernis dargestellt zu haben, um Vorstellungen zu entwickeln, wie dem Fall widerstanden und der Verzweiflung getrotzt werden könnte. Aus der anfänglichen Vorstellung wurde, unterstützt von Mythen und Erzählungen, Logik, Symbolen, Mathematik, Ritualen und einer Unzahl von genauen Betrachtungen und Messungen der Natur allmählich eine Wirklichkeit, in der man tatsächlich fliegen kann, anstatt zu fallen.

Erst im Laufe des letzten Jahrhunderts geriet in vollem Umfang die Möglichkeit in den Blick, dass genau mit diesem Durchsetzen menschlicher Vorstellungen, mit dem Widerstand gegen den Fall, der eigentliche Absturz der Welt eingeleitet wurde. Die Klimakatastrophe als eines der herausragenden Probleme des Anthropozäns sind ebenso wie Terrorismus im Sozialen und Nationalismen im Politischen Vorboten eines möglicherweise durch nichts mehr abzuwehrenden Falls. Gerade deshalb sind die neuen Fluggeräte und fliegenden Teppiche, die vielleicht gebaut werden könnten, von so enormer Bedeutung. Anders als Lichtenberg vermutet hatte, wurde der Mond erklettert. Die Vorstellung war nicht minder absurd als die von einem fliegenden Teppich – vielleicht sogar absurder. Heute sind Bomber ebenso wie Beobachtungssatelliten und Drohnen die fliegenden Beweise für die verändernde Kraft der Vorstellung. Vergessen ist dabei längst, wie gefährlich die ersten Fluggeräte für die Pioniere der Luftfahrt waren. Die Flüge in den ersten Ballons und Flugzeugen der Gründerzeiten kosteten Hunderten von *early Usern* das Leben. Heute sind Flüge sicherer als der bodennahe, weitaus unspektakulärere Autoverkehr. Sie sind zuverlässig wie einst die fliegenden Teppiche der Imagination. Der antike Ikarus hingegen, der von Anfang an gezwungen war, allein der Natur zu vertrauen und dem sein Mehr an Imagination, seine Vorstellung von dem, was möglich sein müsste, zum Verhängnis wurde, musste erst noch lernen, seine Flügel abzulegen, um ohne Flügel in einem Flugzeug wirklich fliegen zu können.

Damit deutet sich eine allgemeine Methode des Fliegens an. Die erfolgreichen Pioniere der Luftfahrt haben ihr ebenso vertraut wie viele Zeitgenossen heute der Wirkung von Atomstrom oder dem angeblich friedenbringenden Einsatz eines Nighthawk-Bombers. Der Schweizer Schriftsteller und

Philosoph Ludwig Hohl formulierte die Methode so: *Sich hineinlegen in die Dinge: das Schwimmen sei uns ein Bild davon! Zu handeln ohne Ruck und Stoß. Wütendes Umsichschlagen, besonders am Lande, nützt nichts. Besser ist gleich beginnen und wenn es auch sachte wäre; das Element trägt und das ist die Hauptsache. Es ist nicht die Kraft, was den guten Schwimmer macht, sondern das Vertrauen in das Element, das* schon körperlich gewordene *Vertrauen.* Mit Hilfe dieser Methode könnte es möglich sein, anders als Ikarus tatsächlich zu fliegen und zu überleben. Schon in Audens Formulierung wendet sich alles gemächlich vom Unheil des Ikarus ab und hält Kurs auf ein imaginäres Ziel.

Der Mann am Pflug
hat den Plumps vielleicht gehört, den verlassnen Schrei,
jedoch für ihn war dieser Misserfolg nicht von Belang; die Sonne
schien, so wie sie sollte, auf die weißen Beine, die im grünen
Wasser versanken; und das teure, feingliedrig Schiff, das sicher
etwas Unglaubliches gesehen hatte, einen Knaben aus dem Himmel
stürzen, muss sein Ziel erreichen und hielt ruhig seinen
Kurs.

Abb. 4: Der *early User* Otto Lilienthal, Pionier der Luftfahrt.

KAPITEL 2
TEPPICHE

DER FRÜHLING DES KÖNIGS

Wo ist das Land
wogt es noch,
legen wir an
ich wanke nach

Kein fester Boden
ich schwanke
alles gedämpft und blass
Dass die Träume sich ballen
um sinnlos zu zerfallen

Und ich weiß
und ich häng
an dem Glauben, dass du an mich denkst
Und ich fühl
und ich mein
dass du irgendwo durch die Sterne scheinst
Schlaf ich noch
bin ich wach
bin ich laut
bin ich schwach

Und es wogt und es reißt
und es bleibt ein rauer Stich Unendlichkeit
Und es zerrt und es beißt,
dein trauter Blick, deine Gelassenheit
und dein ja und dein Schein
holst du mich je wieder ein

Herbert Grönemeyer, Roter Mond (2014)

Wer von der See aus nach langer Fahrt das Land betritt oder nach einem Flug durch den Raum, kann seiner Körperwahrnehmung kaum vertrauen: Der feste Boden schwankt unter den Füßen. *Wo ist das Land / wogt es noch, / legen wir an / ich wanke nach*, singt Herbert Grönemeyer und beschreibt damit eine Erfahrung, die allen Menschen bekannt ist. Dies gilt auch für den übertragenen Sinn der Zeilen. Nach einer Krise scheint alles zunächst ungewiss, schwankend, unsicher noch. Es drängt sich immer wieder die Frage auf, ob alles und vor allem die Sicherheit des Überlebens, das Aufhalten des Falls, nicht in Wahrheit ein Traum ist, der sich kraftvoll zusammengeballt hat, so dass er für einen Moment dicht und kompakt wie die Wirklichkeit erscheint, so fest, dass man meint, darauf stehen zu können wie auf sicherem Boden – um gleich darauf, wie alle Träume, *sinnlos zu zerfallen*. Was rettet, zumindest nach Grönemeyer, ist der Glaube, das Vertrauen auf ein Du. Das Ich lebt angetrieben von *dem Glauben, dass du an mich denkst / Und ich fühl / und ich mein / dass du irgendwo durch die Sterne scheinst*.

Betrachtet man die Erde von dem ihr am nächsten gelegenen Stern aus, dann umläuft sie die Sonne auf einer in der sogenannten Ekliptikebene liegenden Bahn. Diese Ebene wird umschrieben durch die Bahn, auf der sich die Erde um die Sonne bewegt. Die Erdachse ist dieser Bahn gegenüber um 23,5 Grad geneigt und zeigt das ganze Jahr über auf den Polarstern. Im Weltraum selbst hat der Begriff der Neigung ebenso wenig Sinn wie die Ausdrücke oben oder unten. Sinnvoll werden sie erst im Bezug auf eine willkürlich definierte Position wie die Ebene, die die Erde beschreibt, während sie um die Sonne kreist. Von der Erde aus wird diese Bewegung als eine Bewegung der Sonne wahrgenommen. Im Laufe des Jahres erscheint es, als liefe die Sonne einmal durch alle Sternbilder (dies bezeichnet der Begriff Ekliptik).

Die beiden Ebenen des scheinbaren Sonnenumlaufs und der Erdbewegung sind, astronomisch gesehen, dieselbe.

Die Form der Bahn um die Sonne wird nicht allein von der Erde bestimmt, sondern von der Erde und dem sie umkreisenden Mond zusammen. Das ist einer der Gründe dafür, dass die Erde zusammen mit dem Mond in einer geneigten und elliptischen Bahn um die Sonne fällt. Wer am Meer die Sonne aufgehen oder sie abends im Garten untergehen sieht, sieht und spürt von alldem nichts. Die Erde selbst scheint unbewegt, ruhig und sicher. Was sich bewegt, sind die Sonne und die Sterne.

Die Sinneswahrnehmung erweist sich in diesem wie in vielen anderen Fällen als ebenso trügerisch wie eine Erkenntnis, die im Traum gewonnen wird. Wenn man erwacht, hat sie sich aufgelöst in reinen Unsinn. Natürlich könnte eine solche Erkenntnis zufälligerweise richtig sein. Wie Sternbilder können auch Träume »lesbar« gemacht werden. Auch Träume sind, wie Planetenbahnen, Spuren der Natur im Bewusstsein. Doch das macht sie noch nicht wahr. Unser Bild der Wirklichkeit ist durchzogen von vielen irreführenden Vorstellungen. Sie zu erkennen als das, was sie sind, ist eine der primären Aufgaben von Philosophie und Wissenschaft. Auf die Sinne ist bei der kritischen Prüfung nur bedingt Verlass. Sie erfassen die Tatsachen keineswegs automatisch richtig, auch wenn es so scheint. Wie unser Verstand – welches Vermögen auch immer damit gemeint ist – filtern die Sinne den Ansturm der Eindrücke einer umfassenderen Wirklichkeit und konstruieren unsere Welt daraus. Was wir Realität nennen, scheint ein komplexes Zusammenspiel zu sein zwischen uns, unseren Körpern und Gehirnen, unserer Kultur, Gesellschaft und vielem anderen, darunter all die Dinge und Lebewesen, mit denen wir in Interaktion stehen.

Menschen wie Galileo Galilei, die die selbstverständliche

Verknüpfung all dieser Elemente in Frage stellten, sind immer wieder zwei Vorwürfe gemacht worden. Wie Kopernikus hatte auch Galilei auf einem theologisch ebenso bedeutsamen wie physikalischen Stellentausch von Erde und Sonne beharrt, indem er behauptete, die Erde bewege sich um die Sonne. Der erste Vorwurf, der ihn mit der ganzen Gewalt einer mächtigen Institution traf, war schlicht der, dass Galilei der Theorie oder besser Theologie dieser Institution und damit der Wahrheit widersprach. Einer etablierten Theorie zu widersprechen mag ein Zeichen von Dummheit – kann aber, wie in diesem Fall, schlicht genau das sein, was Wissenschaft fordert: einen Prozess der kritischen Prüfung und fortschreitenden Abschaffung etablierter Theorien durch bessere, neuere. Der zweite Vorwurf richtet sich auf die Sinne und die körperlichen Erfahrungen. Die Zeitgenossen weigerten sich schlicht, durch Galileis Fernrohr zu blicken. Er müsse sich getäuscht haben. Nicht nur, weil er Dinge zu sehen vorgab, die, wie die Existenz eines fliegenden Teppichs, jeder etablierten Theorie widersprachen. Vor allem müsse Galilei sich getäuscht haben, wie Hans Blumenberg formulierte, *weil er mit einem Kniff aus dem Bereich niederer mechanischer Fertigkeiten mehr und anderes zu sehen beanspruchte, als dem Auge des Menschen natürlicherweise zugänglich war*. Natürlich würden wir mit dieser Einstellung heute weder etwas über die Expansion des Weltalls wissen noch über das Higgs-Teilchen. Auch das Internet oder ein CD-Player wären nie erfunden worden. *Die durch das Fernrohr neu erschlossenen Phänomene haben die Imagination genährt und beflügelt.* Mit der Erweiterung der Sinne aufgrund der *Unvollkommenheit der menschlich organischen Ausstattung selbst für das vornehmste Geschäft der Himmelsbetrachtung* ist *das unumgängliche Eingeständnis* markiert, *das jetzt die technisch-erfinderische Selbsterweiterung des Menschen rechtfertigte*. Der Mensch brauchte neue Hilfsmittel, neue Flügel. Deshalb orientierte er sich immer weniger an direkter Sinneserfahrung und vertraute neuen Instrumenten, der Logik und der Sprache der Mathematik, mit deren Hilfe sich neue Theorien der Welt konstruieren ließen. Mir ihrer Hilfe gelang es mehr und mehr, das noch Unerschlossene zu erschließen und die Grenzen immer weiter hinauszuschieben. Hinzu kommen, wenn auch später, Experimente mit chemischen Flügeln – bewusstseinserweiternde Drogen, die die Pforten der Wahrnehmung aus ihrer Verankerung reißen. Der Mensch musste seine Sinneswahrnehmung umrüsten, um wirklich fliegen zu können und das äußere und innere Universum zu erobern. Es ging darum, das sichtbar zu machen, was bislang unsichtbar und verborgen geblieben, aber dennoch wirklich war. Verborgen war es nicht, weil es sich um ein Geheimnis handelte, das vielleicht sogar in göttlichem Auftrag zu schützen sei – ein Thema vieler Thriller von Ecos *Der Name der Rose* bis hin zu den Trash-Thrillern von Dan Brown. Verborgen war es nur, weil es noch niemand gesehen hatte. Um richtig zu sehen, muss man die richtige Brille aufsetzen – oder im Gegenteil endlich die absetzen, die man aufhat, ohne es zu merken.

Tatsächlich färben Leidenschaften, tägliche Kümmernisse oder Freuden die Wahrnehmung von dem, was ist. Doch was sind die »Tatsachen« des Lebens? Das Leben besteht nicht nur aus Kognition und Erkenntnis. Es ist etwas anderes zu wissen, dass man lebt, und zu erfahren, wie es sich anfühlt, zu leben. Der Raum, in den Menschen hineinsehen und den sie um sich herum und in sich selbst wahrnehmen, ist niemals leer. Er ist gefüllt mit Gedanken und Gefühlen und nicht zuletzt mit dem dauerhaft präsenten Gefühl, auf eine bestimmte Weise, eben als ein Ich, in der Welt zu sein. Dass selbst diese so unmittelbare Wahrnehmung, die scheinbar unbezweifelbarste von allen, irrig sein könnte, ist nicht nur eine der Grundthesen der Moderne, sondern vor allem auch der Wissenschaften – allen voran der Gehirnforschung, die sich auf seltsame Weise verbündet mit Einsichten der alten indischen Philosophie. Was den Raum strukturiert, ist nicht allein der Raum. Und auch nicht die Dinge, die sich real im Raum befinden. Was die Welt strukturiert, sind auch die möglichen Beziehungen zwischen Menschen und Dingen. Es ist durchaus wahrscheinlich, bemerkte Foucault ironisch, dass dieser Raum voller Phantome ist. Seiner Ansicht nach leben wir keineswegs in einer Leere, sondern eher wie ein Punkt in einer Menge anderer Punkte. Wie von selbst und völlig automatisch stellen sich Beziehungen zwischen diesen Punkten her – eine Erkenntnis, die die Neurowissenschaften bestätigen können. Das Gehirn ist ein Organ, das unaufhörlich mit Musterproduktion beschäftigt ist. Es strickt sich seine Welt aus dem Stoff, der ihm zugeführt wird. Für ein Gehirn können selbst in einem chaotischen Gewirr von Formen und Dingen geordnete Muster und Strukturen aufscheinen. Kaum jemand, der nicht im weißen Rauschen von gestörten Röhrenfernsehern glaubt, Gesichter, Landschaften, Tiere oder geometrische Formen erkennen zu können. Selbst der leere Raum der unmittelbaren Wahrnehmung ist nach Foucault in Wahrheit ein Raum, der gefüllt ist mit einer *Menge von Relationen, die Orte definieren, welche sich nicht aufeinander reduzieren und einander absolut nicht überlagern lassen.* Diese Orte und Relationen sind weder austausch- noch ersetzbar. Die Vielfalt der Perspektiven, die bereits zum Thema wurde, als Kopernikus und Galilei durch ihre Fernrohre schauten und andere, bislang ungekannte Himmelskörper entdeckten, erweist sich mit der Moderne als unhintergehbar.

Auch Teppiche bilden Beziehungen von Strukturen im Raum ab. Sie bestehen aus nichts anderem als vernetztem Stoff und miteinander verwobenen Fäden. Von Hand hergestellte Teppiche sind in Bezug auf ihre Muster niemals exakt gleich, auch wenn man ihre Verwandtschaft schnell erkennt. Um auf kunstvoll gefertigten Teppichen das komplexe Beziehungsmuster der Formen zu erkennen, ist Abstand nötig. Dies gilt vor allem für Teppiche von enormer Größe.

Es lohnt daher, kurz die Geschichte eines der größten Teppiche zu betrachten, den es je gab. Alles, was von diesem historischen Teppich übrig geblieben ist, sind die Beschreibungen von Augenzeugen, die in Form von Berichten dokumentiert wurden. Über Jahrhunderte hinweg gab es im Vorderen Orient und im Mittelmeerraum zwei antike Großmächte, die miteinander um die Macht stritten: das sogenannte Neupersische Reich, auch Sassanidenreich genannt, und das Römische bzw. Oströmische Reich. Die Geschichte des Sassanidenreiches ist im Westen eher unbekannt, weil man sich vor allem auf die später für Europa wichtige Geschichte des Römischen Reiches konzentrierte. Und doch fällt das für Europa so entscheidende Ereignis der Christianisierung des römischen Imperiums und damit die folgenreiche Übernahme der römischen Macht- und Ordnungsstrukturen durch die Dogmatik christlicher Theologie ausgerechnet in die Zeit der größten Entfaltung des Sassanidenreiches, das sich im 3. Jahrhundert nach Christus bildete und bis ins Jahr 651 Bestand hatte. Der letzte militärische Vorstoß des Oströmischen Reiches fällt ins Jahr 628. Kaiser Herakleios eroberte damals die am Tigris gelegene Hauptstadt des Sassanidenreiches. Diese war im Laufe der Jahrhunderte aus zwei Städten zusammengewachsen, deren jeweilige Geschichte sich bis ins 3. Jahrhundert vor Christus zurückverfolgen lässt. Die Doppelmetropole Seleukia-Ktesiphon, die heute im Irak liegt und von der einzig und allein noch das außergewöhnliche Gewölbe des von Chosrau dem I. erbauten Palastes Taq-e Kisra zu sehen ist, war sowohl Sitz der Könige des Partherreiches wie auch der Sassaniden. König Chosrau der I., der den

Beinamen »unsterbliche Seele« erhielt, gilt als kluger und gerissener Gegenspieler von Kaiser Justinian. Seinen Ruf, einer der bedeutendsten Herrscher der Spätantike zu sein, gründet sich auf seine Meisterschaft, eine expansive Außen- mit einer zentralistisch ausgerichteten Innenpolitik zu verbinden. Darüber hinaus trafen sich an seinem Hof Wissenschaftler und Philosophen, darunter sieben der letzten Athener Neuplatoniker. Nach der Schließung der berühmten Akademie von Athen im Jahre 529 (vermutlich weil sich deren Mitglieder der christlichen Taufe verweigerten) zog auch der Philosoph Damaskios an den Hof des Perserkönigs. Unter seinem Nachfolger Chosrau dem II. eroberten die Perser 614 Jerusalem und entführten zum Leidwesen der Christen das (angebliche) Kreuz Christi. Nur ein Jahr später erreichte das persische Militär Chalkedon, einen Ort mit hoher Bedeutung für die Christen, weil dort 451 ein berühmtes Konzil stattgefunden hatte. Es besiegelte endgültig den Bruch mit den sogenannten Monophysiten. Der dahinter stehende theologische und dogmatische Streit hatte erhebliche machtpolitische Folgen, denn er führte zur endgültigen Trennung der katholischen Kirche von der syrisch-orthodoxen Kirche von Antiochien, von der armenisch-apostolischen, aber auch von der koptischen Kirche. Im Jahr 620 eroberte Chosrau der II. Syrien und Ägypten und gliederte beide Länder dem Perserreich ein – ähnlich wie Jahrzehnte zuvor den Jemen und Oman. Erst dem römisch-christlichen Kaiser Herakleios gelang es 628, die Doppelmetropole einzunehmen und die Perser zu schlagen. Nach einer Zeit des Übergangs setzte jedoch bald darauf eine lang anhaltende Expansion der arabischen Welt ein. Die Araber eroberten das Sassanidenreich, aber auch die römischen Orientprovinzen endgültig. Manchen Historikern zufolge markieren diese Ereignisse das eigentliche Ende der Antike.

Teppiche bilden Muster und Beziehungen ab. Ähnlich verhält es sich, wenn Wörter zu Erzählungen und Geschichten verknüpft werden, die ein Medium der Darstellung von Zeit sind. Auch geschichtliche Ereignisse werden in unserem Bewusstsein miteinander verknüpft, ähnlich wie die Farben und Motive eines Teppichs. Teppich und Geschichte unterscheiden sich nur insofern, als Geschichten sich auch nach ihrer Fertigstellung leicht weiter ändern und variieren lassen. Geschichten sind Muster, die sich in der Zeit weiter entwickeln, indem sie auch neue Ereignisse mit sich verknüpfen. Was wir Geschichte nennen, sind im Grunde die Muster der Zeit, die in verstehbare Geschichten, in Narrativen dargestellt werden, indem Fakten und Motive miteinander verbunden und wie Perlen auf einer Schnur aufgereiht werden. Aber nicht nur die Geschichte, auch die Beschreibungen der Natur, die sich zu wissenschaftlichen Tatsachen verbinden, machen von narrativen Mustern Gebrauch, wenn auch in Form einer sehr strengen Sprache, die alles in eine Reihenfolge von *Wenn-Dann*-Beziehungen oder Wahrscheinlichkeiten bringt. Doch nicht nur Geschichten und Theorien, auch Teppiche können auf ihre Weise Geschichte erzählen. Durch ihre spezielle Technik des Muster-Knüpfens lassen sich Teppiche nach ihrer Herkunft und Herstellungszeit unterscheiden. Was die Muster betrifft gibt es vor allem zwei Kategorien von Teppichen, florale und geometrische. Ein auf vielen Orientteppichen zu findendes Muster ist das an Paisley erinnernde Bota-Motiv, auch Boteh- oder Flammenmotiv genannt.

Paisley-Muster sind nach ihrer Herkunft benannt. Die schottische Stadt Paisley in der Nähe von Glasgow war im 19. Jahrhundert ein Zentrum der Textilverarbeitung. Als aus den indischen Kolonien zurückkehrende britische Soldaten ihre von dort stammenden Cashmere-Schals mitbrachten, im-

Abb. 5: »Boteh tissu«-Motiv von Fabienkhan.

portierten sie auch die indischen Boteh-Muster. Die schotti-
schen Hersteller waren von den Flammenmotiven fasziniert,
die einem Wassertropfen mit zur Seite gezogener Spitze
ähnelten. Dieses Muster kann bis in die Zeit des persischen
Sassanidenreichs zurückverfolgt werden. Von dort aus ver-
breitete es sich vermutlich nach Indien und fand, transportiert
in den Schals der Soldaten, in den Westen. Einige Kunst-
kritiker sind davon überzeugt, dass das Boteh-Motiv eine
Mandorla darstellte, d. h. die besondere Aura, die sich um
eine heilige Figur bildet. Vielleicht ist das Flammenmotiv
jedoch auch die Darstellung einer Feige oder Palmenblüte,
möglicherweise auch einer Zypresse.

Vor allem große, kunstvoll in mehreren Farben gewebte
Teppiche hatten bereits in der Antike großen Wert. Dies gilt
insbesondere für den Teppich, der *Frühling des Königs* genannt
wird. Gemeint ist damit König Chosrau der I. Anuschirvan,
der nicht nur in der Sagenwelt des Orients lebendig geblieben

ist. Sein Beiname *Kesra* ist im Arabischen geradezu zum Synonym für den Begriff »König« geworden. *Kesra Anuschirvan* wird mehrfach in den Märchen von *1001 Nacht* erwähnt. Ein Grund dafür ist sicher die Bedeutung, die er als historische Person hat und die den Geschichten alleine durch die Erwähnung des Namens größeres Gewicht verleiht. Darüber hinaus wird sein Name aber auch erwähnt aufgrund seiner großen Bildung und seines prächtigen Palasts, der als Vorbild für andere diente. Dieser Palast enthielt eine Reihe wertvoller Teppiche, von denen in den Listen der Kriegsbeute die Rede ist, die nach der Eroberung der Hauptstadt Seleukia-Ktesiphon 636 von den arabischen Invasoren angefertigt wurde.

In den Listen finden sich unterschiedlichste Kostbarkeiten und wertvolle Gegenstände, deren bedeutendster jedoch der *Bahār-e Kisra* war – der wohl größte je produzierte Königsteppich überhaupt. *Bahār* bedeutet Frühling. Der *Frühling des Königs* – gemeint ist der Frühling von Chosrau dem I. – wurde vermutlich zwischen 500 und 600 n. Chr. hergestellt. Er hatte die Ausmaße von 60 Cubits, umgerechnet etwa 27 × 27 Meter, und es ist anzunehmen, dass der schwere Teppich vor Ort im Saal des Palastes von Seleukia-Ktesiphon angefertigt wurde. Als Herrschaftssymbol des Sassanidenreichs legte der König ihn in der Audienzhalle des Palastes aus. Sein Muster zeigte den arabischen Historikern zufolge einen Garten im Frühling mit schachbrettartigen Feldermustern, die *Ghab-ghabi* oder »Rahmen im Rahmen« genannt werden. Dargestellt waren Landschaften, Wege und Bäche, aber auch Frühlingsblumen oder Obstbäume. Die Bordüre stellte ein Blumenbeet dar, das aus blauen, roten, weißen, gelben und grünen Steinen gefertigt war. Das Gold im Mittelfeld des Teppichs sollte die Farbe der Erde widerspiegeln. Kristallklare Edelsteine stellten Wasser dar. Viele der Pflanzen waren aus Seide nachgebildet, die Früchte aus kostbaren farbigen Steinen. Der *Encyclopaedia*

Iranica zufolge diente der Teppich in der Zeit der Winterwinde als der Ort im Palast, an dem man sich gerne niederließ und trank. Wer dies tue, so wurde berichtet, der habe ein Gefühl, als würde der Frühling mitten im Winter erwachen. Der Teppich galt also als ein besonderer Ort, der als realer Ort im Palast zugleich auch ein anderer Ort war, der auf den ersten Blick eine irreale Qualität zu haben scheint. Mitten im Winter verwandelt der Teppich die Audienzhalle in einen Ort des Frühlings, paradiesischer und besser als diese selbst. Der Teppich ist also der Raum, in oder besser auf dem eine Verwandlung geschieht.

Der Teppich als Bild des paradiesischen Gartens spielt auch in Foucaults Abhandlung *Von anderen Räumen* eine Rolle, wobei es Zufall wäre, wenn Foucault dabei an den Frühling des Königs gedacht hat. Foucault macht den Vorschlag, zwischen zwei Begriffen zu unterscheiden: *Utopie* und *Heterotopie*. Eine *Utopie* ist etwas, das wörtlich übersetzt keinen Ort hat. Gemeint ist damit, dass eine Utopie sich nirgends unter den bekannten realen Orten einreihen kann. Es gibt sie nur, insofern die Rede von ihr ist: als Vorstellung, Geschichte oder Entwurf. Eine *Heterotopie* hingegen bezeichnet einen anderen und besonderen Ort, der durchaus real, aber auch imaginär sein kann. In den arabischen Quellen über den *Bahār-e Kisra* wird, wie eben erwähnt, von seiner besonderen Eigenschaft berichtet, im Winter die Erfahrung des Frühlings hervorzubringen, wenn man sich gemeinsam auf ihm niederließ. Der Teppich macht also einen bestimmten Ort, die Audienzhalle, zu einem anderen, frühlingshaften Ort – und das vermutlich nicht nur, weil der kostbare Teppich auf angenehme Weise wärmte. Es ist bekannt, dass Teppiche in kühlen, schneereichen Gegenden benutzt werden, um Zelte zu isolieren. Manche Teppiche waren derart gut geknüpft, dass sie, wenn sie auf dem Schnee lagen, nicht einmal feucht wurden.

Der Königsteppich verkörpert im Sinne Foucaults nicht nur einen Garten, sondern zugleich auch eine andere, frühlingshafte Realität oder Wirklichkeit. Diese Realität war offensichtlich derart greifbar und real für die Anwesenden, dass sie es für wert hielten, darüber zu berichten. Im Sinne der Heterotopie bringt der Teppich keine bloße Vorstellung, sondern seine eigene, andere Wirklichkeit hervor, die als ebenso real erfahren wird wie der Teppich selbst, der in der Audienzhalle liegt. Es fiel Foucault schwer, dieses merkwürdige Prinzip der Veränderung des Raums und der Stimmung angemessen zu beschreiben. Zur Veränderung, die manche Orte bewirken können, gehört offensichtlich, dass sie ihr Verhältnis zur Wirklichkeit auf der einen Seite entwerten (der Winter ist kein Winter mehr), auf der anderen Seite aber mit der Veränderung etwas anderes aufwerten (wo Winter war, wird Frühling). Foucaults Erklärung nimmt an dieser Stelle einen Umweg.

Jede Gesellschaft kenne Orte, so Foucault, die sie als Gegenorte, als *tatsächlich verwirklichte Utopien* verstehen würde. Solche Orte seien anders als alle anderen. Es sind gleichsam Orte, die außerhalb aller Orte liegen, obwohl sie sich durchaus lokalisieren lassen. Man findet dort alles, was sich in einer Kultur oder Gesellschaft überhaupt zu finden lohnt. Aber sie sind, im Unterschied zu Heterotopien, nicht real. Foucault erläutert beides an einer Alltagserfahrung: das Schauen in den Spiegel. *Der Spiegel ist eine Utopie, weil er ein Ort ohne Ort ist. Im Spiegel sehe ich mich dort, wo ich nicht bin, in einem irrealen Raum, der virtuell hinter der Oberfläche des Spiegels liegt. Ich bin, wo ich nicht bin, gleichsam ein Schatten, der mich erst sichtbar für mich selbst macht und der es mir erlaubt, mich dort zu betrachten, wo ich gar nicht bin: die Utopie des Spiegels. Aber zugleich handelt es sich um eine Heterotopie, insofern der Spiegel wirklich existiert und gewissermaßen eine Rückwirkung auf den Ort ausübt, an dem ich mich befinde.*

Utopie und Heterotopie liegen bei Foucault eng beieinander. Mit den beiden Begriffen versucht Foucault einerseits, Reales von Irrealem zu unterscheiden, andererseits aber auch die enge Vernetzung von Wirklichkeit und Möglichkeit zu deuten. Dabei führt er den Begriff des Schattens und des irrealen Raumes ein sowie die Idee der Rückwirkung des Virtuellen auf das Reale. Mit Hilfe solcher Rückwirkungen können sich, bildhaft gesprochen, Vorstellungen von einem fliegenden Teppich materialisieren. Wie dies genau zu erklären sei, erläutert Foucault an dieser Stelle ebenso wenig wie die Details der Rückkopplungsmechanismen, über die Möglichkeit und Wirklichkeit sich durchdringen und aufeinander einwirken. Eine solche Einwirkung kann zum Beispiel eine Verdichtung sein – etwas Erzähltes kann Wirklichkeit werden. Andererseits kann sich aber auch das, was bislang als real erschien, auflösen und infolge etwa durch narrative Rückkopplungen dekonstruieren und unwirklich werden. Beispielsweise hat die Behauptung, der Irak verfüge über Atombomben (was nicht der Fall war), die Realität des Krieges vorbereitet und möglich gemacht. Er löste damit das auf, was der Irak tatsächlich war, nämlich *keine* Atommacht. Auf diese Weise wurde aus dem Irak ein anderer Ort. Durch geschickte mediale Propaganda und Lüge erschien das Land als *Achse des Bösen* und als gefährliche Atommacht, gegen die mit allen kriegerischen Mitteln vorzugehen laut Präsident George W. Bush das oberste Gebot der Stunde war.

Jede Kultur, behauptet Foucault, bringt derartige Heterotopien hervor. Dies ist nötig, um Vorstellungen von anderen Wirklichkeiten und Orten als dem *Hier und Jetzt* entstehen zu lassen. Insbesondere heilige Orte gelten als derartige andere Räume. Eine weitere Weise, Heterotopien ins Spiel zu bringen, ist, bestehenden, realen Orten eine andere und erweiterte Funktion zuzuschreiben. Foucaults Beispiel sind Friedhöfe, die einerseits normale Räume innerhalb von Städten und Dörfern darstellen und mit ihnen in Verbindung stehen, andererseits aber durch die Vorstellung, dass die Seelen der Verstorbenen unsterblich sind, zu einer anderen Verwendung dieser Orte führen. Friedhöfe sind eben nicht bloß Orte des Verrottens und Kompostierens von Menschen. Diese Ansicht stellt vielmehr eine spätere Phase der Umdeutung und Umfunktionierung von Friedhöfen dar. Ursprünglich entstanden Friedhöfe vor allem um Kirchen herum und zum Teil auch, zumindest für die Privilegierten, in christlichen Kirchen. Friedhöfe wurden zum *heiligen und unsterblichen Geist der Stadt*: Zu jener anderen und wahren Stadt, *in der jede Familie ihre dunkle Bleibe hat.* Heterotopien sind in der Lage, unterschiedliche Räume – Kirche und Stadt, aber auch geistliche und weltliche Macht – miteinander zu verbinden, auch über Brüche der Zeiten hinweg. In Museen und Bibliotheken versammeln sich über die Zeiten, Kulturen und unterschiedlichen geschichtlichen Räume hinweg Ideen und Gedanken in einem geistigen und physischen Raum, in dem ein gemeinsames Archiv entsteht. Dieses Archiv kann von unterschiedlichen Menschen unterschiedlich genutzt werden, auf die es – je nach Vorlieben und Art der Benutzer – entsprechend anders wirkt. In einer Heterotopie wie dem Friedhof kommen verschieden repräsentierte Orte, reale und imaginäre, zusammen. *Heterotopien besitzen die Fähigkeit, mehrere reale Räume, mehrere Orte, die eigentlich nicht miteinander verträglich sind, an einem einzigen oft nebeneinander zu stellen.* Auch Gärten sind für Foucault solche heterotopischen Orte, etwa weil sie Pflanzen unterschiedlichster geographischer Herkunft in völlig neuer Weise zusammenbringen können. Da der Teppich für Foucault eine transportable Abbildung solcher Gärten ist, gilt für ihn, dass auch der Teppich eine Heterotopie sein kann.

Problematisch bleibt an dieser Darstellung das noch unbestimmt gelassene Verhältnis von Wirklichkeit und Möglichkeit, Realität und Traum und Analogie. Auch die Metapher vom fliegenden Teppich bewegt sich zunächst zwischen solchen Polen. Dies lässt zwei entgegengesetzte Bewegungen zu. Zum einen kann die Metapher dafür benutzt werden, einen *ganzen realen Raum und alle realen Orte, an denen das menschliche Leben eingeschlossen ist, als noch größere Illusion* zu entlarven. Ihr kommt somit eine kritische Funktion zu. Eine Erzählung kann in das eingreifen, was wir für Wirklichkeit halten, und diese verändern. Das geschieht im Grunde bei jeder Geschichte von Religions- und insbesondere von Staatsgründungen. Da Geschichte im Sinne von Faktum und Ereignis (Historie) immer nur in der Form von Geschichte(n) im Sinne einer Narration verstanden und durch erzählte Geschichte(n) abgespeichert und wiedergegeben werden kann, liegt die Vermutung nahe, dass Geschichte (im Sinne von Historie), gerade weil sie als erinnerte immer erzählte Geschichte ist, durch neue Geschichten (Narrationen) verändert und umgeschrieben werden kann. Es verhält sich damit wie mit unserem Gedächtnis: Etwas, das erinnert wird, wird bereits durch den Akt des Aufrufens verändert. Die Erinnerung ist nur die letzte Phase, der letzte Abruf des Erinnerten in der Gegenwart und wird, derart abgerufen und neu bearbeitet, verändert abgespeichert. Es ist also möglich, durch neue Geschichten alte zu verändern und zu überschreiben. Solche intervenierenden Geschichten lösen verfestigte Vorstellungen, d. h. im kollektiven Bewusstsein sedimentierte Begriffe und die mit ihnen verbundenen Wirklichkeiten, wieder auf. Dadurch verändern sie nicht nur die Erinnerung an sie und ihre Verwendung, sondern auch damit verbundene soziale Wirklichkeiten, Zuständigkeiten, kulturelle Gewohnheiten oder (kollektive) Erinnerungen. Mit den Worten des Literaturwissenschaftlers Albrecht Koschorke, des führenden Kopfs des Exzellenzclusters, der *Das Reale in der Kultur der Moderne* formuliert: *Dass das Erzählte nicht nur eine Sonderwelt neben der wirklichen Welt hervorbringt, sondern in die gesellschaftliche Praxis hineinwirkt und selbst ein bestimmtes Element dieser Praxis ist, stiftet die Verbindung zwischen Erzähl- und Kulturtheorie.*

Analoges gilt auch für die naturwissenschaftliche Praxis, bei der kulturell bereits Überliefertes mit Neuem verbunden oder im Gegenteil unterbunden werden kann. In der Biologie kann beispielsweise der taxonomische Begriff *Rasse* nicht sinnvoll auf unterschiedliche Typen von Menschen angewendet werden. Eine solche Anwendung ist eine kulturelle, keine naturwissenschaftlich korrekte Verwendung: Auch wenn noch so viele Menschen geglaubt haben und leider immer noch glauben, man könne von *Schwarzen* und *Weißen*, von *Ariern* und *Juden* sprechen, als handele es sich um unterschiedliche *Rassen*.

Doch es gibt auch eine umgekehrte Bewegung. Metaphern können, statt das, was (etabliert) ist, als Illusion zu entlarven, umgekehrt auch das, was zunächst noch als reine Möglichkeit oder Illusion erscheint, Realität werden lassen. Gerade Heterotopien setzen Metaphern so ein, dass sie mit ihrer Hilfe *einen anderen realen Raum schaffen, der im Gegensatz zur wirren Unordnung unseres Raumes eine vollkommene Ordnung aufweist. Das wäre dann keine illusorische, sondern eine kompensatorische Heterotopie.* Eine solche kompensatorische Heterotopie, wie sie in den Augen moderner Denker Religionen darstellen, können also durchaus etwas bezeichnen, das man *sehen* und vor allem *fühlen* kann – so wie jede andere soziale Wirklichkeit.

Mir scheint, dass sich das Verhältnis von Wirklichkeit und Möglichkeit, zumindest mit Blick auf den *Frühling des Königs*, durch einen dritten Begriff viel präziser bestimmen lässt. Während U-topie einen Nicht-Ort (τόπος bedeutet im Griechischen Ort, οὐ ist die Verneinung) und Heterotopie (ἕτερος bedeutet anders, ein zweiter) einen Anders-Ort bezeichnet, bringt der Begriff der Allassotopie die verändernde Wirkung eines Ortes oder auf einen Ort zum Ausdruck. Der Begriff leitet sich von dem griechische Verb ἀλλάσσω ab, das wandeln, verändern, verwandeln oder wechseln bedeutet. Der Begriff der Allassotopie bezeichnet, in Bezug auf die Erfahrung mit dem Teppich von König Chosrau dem I., die Fähigkeit, einen Ort oder Zustand in einen anderen zu transformieren. Nicht nur religiöse, auch mythologische Erzählungen handeln immer wieder von derartigen Allassotopien. Doch um was für Orte oder Zustände handelt es sich bei dieser Verwandlung? Sind sie real oder imaginär?

Mit Blick auf den Teppich des Königs lässt sich sagen, dass nicht berichtet wurde, dass es so gewesen sei, als *würde* der Winter verblassen, sondern dass es tatsächlich so *war*, dass der Winter verblasste. Soll man dem Teppich wie einem fliegenden Teppich Zauberkraft zuschreiben? Der *Frühling des Königs* war sicher kein Zauberteppich; aber auch keine Utopie. Self-fullfilling prophecies, Mahn- und Motivationsreden, aber auch eine fiktive Radioreportage wie *The War of the Worlds* können tatsächlich dazu führen, dass Menschen anders fühlen und ihr Verhalten ändern. Sie sehen und spüren *etwas*, das als reale Veränderung des eigenen Zustands, des eigenen Seins oder Selbstverständnisses erfahren und gedeutet wird. Wie wenig so eine Veränderung mit Zauberkraft, wohl aber mit längst nicht hinreichend verstandenen Mechanismen unserer Wahrnehmung und Verarbeitung von Informationen zu tun hat, können Mediziner, Pharmakologen, Psychiater, Neurophysiologen und Immunologen leicht bestätigen. Placebos haben, ebenso wie bestimmte Vorstellungen oder posthypnotische Anweisungen (etwa im Autogenen Training) reale Wirkungen. Diese lassen sich beispielsweise durch eine tatsächlich veränderte Funktionsweise des Blutdrucks oder des Immunsystems empirisch nachweisen. Derart gezielte, fast schon instrumentelle Verfahren zur Herstellung von anderen Realitäten oder Zuständen fallen klassischerweise in den Bereich von religiösen Ritualen oder ritualisierten Handlungen. Ihr Ziel ist es, mit Hilfe einer wiederholbaren Handlung das, was ist, in etwas anderes zu verwandeln – ob man dieses nun religiös als jenseitig oder heilig oder, modern und säkular, als messbare Veränderung der Natur deutet. Auch eine Reihe säkularer Rituale wie die Eheschließung stellen eine (juristische) Veränderung eines Zustandes dar und transformieren ihn in einen anderen.

Im Christentum wird seit Jahrtausenden gelehrt, dass in der Eucharistiefeier Wein und Brot zu Blut und Leib Christi werden – wie auch immer man sich diese Veränderung im Detail vorstellen mag. Entscheidend ist nicht, dass das Brot seine chemische Zusammensetzung verändert oder man im Brot eine andere Substanz entdecken würde – beides wäre ein falsches mythologisches Verständnis des Vorgangs. Entscheidend ist, dass das, was geschieht, als symbolisch-performatives Ereignis dazu beiträgt, die religiöse bzw. soziale Wirklichkeit zu verändern. Insofern ist ein Ritual wie die Eucharistiefeier mit der kontrollierten Anwendung eines Placebos vergleichbar. Es handelt sich dabei um ein Geschehen, in dem durch die Einbettung eines Rituals in einen narrativen Rahmen – der Priester spricht die Wandlungsworte *dies ist mein Leib, hingegeben für alle …* – das, was ist, für alle (die glauben, d. h. im Wirkbereich der Erzählung sind) erfahrbar verändert wird. Ein Gottesdienst *kann*, aber er *muss* Menschen nicht verändern. In jedem Fall ist er eine Allassotopie.

Allassotopische Erfahrungen – Erfahrung einer wiederholbaren Verwandlung eines Zustandes in einen anderen – können befreiende Wirkung haben, indem sie aus einem irrigen

Wahn herausreißen. Dies ist etwa der Fall, wenn Menschen erkennen, dass die Welt keine Hölle ist und unweigerlich den Fall aller Menschen zur Folge hat. Andererseits können derartige Erfahrungen gerade in einen solchen Wahn oder eine Psychose hineintreiben. Beispiele dafür sind die Messen, die gehalten wurden, um Ritter mit dem Segen Gottes in die blutigen Kreuzzüge zu entlassen, oder Exorzismen, die bis heute betrieben werden. Ich halte es für legitim, den Ort, an dem jeden Sonntag wieder vor den Augen vieler Anwesender ein Brot in den Leib Christi transformiert wird (die mittelalterliche Theologie sprach von Transsubstantiation), mit dem Teppich zu vergleichen, der sich im Gefühl derjenigen, die auf dem Königsteppich saßen, in einen frühlingshafteren Ort verwandelte. Ein fliegender Teppich ist ein metaphorischer Begriff für eine derartige Verwandlung oder Überführung von einem in einen anderen Ort oder Zustand.

In seinem umfassenden Werk über die Moderne und das Entstehen des säkularen Zeitalters beschreibt Charles Taylor derart transformierte Orte als *Orte der Fülle.* Fülle dient als Umschreibung für die geglückte Transformation eines Lebensraums, in dem es *möglich* wird, *tatsächlich* umfassend Sinn zu erfahren. Im Fall der Allassotopie gilt: *Irgendwo – in irgendeiner Tätigkeit oder in irgendeinem Zustand – findet sich eine gewisse Fülle, ein gewisser Reichtum. Soll heißen: An einem Ort (in dieser Tätigkeit oder in diesem Zustand) ist das Leben voller, reicher, tiefer, lohnender, bewundernswerter und in höherem Maße das, was es sein sollte.* An solchen Orten fühlt man sich wie erneuert und (wieder)belebt. Sie gelten als Kraftquellen, die zuweilen sehr eindringlich das Leben verändern und auf den Kopf stellen können. Die Literatur kennt derartige Phänomene ebenso wie die Religionen und Mystiker aller Kulturkreise. Tatsächlich zielen viele religiöse, aber auch säkulare politische, philosophische oder literarische Texte darauf ab, die Menschen, die sie lesen, in einen ähnlichen Zustand zu versetzen und dadurch zu verändern. William James rückt solche Erfahrungen ins Zentrum seiner religionsphilosophischen Untersuchungen mit dem Titel *Die Vielfalt religiöser Erfahrung*. Entscheidend bleibt, dass aus einer Geschichte – durch Entsprechung, Nachahmung oder Nachfolge – Faktizität im Sinne realer Ereignisse entstehen kann. Dies ist das Grundprinzip einer Allassotopie: durch Mitnahme oder Hineinnahme in eine Erzählung denjenigen, der zuhört, in Richtung der Erzählung wirklich zu verändern. Robert Musil nannte diese Erfahrung eines veränderten, aber real erlebbaren Geschehens *den anderen Zustand*. Die Metapher vom fliegenden Teppich beschreibt eine solche Erfahrung von Transformation. Der fliegende Teppich ist das Instrument, das von einem Ort an einen anderen – den Ort der Sehnsucht – führt. Dass dieser Ort der Sehnsucht für andere Menschen ein Ort des Schreckens sein kann, liegt auf der Hand: Die Paradiesvorstellung des einen besteht nicht selten gerade in der Vernichtung des anderen.

Bleibt noch zu klären, warum der größte Königsteppich der Geschichte heute nicht mehr existiert. Die Lösung ist enttäuschend einfach. Als die Hauptstadt des Perserreiches fiel, scheint den arabischen Eroberern der Teppich zu schwer gewesen zu sein. Er erhielt den arabischen Namen *al-qetf*, der Aufgelesene, und wurde dem Omar in Medina übergeben, damit er über ihn bestimme. Dieser entschied, das Symbol der Herrschaft unter dem Volk aufzuteilen. Entsprechend wurde er in kleine, wenn auch wertvolle Stücke geschnitten, die bald in alle Winde zerstreut waren und nie mehr zu einem Ganzen zusammengefügt wurden. Der *Frühling des Königs* war real. Und doch existiert er heute nur in der Vorstellung, die sich auf etwas Reales bezieht, weil sie das, was ist, anders, nämlich als Ganzes, vorzustellen in der Lage ist. Fliegende Teppiche sind Vorstellungen von der Welt als einer realen, aber anderen Wirklichkeit. In gewisser Weise sind fliegende Teppiche also so wie die *Matrix*.

TEPPICHKAUF

Und ist das Leben nicht selbst nur ein Traum, da man oft träumt, daß man träumt, und einen Traum auf den anderen baut, nur ein Traum, dem die anderen aufgepfropft sind, aus dem wir im Tode erwachen; ein Traum, in dem wir so wenig Kenntnis über die Grundlagen des Wahren und Guten haben wie während des natürlichen Schlafes ...

Pascal, Pensées (1670)

Metaphern spielen, auch nach Jahrtausenden, eine zentrale Rolle in Theorien. Sie dienen als Gehäuse für Überlegungen, die keineswegs vollständig und bis in Letzte geklärt sind. Es hat sich gezeigt, dass nicht nur Mythen und Metaphern einer strengen Logik folgen, die durchaus darauf aus ist, Wirklichkeit zu beschreiben und begrifflich zu fassen. Umgekehrt hat es sich ebenfalls immer wieder als richtig erwiesen, dass auch Theorien mythische Elemente, ungeklärte Begriffe, kurz Unverstandenes beinhalten, das, wie Mythen und Metaphern, der Realitätsbewältigung dient. Die Debatten um Mythos und Logos haben, nach Jahrzehnten der Auseinandersetzungen, gezeigt, dass Mythen und Metaphern keineswegs primitive oder naive Vorstufen von Theorien und Begriffen sind. Natürlich lassen sich nach mythischen Erzählungen keine Flugzeuge bauen. Andererseits lässt sich das Leben nicht nach den Gesetzen der Kernphysik bewältigen. Im einen wie im anderen Fall geht es darum, das Verhältnis von Möglichkeit und Wirklichkeit, von Vorstellung und Verwirklichung, kurz die verschiedenen Abstufungen der Realität in den Griff zu bekommen. Wenn die Welt alles ist, was der Fall ist, dann beinhaltet alles eben genau dies: alles – die noch nicht erweckten Träume, zuweilen auch Hirngespinste und Einbildungen ebenso wie die Wirklichkeiten und all die Realitäten, von denen nicht im Konjunktiv gesprochen wird.

So wie im westlichen Kulturkreis immer wieder Platos Höhlengleichnis herangezogen wurde, um das schillernde Verhältnis von Sein und Schein, Wirklichkeit und Möglichkeit zu erforschen, wurde im asiatischen Kulturraum kaum eine Geschichte so oft kommentiert und zitiert wie die vom Schmetterling und seinem Traum. Diese Geschichte geht auf einen Zeitgenossen von Aristoteles zurück, auf den chinesischen Dichter und Philosophen Zhuangzi. Über sein Leben ist nach mehr als zweitausend Jahren ebenso wenig bekannt wie über die verschlungenen Pfade der Entstehung der berühmten, nach ihm benannten Textsammlung des *Zhuangzi*. Diese erhielt in der Tang-Dynastie, Jahrhunderte nach ihrem Entstehen, von Kaiser Xuanzong den Ehrentitel *Das wahre Buch vom südlichen Blütenland*. In den vermutlich authentischen, auf Zhuangzi selbst zurückgehenden ersten sieben Kapiteln des umfangreichen Buches findet sich die berühmte Geschichte vom Schmetterling (Buch II, 12):

Einst träumte Dschuang Dschou, daß er ein Schmetterling sei, ein flatternder Schmetterling, der sich wohl und glücklich fühlte und nichts wußte von Dschuang Dschou. Plötzlich wachte er auf: da war er wieder wirklich und wahrhaftig Dschuang Dschou. Nun weiß ich nicht, ob Dschuang Dschou geträumt hat, daß er ein Schmetterling sei, oder ob der Schmetterling geträumt hat, daß er Dschuang Dschou sei, obwohl doch zwischen Dschuang Dschou und dem Schmetterling sicher ein Unterschied ist. So ist es mit der Wandlung der Dinge.

Traum und Wirklichkeit, Möglichkeit und Realität sind auf eine enge, höchst existentielle Weise miteinander verwoben. Das Geflecht, das daraus entsteht, ist am Ende wie bei einem fest gewebten Teppich, in dem alle losen Fäden aufgenommen und zu einer Einheit verbunden wurden. Zwar lassen sie sich mit Blick auf Farbe oder Stoff durchaus unterscheiden. Doch im Teppich geht ein Faden in den anderen über. So wie sich das Wissen über die Dinge im Laufe der Jahrhunderte ändert, verändern und wandeln sich auch die Dinge selbst. All das muss man wissen, um sie beurteilen zu können.

Zur Beurteilung eines Teppichs muss man daher über ein ausreichendes Wissen über dessen geistigen Rahmen, den kulturellen Kontext und die Tradition verfügen, in der er entstanden ist. Wer einen guten Teppich kaufen möchte, sollte Bescheid wissen über Muster und ihre Webart, über die Qualitäten von Stoffen, Färb- und Webtechniken, Knotenzahl pro

Zentimeter, die geographische Lage des Herstellungsortes und nicht zuletzt die Zusammenstellungen der Muster und Farben, die einem gefallen muss. In solchen Details unterscheidet sich der Kauf eines Teppichs nicht vom Kauf eines Autos, einer Kamera oder eines Bildes. Eine Quelle in Sachen Kauf eines fliegenden Teppichs ist die Sammlung der Geschichten aus *1001 Nacht*. Bevor es darum geht, alles über Kauf, Nutzen und Pflege eines fliegenden Teppichs zu erfahren, ist es angebracht, kurz auf die Quelle selbst einzugehen. Leider sind die Geschichten aus *1001 Nacht* ebenso wie die Geschichte der Entstehung dieser Geschichten ähnlich verknotet wie mancher Teppich.

Es gilt heute als weitgehend gesichert, dass die Geschichten von *1001 Nacht* ursprünglich aus dem indischen Kulturraum stammen. Dort sind sie erstmals erzählt und gesammelt worden. Zwar ist die ursprüngliche indische Vorlage nicht überliefert, aber erstens gilt dies für eine Reihe indischer Texte und zweitens erschienen den späteren orientalischen sprich persischen Lesern diese Geschichten damals bereits exotisch, so dass sie kaum aus ihrer eigenen Tradition stammen dürften. Zur Zeit der Sassaniden in der Spätantike wurden die Geschichten vermutlich erstmals vom Indischen ins Persische übersetzt. Diese Übersetzung bildete den Vorläufer für die späteren arabischen Sammlungen. Vieles spricht dafür, dass die persischen Übersetzungen durch Geschichten mit eigenem, persischem Kolorit angereichert wurden. So weit ist das Konsens in der Forschung, auch wenn die ursprüngliche mittelpersische Übersetzung, das sogenannte *Buch der Tausend Erzählungen*, bis heute ebenso verschollen ist wie das indische Original. Sicher ist auch, dass einige historische Personen wie König Chosrau der I., von dessen Königsteppich bereits die Rede war, Pate standen für einige der mehr oder minder fiktiven Personen, von denen in den Erzählungen die Rede ist.

Diese Geschichten bilden im Grunde eine Art Serie aus Erzählungen, in die systematisch Cliffhanger eingebaut wurden. Dabei wechselt im Laufe der Zeit das Personal immer wieder, auch wenn die zentralen Themen – Tod, Glaube, Betrug und Belohnung – kaum variiert werden.

Der nächste Schritt der Entwicklung sind die arabischen Übersetzungen aus dem Persischen, die im 8. Jahrhundert nach Christus erfolgten. Seitdem ist im Arabischen von *Alf Layla*, vom Buch der Tausend Nächte die Rede. Doch ab dann wird es zunehmend kompliziert. Konstant bleibt über die Zeiten hinweg lediglich die Rahmengeschichte – über deren Ende nichts bekannt ist. Verkürzt gesagt geht es darum, dass der von seiner Frau mit einem afrikanischen Sklaven betrogene und deshalb von der Liebe restlos enttäuschte persische König fest entschlossen war, sich nie wieder von einer Frau betrügen zu lassen. Da er nicht allein sein wollte und als König verheiratet sein sollte, beschloss er, möglichst jeden Tag eine neue Frau zu heiraten, die er dann am nächsten Tag töten ließ. Erstaunlicherweise gab es dennoch eine Reihe von Angeboten – vermutlich weil jede Frau dachte, sie wäre die eine, die es schafft, den König um den Finger zu wickeln. Natürlich lassen sich Probleme der Untreue auf derart königliche Weise lösen – aber man ahnt, dass es eine auf die Dauer etwas materialintensive und auch für die Psyche des Königs eher strapaziöse Methode ist. Im Grunde muss man statt von serieller Monogamie vielmehr von Serienmord sprechen.

Dann tritt eines Tages Scheherazade auf den Plan, buchstäblich. Denn sie hat einen Plan. Der König denkt: Hier kommt eine weitere, die morgen tot ist. Die beiden vergnügen sich, finden in der einen Nacht zunehmend mehr Gefallen aneinander, haben Sex – Scheherazade wird dem König im Laufe der 1001 Nächte drei Kinder gebären: und das wäre es gewesen, denkt der König. Doch die schöne Frau ist auch klug und beginnt, um ihr Leben zu erzählen.

Scheherazade schafft es nicht zuletzt mit Hilfe ihrer Schwester, den König dazu zu bringen, immer wieder eine weitere Geschichte hören zu wollen – die natürlich dort ihren Cliffhanger hat und ihre Unterbrechung findet, wenn der nächste Tag anbricht. Also muss der König der Erzählerin noch einen Tag Leben gewähren, um wenigstens das Ende dieser Geschichte zu hören, auf die dann doch die nächste folgt – 1001 Nächte lang. Wie es ausgeht? Das ist ungewiss. Die sogenannte Galland-Handschrift, eine vielzitierte, um 1450 entstandene arabische Version von *1001 Nacht*, die 1715 in Besitz der Bibliothèque du Roi, der heutigen Französischen Nationalbibliothek, gelangte, bricht mitten in der 282. Nacht ab. Versionen vom Ende der Rahmenhandlung tauchen im Französischen und Deutschen erst spät auf – etwa in der aus dem Orient stammenden Breslauer Ausgabe um 1830.

Nicht nur diese Uneindeutigkeit des eigentlichen Ausgangs der Geschichte ist, was den Schluss des Buches angeht, seltsam. Auffallend ist auch die große stilistische Vielfalt der Geschichten. In *1001 Nacht* finden sich stark islamisierte Erbauungsgeschichten ebenso wie Burlesken und Gedichte, Komödien, Tragödien oder Räubergeschichten, die heute Thriller heißen würden. *1001 Nacht* ist also nicht nur eine Sammlung von sehr unterschiedlichen Geschichten, die von einem einfachen Erzählrahmen zusammengehalten werden – das Buch ist auch eine Sammlung von verschiedenen Genres der Literatur. Wie es zu dieser Vielfalt kam? Die Antwort ist erstaunlich einfach: weil es kein Original gab – wohl aber einen narrativen Rahmen. In diesen Webrahmen wurden im Laufe der Jahrhunderte immer neue Erzählungen eingefädelt, die oft ein spezifisches Lokalkolorit hatten. Auf diese Weise entstanden immer neue Niederschriften und Sammlungen, die im Grunde verschiedene *Phänotexte* darstellen, die den überall präsenten, kollektiven *Genotext* mit modischen Effekten und lokalen Besonderheiten ausschmücken. Zwischen diesen erzählerischen Zeiten und Räumen oszilliert der Bedeutungsraum, den die jeweilige Sammlung aufspannt und umschließt. Auf diese Weise erklären sich die verschiedenen Fassungen von *1001 Nacht*, von denen keine das *Original* darstellt.

Im Westen wurden die Geschichten vor allem in der Übersetzung des französischen Orientalisten Antoine Galland bekannt. Dieser hatte 1701 eine der arabischen Handschriften erworben und begann daraufhin mit der französischen Übersetzung, die er ab 1704 nach und nach veröffentlichte. Dennoch ist es bis heute problematisch, von einer authentischen oder vollständigen Version von *1001 Nacht* zu sprechen. Was es gibt, sind immer neue Überarbeitungen – aber eben kein Original.

Entsprechend unterschiedlich wird auch das Auftauchen fliegender Teppiche gedacht, die Wikipedia als *mythisches Fortbewegungsmittel* bezeichnet. Was das Aussehen angeht, handelt es sich um das, was man heute einen eher kleinen, durchschnittlichen Perser- oder Orientteppich nennt. Fliegende Teppiche sind meist unscheinbar. Sie sehen eher gebraucht und damit wenig spektakulär und anziehend aus. Tendentiell sind sie also eher hässlich als schön. Nur wer mit dem Herzen sieht und kauft, erkennt das wahre Innenleben eher mäßig aussehender Gebrauchsteppiche, die fliegen können. Daraus kann man zweierlei lernen. Erstens gibt es nicht nur einen, sondern viele fliegende Teppiche, die unterschiedlich aussehen. Zweitens braucht man das Herz eines kleinen Prinzen, um den Teppich wählen, kaufen und auf ihm fliegen zu können.

Im Falle von *1001 Nacht* ist der Prinz, der den Teppich kauft, schon älter als der kleine Prinz und schwer verliebt. Er heißt Hussein, ist der älteste von drei Brüdern (Ali der mittlere und Ahmed der jüngste) und kann sich nichts Schöneres auf der Welt vorstellen, als Nurunnihar zu heiraten, die Tochter des verstorbenen jüngeren Bruders seines Vaters, des Sultans von Indien. Das Problem ist, dass es ihm nicht anders geht als seinen beiden Brüdern, die ebenfalls unsterblich in die hübsche Nurunnihar verliebt sind, die der Sultan bereits als Kind in die Familie integriert hat. Der Sultan hatte die Tochter seines Bruders mit derselben Sorgfalt und Anhänglichkeit erzogen wie seine drei leiblichen Söhne. Aus dem Kind wurde nicht unbedingt zu seiner großen Freude eine schöne, von seinen drei Söhnen begehrte Frau, gesegnet *mit einer ausnehmenden Schönheit und allen nur erdenklichen Vollkommenheiten des Körpers vereinigt mit einem außerordentlichen Verstand und fleckenloser Tugend.* Der Sultan beschließt, dass seine drei Söhne zunächst einmal reisen sollen. Das könnte sie abkühlen. Er verhängt Kontaktsperre mit Nurunnihar und schickt *jeden allein und in ein anderes Land, so daß ihr nicht miteinander zusammentreffen könnt.* Sie sollen shoppen gehen und ihm, dem Sultan, etwas mitbringen. *Da ihr wisst, wie neugierig ich auf alles bin, was für selten und einzig in seiner Art gelten kann, so verspreche ich meine Nichte demjenigen, der mir die außerordentlichste und merkwürdigste Seltenheit mitbringen wird.* Am Ende bringt Prinz Ali, der mittlere der Brüder, ein Rohr mit, das *an jedem Ende ein Glas hat und man nur durch eines dieser Gläser zu sehen braucht, um sogleich alles zu erblicken, was man nur wünscht.* Damit bleibt das Objekt der Sehnsucht zwar in der Ferne. Immerhin kann man es aber sehen, wenn auch nicht berühren. Der jüngste, Prinz Ahmed, bringt einen Apfel mit wunderbarer Kraft mit: *es gibt keine tödliche Krankheit, anhaltendes Fieber, Fleckfieber, Seitenstechen, Pest, oder wie sie sonst heißen mögen, welche durch den Apfel nicht sogleich geheilt würde; ja, wenn einer schon in den letzten Zügen liegt, so gibt er ihm die Gesundheit auf der Stelle so vollständig zurück, wie wenn er nie in seinem Leben krank gewesen wäre.*

Und der Älteste? Er findet als Erster etwas, von dem er sicher ist, dass es ihm die geliebte schöne Frau zuführen wird: einen fliegenden Teppich. Prinz Hussein reist drei Monate, durchquert öde Wüsten und überwindet steile Berge, bis er in Bisnagar ankommt, der Hauptstadt des gleichnamigen Königreiches. Er streift durch die Stadt, die Läden, die Souks voll bunter Leinentücher, Blumen, Seiden- und Brokatstoffe aus China und Persien, Porzellan aus Japan. Es gibt Juweliere, die kostbare Smaragde, Rubine, Diamanten und Saphire zum Kauf anbieten. Alles nichts für seinen Vater. Das kennt er. Hussein wird ein wenig müde, nachdem er sämtliche Straßen des Stadtviertels der Kaufleute durchwandert hat. Er spricht einen Kaufmann an, der ihn in seinen Laden führt und einlädt, sich dort zu setzen und etwas zu trinken. Hussein sitzt noch nicht lange, da sieht er einen anderen Kaufmann vorüberziehen, der für 30 Beutel – die Umrechnung über Francs in Euro erscheint mir etwas dubios, sagen wir einfach: für viel Geld – einen Teppich zum Kauf anbietet. Der Teppich kommt dem Prinzen *nicht bloß wegen seiner Kleinheit, sondern auch wegen seines sonstigen geringen Aussehens viel zu teuer vor.* Neugierig geworden, spricht er den Händler an. So viel Geld für einen eher miesen Teppich? Warum? Der Händler sagt ihm daraufhin, dass er Order habe, den Preis noch auf 40 Beutel zu steigern. Und er werde sich wundern. Also müsse der Teppich eine besondere Eigenschaft haben, die ihm den Wert verleihe, will der Prinz wissen. Erraten, sagte der Kaufmann. *Man braucht sich nur auf diesen Teppich zu setzen, um überall hin, wo man nur wünscht, versetzt zu werden, und daß man augenblicklich an dem gewünschten Ort ist, ohne daß irgendein Hindernis in den Weg kommt.* Die Wirkung war entsprechend. Es wäre etwa so, als wenn man um 1900 jemandem gesagt hätte, dass er mit Hilfe des Internet nicht nur blitzschnell ein Buch ordern könne, das morgen in seinem Briefkasten liege, sondern auch mit Freunden aus den USA augenblicklich, ohne Verzögerung via Skype sprechen und sie sogar sehen und gesehen werden könne. In seinem Roman *Die Eifersüchtigen* schreibt Sándor Márai: *Die Menschen sind einsam und haben Sehnsüchte. Der gute Kaufmann füllt diese Einsamkeit mit Gebrauchsgegenständen, Luxus, Träumereien und Pflichten. Ich brauche Verkäufer ... die das Mangelgefühl der Menschen erspüren können.*

Der Prinz, auf der Suche nach etwas, das ihm hilft, der Erfüllung seiner Sehnsucht näher zu kommen, ist vom Kaufmann in Bann gezogen. Er scheint zu haben, was er braucht. Die Frage ist, ob es sein Versprechen hält. Der Prinz muss selbst ausprobieren, was es mit dem Teppich auf sich hat. Ein Gebrauchtwagen, schnell wie ein Porsche, schneller sogar – und doch derart angebeult und überholt? Indische Prinzen sind Empiriker. Teppiche wie diese wollen sie selbst ausprobieren. Also gehen sie zurück in den Kaufladen. *Sie entrollten also den Teppich in der Hinterstube des Kaufmanns. Kaum hatten sie sich auf ihn gesetzt und gewünscht, wohin er fliegen soll, befanden sie sich bereits im Zimmer des Prinzen, ohne daß sich ihre Stellung verändert hätte. Hussein bezahlte die verlangte Summe und schenkte dem Mann noch zwanzig Goldstücke zusätzlich. Er war nämlich sehr froh, gleich nach seiner Ankunft in Bisnagar ein so seltenes Stück erstanden zu haben. Nicht im mindesten zweifelte er daran, mit diesem Teppich die Hand der Prinzessin Nurunnihar zu gewinnen, weil er sich nicht vorstellen konnte, daß einer seiner Brüder etwas ähnlich Kostbares auftreiben werde.*

Erstaunlich ist erstens, dass ein Teppich für mehrere Personen reicht. Zweitens, dass die Wirkung wirklich augenblicklich einsetzt und man drittens anders als im Fall der Bundesbahn ohne Verzögerung genau an den Ort gelangt, den man erreichen will. Ohne Umsteigen, ohne Sonderticket. Es bedurfte keiner besonderen weiteren Zeugnisse mehr für die Kraft des Teppichs, wird in der Geschichte erzählt. Der Prinz sieht, macht seine Erfahrungen und kauft. Die Geschichte geht übrigens in die nächste Phase über, als die drei Brüder sich treffen, mit Hilfe des Rohres feststellen, dass Nurunnihar schwer erkrankt ist, woraufhin sie mit dem Teppich augenblicklich an den Ort des Geschehens gelangen und sie mit Hilfe des Apfels heilen.

Damit alles gut wird, braucht es also mehr als einen Teppich. Man muss als erstes genau sehen, also wissen, wohin man will. Zweitens muss man dort hingelangen. Und man muss drittens, wenn man da ist, lange genug leben oder Leben schenken, damit es dort, am Ort der Sehnsucht, auch weiterhin gut bleibt. Ein Teppich hat seine Funktion also im Grunde nur in einem Zusammenspiel mit weiteren Kräften und Eigenschaften, die gemeinsam dazu dienen, Leben zu erhalten und in Fülle zu schenken. Dass die Geschichte an diesem Punkt erst ein vorläufiges Ende erreicht hat und es auf überraschende Weise weitergeht, und zwar über viele Seiten, ist vielleicht ein Grund, noch einmal *1001 Nacht* selbst zur Hand zu nehmen. Schließlich wirken auch gute Geschichten so, dass sie einen augenblicklich überall hinbringen können. Sie sind die fliegenden Teppiche für die, die nicht ins Kino gehen und keine 40 Beutel Gold haben, um sich einen echten fliegenden Teppich zu kaufen.

KAPITEL 3
MODERNE

*Ehe die Neuzeit anbrach, galt ein allgemeines Menschenbild, das dem
Menschen einen Platz in einer Ordnung anwies, in der er nicht an der
Spitze stand ... Eine säkulare Epoche ist eine, in der der Niedergang
aller über das menschliche Gedeihen hinausgehenden Ziele denkbar wird.
Besser gesagt: Dieser Niedergang gehört für sehr viele Menschen zum
Bereich der vorstellbaren Lebensweisen ... Daran können wir ermessen,
wie unerbittlich die Moderne uns in immer höherem Maße dazu gebracht
hat, uns selbst ausschließlich in der säkularen Zeit zu begreifen oder zu
imaginieren. Zum Teil ist das durch die mannigfaltigen Veränderungen zustande gekommen, die wir zusammengefasst als ›Entzauberung‹
bezeichnen.*

Charles Taylor (2009)

Jeder Diagnose der Moderne geht eine Frage voraus: die nach ihrer Definition. Was also ist die Moderne? Vieles spricht dafür, dass es sich um eine uneinheitliche und keineswegs klare Bezeichnung handelt. Es ist unklar, ob es *die* Moderne überhaupt gibt und sie eine epochal-einheitliche Struktur aufweist. Wäre es nicht besser, von Modern*en* statt von *einer* Moderne zu sprechen?

Ein bewährtes Standardverfahren zum Beseitigen definitorischer Unklarheiten besteht darin, das, was man vor sich hat, in viele kleinere und damit leichter zu bewältigende Einheiten zu unterteilen. Früher oder später, so die Hoffnung, wird es gelingen, die Ansammlung beschreibbarer Dinge und Prozesse in einer einzigen Theorie zusammenzusetzen. Doch dieses Verfahren klemmt. Ausgerechnet Aristoteles, einer der ersten und über Jahrhunderte bedeutendsten systematischen Beobachter der Natur, dessen Logik im Wesentlichen bis heute unverändert in Gebrauch ist, machte darauf aufmerksam, dass es schon unmöglich sei, klar zu sagen, was etwas so Alltägliches wie Leben ist. Es scheint, so Giorgio Agamben, dass auch in unserer Kultur Leben nach wie vor *dasjenige ist, was nicht definiert werden kann, aber gerade deswegen unablässig gegliedert und geteilt werden muss.* Warum bleibt ausgerechnet ein Begriff undefinierbar, der für unsere eigene Bestimmung derart zentrale Bedeutung hat? Aber vielleicht kommt es weniger auf Begriffe an als vielmehr auf den Versuch, all die Bedingungen zu erhellen, die dazu beigetragen haben, dass das, was *jetzt* ist, so wurde, wie es tatsächlich ist. Dies ist eine der zentralen Anliegen der Aufklärung: die Erhellung der Bedingung der Möglichkeit von etwas das ist. Doch was ist dieses *Jetzt*, das als modern bezeichnet wird? Der Soziologe Niklas Luhmann wies wiederholt darauf hin, dass wir über keine geeignete Sprache verfügen, um das zu beschreiben, was uns *jetzt* umgibt. Das, was ist, verschwimmt schnell mit der Vergangenheit und wird erst recht mit Blick auf die Zukunft schon nach kurzer Zeit unscharf und trübe.

Vieles spricht dafür, es beim Problem der Definition der Moderne mit dem Philosophen Kurt Flasch zu halten. *Wer historisch arbeitet, sei er Archäologe oder Shakespeareforscher, Landwirtschaftshistoriker oder Philosoph, sollte, meine ich, Fakten ermitteln, möglichst neue, ihren Zusammenhang zeigen und dessen Bedeutung erklären, nicht aber an der Definition von Schlagwörtern.* Was sind, abgesehen von den historischen Daten, die man anführen könnte, die entscheidenden Fakten, die die Moderne ausmachen? Was ist für ihre Struktur essentiell? Es gibt eine Reihe von einschlägigen Werken und Klassikern, die versuchen, diese Frage zu klären. An ihnen waren Soziologen, Historiker, Wissenschaftstheoretiker, Politologen und Fachleute aus vielen anderen Disziplinen wie Ideen- und Kulturgeschichte beteiligt. Ihre Überlegungen betreffen vieldiskutierte Prozesse wie die Entwicklung und Dynamisierung der Säkularisierung, die Individualisierung, Pluralisierung und Globalisierung von Gesellschaft und Kultur sowie die Entwicklung von Wissenschaft, Technik und ökonomischen Produktionsweisen, die man am ehesten als kapitalistisch wird bezeichnen können. All diese Teilprozesse mit ihrer jeweiligen individuellen Geschichte sind dennoch aufeinander bezogen, so dass die eine Entwicklung nicht ohne die andere betrachtet werden kann. Die Grenzziehungen zwischen den Disziplinen und den Strukturen, die sie untersuchen, sind oft willkürlich. In Wahrheit verlaufen die Grenzen weitaus kurvenreicher, als es in den gradlinigen Begriffsbestimmungen erscheint. Typisch für die Entwicklung sind Kreisläufe und Rückkopplungsmechanismen. Der steigende Verbrauch von Konsumgütern, die mit Hilfe von komplexen, ihrerseits vernetzten Technologien hergestellt werden, führt beispielsweise zu einer weltweiten Verknappung von Ressourcen. Diese hofft man, auch das ein essentielles Kennzeichen der Moderne, mit Hilfe einer weiter zunehmenden Technisierung und Digitalisierung der Welt, d. h. mittels optimierter Ausbeute dessen, was übrig geblieben ist, zu kompensieren. Doch gerade durch die Digitalisierung und Mechanisierung der Arbeit ergibt sich eine Reihe von Folgeproblemen, die nicht selten der Grund für kriegerische Auseinandersetzungen darstellen. Es zeichnet sich ab, dass es in diesen Auseinandersetzungen vielleicht anders als in den letzten großen Kriegen in Europa um das unmittelbare Überleben geht, d. h. um den Zugang zu Wasser, Nahrung und Rohstoffen. Diese primären Bedürfnisse werden überzogen mit weiteren Problemkonstellationen wie religiösen, kulturellen oder politischen Fragestellungen, die ihrerseits die Wahrnehmung der Primärkonflikte verändern.

Ein weiteres kommt hinzu: Die Auswirkungen der Kriege und der unmittelbar durch Menschen verursachten Katastrophen sind ebenso Gegenstand einer global fortschreitenden Medialisierung wie die natürlichen Katastrophen, zu denen Dürren oder Erdbeben gehören. Elektronische Medien, allen voran das Internet, verbreiten Nachrichten und Schein-Nachrichten mit einer Geschwindigkeit, die für den Einzelnen weder zu erfassen noch zu unterscheiden ist. Andererseits entzieht sich tatsächliches Wissen, das zur Verfügung steht und hilfreich wäre, allein aus Zeitmangel und einer Begrenzung der individuellen, aber auch kollektiven Aufmerksamkeit dem Zugriff. Allein die Digitalisierung der Welt hat, nicht nur in den Medien, in einem exponentiell zunehmenden Maße zur fundamentalen Veränderung der Lebenssituation vieler Menschen auf allen Kontinenten geführt.

Was also soll unter Moderne in diesem Buch verstanden werden? Ich schlage vor, es in diesem Kapitel zunächst mit einer ersten Annäherung zu versuchen. Daran schließt sich eine gründlichere Analyse der kognitiven Dimension der Moderne an – genauer ihres Verständnisses von Erkenntnis, Wissen und Begründungen. Auch wenn es schwer sein sollte, all das, was die Moderne ist (und folglich auch das, was sie *nicht* ist), in *einer* Definition zu erfassen, schlage ich vor, die Moderne als eine epochale Struktur gesteigerter Geschwindigkeit, gesteigerter Komplexität, gesteigerter Vielfalt und Widersprüchlichkeit zu verstehen. Bildhaft gesprochen: Das, was die Moderne ausmacht, ist eine hochkomplexe, verwickelte Struktur, die sich aus einer Vielzahl einzelner Elemente zusammensetzt. Darin ähnelt die Moderne einem Teppich – einem Gewebe aus unterschiedlichen Textilien und Farben, das an unterschiedlichen Stellen des Teppichs unterschiedliche Muster hervorbringt. Eines der dominanteren Muster ist die sich immer weiter ausdifferenzierende Technisierung und die Dominanz der Wissenschaften im Alltagsleben. All dies hat Folgen für die Art und Weise, wie Menschen sich selbst und ihre Geschichte beschreiben. Zu diesen Geschichten gehört es, die eigene Zukunft oder zumindest das Versprechen auf eine solche Zukunft mitzudenken. Diese Dynamik der Steigerung lässt sich in vielen unterschiedlichen Lebensbereichen nachweisen.

Ist damit die Frage, was Moderne ist, beantwortet? Nach wie vor bleibt unklar, wie die Finanzkrise, die Auswirkungen globaler wirtschaftlicher und klimatischer Veränderungen, religiöse Auseinandersetzungen und der internationale Terrorismus sich zueinander verhalten. Je nachdem, wen man fragt, erhält man unterschiedliche Antworten. Eine jedoch scheint dominant zu sein: All das sei *schrecklich komplex*. Ich werde später noch auf den Unterschied zwischen Komplexität und Kompliziertheit zu sprechen kommen. Was gemeint ist, ist ungefähr das Folgende: Alles scheint mit allem zusammenzuhängen – und sich dabei durch Rückkopplungen, Resonanzen und Wechselwirkungen zu dynamisieren und zu steigern. Komplex sind Systeme mit vielen Elementen, die miteinander in Beziehung stehen. Dabei kommt es häufig zu chaotischen, unvorhersehbaren Effekten, die ihrerseits zur Entwicklung neuer Strukturen führen. Die Wechselwirkungen zwischen den einzelnen Elementen folgen dabei keinem einfachen Input-Output-Schema, sondern ähneln vielmehr den exponentiellen und unvorhersehbaren Wachstumsprozessen, die aus der Evolutionsbiologie oder Epidemiologie bekannt sind. Als erstes Fazit lässt sich festhalten, dass die Moderne eine Struktur innerer Vielfältigkeit, aber auch Zerrissenheit aufweist. Insofern stellt die Komplexität uns vor schwerwiegende Probleme: Sie ist ein Hindernis erster Ordnung für das Verstehen, aber auch ein Hindernis zweiter Ordnung, wenn es darum geht, langfristig und nachhaltig Prozesse zu steuern. Diese Schwierigkeiten rufen die Vereinfacher und Populisten auf den Plan, deren große Zeit nicht nur in den Medien gekommen ist. In ihrer Version ist die Welt einfach, und die Zusammenhänge sind klar. Es würde Populisten nicht schwerfallen zu sagen, was Moderne ist. Bei genauerem Hinsehen zeigt sich jedoch, wie unklar auch in ihren Beschreibungen die genauen Beziehungen sind, die etwa zwischen den weltweit produzierten Dingen, den Wegen, die sie zurücklegen, zwischen Geld, Konsum, Reichtum und Armut, Aktienmarkt und Rohstoffen bestehen und sich in der vielfältigen Kommunikation zwischen den Menschen spiegeln.

Wissenschaftlich gesehen, hat die Verbundenheit aller Dinge vom ersten Anfang bis zur Moderne und über sie hinaus einen einfachen Grund: das Ereignis, dem sich die Entstehung von Materie, Energie und später auch Raum und Zeit verdankt. Doch was macht diese Singularität, meist Urknall genannt, aus? Auf einer sehr abstrakten Ebene der Beschreibung ist alles aus diesem Ereignis hervorgegangen: ferne Zwillingssterne ebenso wie unsere Sonne, der Regenbogen über dem Meer, der Käfer auf einem Blatt, das sich im Wind wiegt, der Nachbar, der sein Auto aus der Garage holt, während sein Telefon klingelt. Die Verbundenheit aller Dinge rückt sie aus dieser Perspektive trotz der Widersprüche zusammen und lässt sie als ein einheitliches Gewebe erscheinen – wie einen Teppich, dessen Muster allen seltsam vertraut vorkommt. Doch was ist damit gewonnen, dass sich von jedem Punkt der Entwicklung zahlreiche Verbindungslinien zu anderen ziehen und bis ins Heute verlängern lassen?

Eine eindrucksvolle Beschreibung solcher Verbindungslinien im Alltag der Moderne zeichnete Jean Baudrillard mit seiner Beschreibung des Blicks auf das nächtlich glitzernde Straßennetz von Los Angeles, das sich von den Hügeln des Mullholland Drive aus in unglaublicher Breite Richtung Ozean erstreckt. Ebenso wie es unmöglich ist, alle Autos, alle Bewegungen auf den Straßen, alle Farben der Ampeln mit einem Blick zu erfassen, so ist es auch unmöglich, gleichzeitig alle Beziehungen dessen zu verstehen, was man gerade vor Augen hat. So vielfältig und vielversprechend die Möglichkeiten auch sein mögen, die sich dem modernen Menschen in einer globalisierten Welt von jedem Punkt des Geflechts der Beziehungen, Prozessen und Dingen aus bieten mögen (was nicht ausschließt, dass darunter auch Orte ohne jede Möglichkeit, ohne Zukunft existieren), so unmöglich ist es doch, sie alle zu überblicken oder sie auf eine übersichtliche Weise darzustellen. Diese Unmöglichkeit des Wissens macht das Irritierende der Komplexität aus.

Abb. 6: »Der Mönch am Meer« von Caspar David Friedrich, 1808–1810, Alte Nationalgalerie Berlin.

Eine weitere, ikonische und sehr frühe Vision der Moderne stellt Caspar David Friedrichs Bild vom einsamen Mönch am Meer dar.

Er steht weit vorne am äußersten Rand des Festlandes, den Blick auf das vor ihm liegende, tosende Meer gerichtet. Er steht gewissermaßen am Rande der kommenden Zeit, nur einen Augenblick von der Zukunft entfernt, deren Wellen jeden Moment auf den Strand schlagen, während der Wind über Wasser und Land peitscht. Geschützt wird er allein durch eine Kutte, die ihn mit einem Relikt aus einer längst vergangenen Zeit bekleidet. Was ihn noch schützt ist das, was er mitgebracht hat – seine Vergangenheit.

Auch der moderne Mensch steht dort, wo es brandet und sich das Chaos einer Zukunft abzeichnet, die jeder Kontrolle und Ordnung zu entgleiten droht. Wie erschreckend diese Aussicht sein kann, erkennt man an den Mengen von Plutonium, die in Kernkraftanlagen täglich erzeugt werden. Aufgrund der Strahlungseigenschaften des radioaktiven Abfalls würde bei einer sicheren Lagerung von etwa 25 000 Jahren lediglich etwas mehr als die Hälfte des Mülls »abgebaut« sein. Wenn die Menschen also zur Zeit, als die Venus von Willendorf entstand, Steinzeitmenschen, am Meer gestanden und beschlossen hätten, in Fukushima Atomreaktoren zu bauen, dann wäre heute erst die Hälfte all ihres in der Altsteinzeit produzierten Plutoniums zerfallen. Man kann annehmen, dass wir unsere Vorfahren nicht gerade lieben würden für ihre Hinterlassenschaft. Und doch handeln wir jeden Tag genau so. Warum dies so ist – dieser Frage ist u. a. Roger Willemsen in seinem letzten Buch *Wer wir waren* nachgegangen, in dem er unsere Gegenwart als Vergangenheit einer Zukunft beschreibt, in der wir selbst uns mit Blick auf unsere Vergangenheit bereits befinden. Um in Zukunft wirklich sicherzugehen, raten heutige Experten für nukleare Endlagerstätten zu einer sicheren Lagerung der Abfälle von 250 000 Jahren. Die derzeit weltweit rund 430 Reaktoren, die in Betrieb sind, produzieren eine Erblast, mit der folglich noch 6000 Generationen, die nach uns kommen, leben müssen. Es gab in der gesamten Geschichte der Menschheit jedoch kein einziges auch nur ansatzweise vergleichbares Projekt, das derart langfristig angelegt war. Wer sich die Komplexität einer sicheren Verwahrung von Atommüll über 6000 Generationen vorstellen will, sollte sich nur einmal kurz vor Augen halten, dass es dazu einer digitalisierten Infrastruktur bedarf. Doch heute schon sind nur noch Experten in der Lage, mit den noch nicht einmal 30 Jahre alten Betriebssystemen wie MSDOS umzugehen. Es fällt schwer, den skurrilen Träumen der Daueroptimisten aus dem Silicon Valley zu glauben angesichts der banalen Tatsache, dass man heute mit jeder 5.25" Diskette aufgeschmissen ist – und mag sie noch so wertvolle Programme oder Informationen beinhalten.

Um ein Zwischenfazit zu ziehen: Die Moderne erscheint

bisher als eine lockere, aber komplexe Melange durchaus unterschiedlicher Positionen und Prozesse, die zuweilen in der Chronologie gegeneinander verschoben sind und asynchron zueinander verlaufen. Im Grunde gibt es alles zeitgleich – so wie man im selben Land Vertreter einer modernen, molekularen Evolutionstheorie trifft, aber auch Menschen, die der Überzeugung sind, die Welt sei gerade ein paar tausend Jahre alt und sicher nicht älter. Die Prozesse, die man als Modernisierung der Welt bezeichnen könnte, verlaufen in unterschiedlichen Ländern unterschiedlich schnell – und sie laufen vielfach auch gegeneinander. Noch vor wenigen Jahren galt als ausgemacht, dass ein liberaler Wirtschaftskurs in Ländern wie China geradezu automatisch zur Demokratisierung führen würde, vorausgesetzt, man erlaube wirklich freien Handel. Inzwischen ist deutlich geworden, dass das eine mit dem anderen nur peripher zusammenhängt und sich durch Sonderzonen das eine sehr gut vom anderen abgrenzen lässt. Was werden wird? Es ist heute unklarer denn je.

Unklar ist auch, ob man die Prozesse der Modernisierung insgesamt als ein Geschehen der positiven Subtraktion, des Ablegens von Irrtümern und Illusionen interpretieren kann. Zwar gibt es ein Überangebot an Information, das geeignet wäre, Illusionen abzubauen; doch es geht einher mit einer nicht minder großen Desorientierung. Und doch gibt es Lichtblicke. Der Philosoph Charles Taylor, ein Spezialist für die Untersuchung von Aufklärung, Moderne und Säkularisierung, weist darauf hin, dass die Befreiung von Illusionen und die Lösung des Menschen aus früheren Horizonten durchaus hier und da gelinge. Und doch erklären diese Prozesse der Aufklärung nicht wirklich, was sich im Zentrum der Moderne abspielt: ein Prozess der radikalen Transformation, der mit dem Einbruch völlig neuer Ideen und Vorstellungen einhergeht, die zum Teil das Ergebnis einer Reihe neuer Erfindungen sind. All diese Prozesse haben einen neuen Rahmen für Lebensmöglichkeiten geschaffen. Neu ist auch der Versuch, die durch Technik entstandenen Dinge zu ent-substantialisieren und zu ent-dinglichen. Ein Ding kann heute über Glasfaserkabel verschickt und an einem anderen Ort ausgedruckt werden. Das Materielle wird transformiert in eine Wolke von Daten, eine Cloud, aus der heraus Funktionen und Dinge sich wieder materialisieren. Zur Moderne in der gegenwärtigen Form gehört der Glaube, dass sich alles Materielle am Ende zu Daten machen, und als Daten erfassen lässt. Die Welt ist ein ent-realisiertes Gewebe aus Informationen.

Paradoxerweise machen die Prozesse der Digitalisierung etwa der Medien auch vor rückschrittlichsten Strömungen wie dem sogenannten Islamischen Staat (sogenannt weil er kein Staat, sondern eine Terrorbewegung ist, die auf die Errichtung eines weltweiten Kalifates zielt) nicht halt. Mittelalterliche Sozialstrukturen, etwa mit Blick auf das Verhältnis von Männern und Frauen, verbinden sich mit global verfügbaren Technologien wie dem sozialen Netz, modernen Fernsehproduktionstechniken, Computersoftware sowie dem weltweiten Finanz-, Bank- und Handelssystem. Der islamistische Terror des IS ist der Albtraum einer sich entmaterialisierenden Moderne, die, wie Byung-Chul Han herausgearbeitet hat, auf unterschiedlichste Weisen Widerstand weckt. Viele sich unterlegen fühlende Gruppen, darunter auch Rechtsradikale in Europa, träumen davon, der Übermacht des Globalen, das über sie hinwegfegt, mit Waffen und Gewalt zu begegnen. Für Byung-Chul Han ist es die Singularität des eigenen Lebens, mit der Terroristen der globalen Gleichheit begegnen: *Terrorismus ist der Terror des Singulären gegen den Terror des Globalen.* Dieser Terror zeigt sich in der Brutalität asymmetrischer Kriegführung und hybrider Kriege, die die klassische Unterscheidung zwischen einem herkömmlichen Krieg zwischen Staaten, Bürgerkriegen und Terrorismus zu Fall gebracht haben. Einzelne können, wie die beinahe täglichen Attentate im Irak, Afghanistan und Syrien zeigen, Hunderte von Menschen töten und, wie 2015 in Frankreich, Millionen von Menschen in den Ausnahmezustand versetzen. Der Wahlspruch von Al-Qaida lautet: *Ihr liebt das Leben, wir lieben den Tod.* Dieser Satz bringt den Willen zum Ausdruck, all das, was ein anderes Leben wäre, zu vernichten. Dieses andere Leben ist in den Augen der Terroristen der Tod. Man kann sich streiten über die Auswirkungen neoliberaler Marktwirtschaft, die Autoren wie Harald Welzer nicht zu Unrecht *Neofeudalismus* genannt haben. Fest steht, dass dem Reichtum der einen eine zunehmende Verarmung der anderen entgegensteht – weltweit. Der Gedanke liegt nahe, dass dieser Verlust der Lebensgrundlage einen Verlust der Alltagsrealität nach sich zieht, die dann ins Imaginäre verschoben und im Fiktiven kompensiert wird. Im realen Leben überlebt zumindest in den sogenannten industrialisierten Gesellschaften nur derjenige, der Zugang zu Geld hat – denn nur Geld findet den Anschluss an Geld. Während Arbeitskraft bis auf Ausnahmen kaum noch zu substantiellem Reichtum führt, erzeugen Einkünfte aus Kapital erheblich mehr Geld. Man braucht Geld, um schnell und stetig viel Geld zu machen.

Wie auch immer man die Zusammenhänge der unterschiedlichen Teilsysteme von Gesellschaften wie Technologie, Religion, Wirtschaft oder Politik sieht – unbezweifelbar ist, dass sie in komplexe und globale Kreisläufe eingebunden sind. In diesem Zusammenhang ist der Gedanke der Nachhaltigkeit entstanden im Sinne eines bewussten Umgangs mit den einzelnen Elementen und Ressourcen, die diesen Kreislauf bilden.

Der Begriff stammt ursprünglich von Hans Carl von Carlowitz und wurde 1713 in seinem Werk *Sylvicultura oeconomica* erstmals verwendet. Hatten Ägypter, Römer, Griechen und andere Völker Wälder erbarmungslos abgeholzt und damit weite Landstriche verwüstet, stand am Anfang der modernen Forstwirtschaft in Deutschland der Gedanke des nachhaltigen Forstens: Es sollte auf Dauer und im Ganzen nie mehr verbraucht und weggenommen werden, als nachwachsen kann. Nur so kann man das Holz und die Bedingungen seines Entstehens nach-halten. Denn jedes Handeln hat Nebenwirkungen und Folgen, die sich an einer völlig unerwarteten Stelle zeigen können. Der Grund dafür hängt mit der komplexen Vernetzung aller Dinge zusammen. Tatsächlich liegt es im temporeichen Wesen der Moderne, ihrer besten eigenen Einsicht zu widersprechen: dass kleine, damit aber überprüfbare und notfalls korrigierbare Schritte die beste Strategie der Veränderung darstellen. Gerade die vielen nichtnachhaltigen Entwicklungen der Moderne haben gezeigt, wie notwendig es wäre, die vorherrschende lineare Denkweise zu ändern, weil sie ungeeignet ist, komplexe Systeme zu verstehen und zu steuern. Seit Jahren schon weisen Wissenschaftler unterschiedlichster Disziplinen darauf hin, dass wir (und damit sind vor allem die Bewohner der westlichen Länder einschließlich Kanada, der USA, Japan und Teilen Lateinamerikas gemeint) so leben, als hätten wir zur Nutzung eine zweite oder gar dritte Erde zur Verfügung. Dennoch führt das kollektive Verhalten lediglich zu zaghaften politischen Bemühungen, Klimakatastrophen oder die schrecklichen Lebensverhältnisse von Millionen Menschen zu verändern und, wie die weißrussische Literaturnobelpreisträgerin Swetlana Alexijewitsch es nennt, *unser Weltbild in Frage zu stellen.* Es lohnt ihr Buch *Eine Chronik der Zukunft* zu lesen, um zu verstehen, wie absurd die Idee der Berechnung eines Restrisikos ist. Man versteht, wie durch solche Ideen, von denen nicht wenige aus der Spieltheorie stammen, die Gegenwart tatsächlich ihre Zukunft verspielt. *Eine Chronik der Zukunft* handelt von Tschernobyl: von der verstrahlten Erde, von Kindern, Lehrern, einer Konditorin, Umsiedlern, Historikern, Psychologen und den Feuerwehrmännern und Liquidatoren, jenen Männern, die zuerst vor Ort waren und danach, um den Sarkophag zu bauen. Swetlana Alexijewitsch lässt die Frau eines der ersten Feuerwehrleute zu Wort kommen, dessen qualvollen Tod sie schildert. *Wir wohnten in der Nähe des Atomkraftwerks Tschernobyl. Ich hab als Konditorin gearbeitet, Süßes gebacken. Mein Mann war bei der Feuerwehr. Wir hatten gerade geheiratet, gingen sogar zum Einkaufen Hand in Hand. An dem Tag, als der Reaktor explodierte, hatte mein Mann Dienst bei der Feuerwehr. Sie fuhren in ihren Hemden zum Einsatz, in ihren Alltagssachen; da war eine Explosion im Atomkraftwerk, und sie bekamen nicht mal Schutzkleidung. So haben wir gelebt.*

Unter den vielen Definitionen der Moderne sticht eine heraus, die aktuell in der Wissenschaft diskutiert wird. Sie stammt aus der Geologie und ist im Fach selbst nicht unumstritten. Sie hat jedoch den Vorteil, ein Licht auf komplexe Entwicklungen und ihre leicht zu übersehenden Folgen zu werfen, die so kennzeichnend für die Moderne sind. Nobelpreisträger Paul Crutzen machte 2002 auf nur einer Seite in *Nature* nachhaltig klar, was Moderne bedeutet: eine Veränderung der Natur und damit der Grundlage *allen* Lebens durch den Menschen. Er nannte diesen Eingriff in seinem Artikel *Geology of Mankind* das Anthropozän. Während der letzten drei Jahrhunderte, so Crutzen, sind die unmittelbaren Auswirkungen menschlichen Handelns auf die Umwelt eskaliert. Dies ist insbesondere eine Folge der Emission von Kohlendioxid. Als geologische Epoche folgt das Anthropozän dem Holozän, das vor 11 700 Jahren mit dem Einsetzen der gegenwärtigen Zwischeneiszeit begann und eine wärmere, über 10−12 Jahrtausende hinweg anhaltende Periode einleitete. Das Anthropozän habe, so Crutzen, Ende des 18. Jahrhunderts begonnen. Diese Periode ist eindeutig markiert durch den Nachweis einer steigenden Konzentration von CO_2 und vor Methan im Polareis. Die Verbrennung fossiler Stoffe führte zu einer Zunahme von CO_2 von 30 Prozent und von Methan um 100 Prozent. Diese Werte erreichen damit die höchste Konzentration in den letzten 400 000 Jahren.

Zu Recht wurde darauf aufmerksam gemacht, dass die Behauptung eines Anthropozäns geologisch problematisch sei. Zwar lässt sich zweifellos ein Anstieg der Wirkung humaner Faktoren um 1800 feststellen: Doch es bleibt die Frage, ob das Anthropozän für kommende Generationen von Forschern tatsächlich eine *stoffliche, chronostratigraphische Einheit und Serie* ist, wie der Geologe und Paläontologe Jan Zalasiewicz von der University of Leicester es formuliert. Solch eine Serie bestünde aus *Sand, Schlamm, Kies und Torf, die sich im Anthropozän gebildet haben, also auch aus den Beton- und Ziegelbauten der Städte, Straßen und Bahngleise. Und sie würde auch die Autos und Züge einschließen, die darauf fuhren, ebenso wie die Knochen der Menschen, die diese Gerätschaften lenken.*

Und dennoch sind die Auswirkungen der sogenannten *Great Acceleration*, einer großen, zunehmenden weltweiten Beschleunigung umweltzerstörender Faktoren klar erkennbar. Faktisch wird das moderne Leben heute durch insgesamt fünf große Kräfte bestimmt: Demographie und Bevölkerungszuwachs, Ressourcenverbrauch, Globalisierung, Klimawandel und Technik. Was mit Beschleunigung gemeint ist, sieht man schnell, wenn man sich folgende Tabelle anschaut, die die Zahl der weltweit lebenden Menschen verbindet mit dem Zeitpunkt, zu dem diese Zahl erreicht war:

1 Million	–	um 12 000 v. Chr. mit Beginn des Ackerbaus
1 Milliarde	–	um 1800
2 Milliarden	–	um 1930
3 Milliarden	–	um 1960
4 Milliarden	–	1975
5 Milliarden	–	1987
6 Milliarden	–	1999
7 Milliarden	–	2014

In einem Zeitraum von etwas mehr als 200 Jahren (von 1800 bis 2000) hat die Menschheit um rund sechs Milliarden Menschen zugenommen und sich in einem Zeitraum von nicht einmal 100 Jahren nahezu vervierfacht. Seit 1930 sind alleine fünf Milliarden Menschen hinzugekommen. Armin Reller, einer der internationalen Pioniere des sogenannten Ressourcenmanagements schreibt in dem Buch *Ressourcenstrategien*: In den letzten 100 Jahren haben *die Wirtschaft um das 14fache und der Energieverbrauch um das 16fache zugenommen, während die industrielle Produktion sogar um den Faktor 40 gewachsen ist. Zugleich wurden aber auch am Ende des Jahrhunderts 13 mal mehr Kohlendioxid in die Atmosphäre ausgestoßen und neunmal mehr Wasser verbraucht als zu seinem Beginn.* Genau das ist mit großer Beschleunigung gemeint.

Die meisten Menschen, die in den letzten Jahrzehnten geboren wurden, leben inzwischen in Städten. Dabei hält die bislang überwiegende Landbevölkerung zunehmend Kurs auf die großen, schnell wachsenden Städte, deren Bewohner seit 2008 in der Mehrzahl sind. Was das bedeutet und wie die Folgen sind, zeigte eindrucksvoll Doug Saunders in seinem Buch *Arrival City*. Die reinen Zahlen sind längst bekannt. Das Leben in den Super-Metropolen wie Kairo, São Paulo, Nairobi, Chongqing, Dhaka, aber auch Teheran, Mexico

City oder Lagos funktioniert nur am Rande des Zusammenbruchs. Selbst Paris oder Berlin haben wachsende Probleme. Unbestritten ist, dass derzeit auf unserem blauen Planeten die größte Wanderbewegung von Menschen seit Jahrhunderten stattfindet. Wanderbewegungen dieser Art hat es nicht nur seit dem Exodus aus Afrika gegeben. Tatsächlich sind alle Menschen, genetisch betrachtet, Ursprungs-Afrikaner. Ihre Heimat ist, genetisch betrachtet, trotz aller Unterschiede in Hautfarbe oder Lebensweise ein und dieselbe: Afrika. Gruppen, die als Völker, Nationen oder Rassen gelten (ein mit Blick auf die Biologie des Menschen sinnloser, häufig missbrauchter Begriff), sind nur mehr oder minder späte Nachfahren der Auswanderer, die einst Afrika verließen. Viele der großen geschichtlichen Veränderungen verdanken sich den späteren Wanderbewegungen insbesondere von den östlichen Rändern Europas her ins Zentrum. Von der heutigen Bewegung, die vom Land in die Städte führt und bislang kaum sogenannte Klimaflüchtlinge berücksichtigt, sind anders als damals jedoch weltweit rund 2,5 Milliarden Menschen betroffen. Manche Wissenschaftler sprechen sogar von einer deutlich größeren Zahl Betroffener, zu denen in absehbarer Zeit die ersten Opfer der Klimakatastrophe hinzukommen werden. Der unaufhaltsame Drang der Landbevölkerung in die großen Städte wird absehbar deren Organisation, Versorgungsstruktur und Lebensformen grundlegend verändern.

Die Fluchtbewegungen, die derzeit Europa erschüttern und zu einem ungeahnten Rechtsruck und einer ernstzunehmenden Belastung der Demokratie in der EU-Zone führten, sind einer Vielzahl von Ursachen geschuldet, nicht nur den Kriegen in Syrien, Irak und Afghanistan. Und doch gibt es ernstzunehmende Beobachter aus Militärkreisen, die hinter verschlossenen Türen sagen, dass die militärischen Einsätze in Afghanistan, dem Irak und Syrien lediglich eine Art Testfall für den eigentlichen Ernstfall seien, der kommen werde und dann auch die USA erreichen und in Mitleidenschaft ziehen würde. Gemeint sind damit die gigantischen Wanderbewegungen infolge veränderter Klimabedingungen, Erschöpfung von Ressourcen und insbesondere von Wassermangel. All das hat längst eingesetzt und wird sich vermutlich Ende des Jahrhunderts voll auszuwirken beginnen. Verschwörungstheorien? Vielleicht. Gerade um das zu klären ist es vernünftig, genau zu analysieren, was es bedeutet, wenn der größte Teil der Bewohner eines Kontinentes fliehen muss, weil das Land aufgrund von Hochwasser, Flutwellen, Wirbelstürmen, Wassermangel und sturzflutartigem Regen (denn beides wird es parallel geben) unbewohnbar wird.

Auch das gehört zur Bestimmung der Moderne. Bereits Mitte des Jahrhunderts wird der größte Teil der Weltbevölkerung, etwa 6,4 Milliarden Menschen, in Städten leben. Allein in China gibt es derzeit über 120 Millionenstädte, deren Namen und deren Probleme in der Regel in Europa und den USA nicht einmal ansatzweise bekannt sind. Derzeitige Schätzungen besagen, dass es 2050 allein in China 218 und in Indien Mitte des Jahrhunderts 176 Millionenstädte geben wird. Weltweit werden es dann rund 650 sein! All das bei einer steigenden Automobilproduktion beispielsweise in China, wo derzeit über 18 Millionen Fahrzeuge pro Jahr produziert werden.

Die wenigen Zahlen, die sich durch Entwicklungen aus anderen Bereichen, etwa dem Rohstoffmarkt, ergänzen ließen, sollen deutlich machen, dass den derzeitigen Entwicklungen erstens keine lineare, sondern eine exponentielle Dynamik zugrunde liegt. Aus Studien auf dem Feld der kognitiven und der Wahrnehmungspsychologie weiß man, dass Menschen mit komplexen, exponentiellen Entwicklungen langfristig kaum umgehen können. Sie unterschätzen systematisch die zunächst unterschwellig ansteigenden Nebenwir-

Abb. 7: Künstliche aufgeschüttete und bewohnte Düne vor Lagos mit 15 Millionen Einwohnern.

kungen, zumal sich viele Veränderungen langsam und in den letzten Generationen oft nicht einmal innerhalb einer Lebenszeit und deshalb weitgehend unbemerkt vollziehen – bis ein System kippt. Dann geht alles sehr schnell. Die Blindheit gegenüber Veränderungen, die mit der Dynamik komplexer Netzwerke und interagierender Systeme zusammenhängen, kann fatale Folgen haben. Die angeführten Zahlen machen aber auch klar, dass von bestimmten Kipppunkten aus qualitative und zunehmend schnellere Veränderungen zu erwarten sind. Diese häufig beobachteten Effekte sind Teil des Gesamtsystems der *Great Acceleration*. Solche Dynamiken sind emergent und beruhen auf chaotischen Prozessen der Selbstorganisation, die ab einem gewissen Punkt auch ohne weiteres Zutun des Menschen ablaufen und zu Systemeigenschaften führen, die sich prinzipiell nicht mehr voraussagen lassen, gleich, welche Mittel man auch immer aufzubieten versucht.

Eigentlich ist klar, dass diese und andere Probleme nicht länger verdrängt werden sollten. Bedeutet nicht modern zu sein gerade offen zu sein, Entwicklungen unvoreingenommen und nüchtern zu beobachten und dann verantwortlich und nachhaltig zu handeln? Von einer solchen Vorgehensweise hängen das Leben und die Lebensqualität von Milliarden Menschen ab. Die Moderne lässt sich daher auch verstehen als ein Versprechen, dass es allen bessergehen könnte und deshalb, durch den umsichtigen und nachhaltigen Einsatz von Vernunft, Wissenschaft und Technik, auch bessergehen wird. Doch das Leben, das wir faktisch führen, hat keineswegs einen sicheren Boden.

Adornos und Horkheimers *Dialektik der Aufklärung* hatte bereits vor dem Ende des Zweiten Weltkrieges zeigen können, wie sehr die Moderne unaufgeklärt ist und sich in ihr Gegenteil verkehrt hat. Aufklärung wurde zu einer neuen Mythologie, deren durchorganisierte *Herrschaftsmaschine* nicht nur zu einer Verkümmerung der Phantasie und *Verblendung der Massen* führte, sondern auch zu einer totalitären Herrschaft im Dienst einer instrumentellen Vernunft. Es verhält sich daher mit dem Leben in der Moderne insbesondere an ihren Rändern wie mit dem Bild von Lagos: Wir leben auf einer künstlich aufgeschütteten Düne, rechts und links von Wasser umgeben. Sicher ist dieser Boden nur, wenn der Wasserspiegel nicht steigt. Aufgrund der globalen Veränderungen, zu denen auch der Terrorismus gehört, wird in Zukunft eine noch größere, noch kosten-, menschen- und rohstoffintensivere, das heißt verbrauchende Politik der Sicherheit eine Rolle spielen. Es wird darum gehen, sichere Zonen zu garantieren, in denen Menschen geschützt vor Umweltkatastrophen und sicher vor anderen Menschen leben können. Wenn Menschen überhaupt sicher sein können, wird das Versprechen lauten, dann eben in solchen überwachten und geschützten Enklaven, den abgeschotteten Inseln der Sicherheit. Für die Mehrheit der Menschen wird das ein Traum bleiben. Allein aufgrund ihrer Bildung, ihrer Arbeits- und Einkommensmöglichkeiten wird es ihnen nicht möglich sein, wie reiche und gut zahlende Familien in *Gated Communities* sicher zu leben. Die wenigsten Bewohner einer Megacity werden sich einen Sicherheitsdienst oder ein gepanzertes Fahrzeug leisten können – und erst recht, wie die Reichen in Rio de Janeiro, keinen Privathubschrauber zur Verfügung haben, um *safe* zur Arbeit zu kommen oder ihre Kinder sicher in den Kindergarten zu fliegen. Aus diesem Grund wird die Beschulung von Kindern zum Problem, nicht nur in Ländern wie Brasilien, Mexiko, Kolumbien, Peru oder Venezuela. Kidnapping ist in weiten Teilen auch demokratischer Länder Lateinamerikas längst zu einem der lukrativsten Wirtschaftszweige überhaupt geworden. Für die Drogenkartelle gehören die Einnahmen durch Kidnapping inzwischen zu den lukrativsten Finanzquellen, neben den üblichen wie Menschen-, Drogen- und Waffenhandel, Prostitution und Auftragsmorde.

So scheint die Moderne die Menschen mit ihren guten, zu einem großen Teil bis auf die amerikanische Verfassung und die Französische Revolution zurückgehenden Versprechen einer gerechteren, besseren Welt durch Aufklärung nicht nur allein zu lassen, sondern auch zu überfordern. Selbst in reichen Ländern ist das Versprechen guter Bildung für alle eine Illusion geblieben. Die sogenannte Inklusion ist für viele, gerade auch für an Bildung orientierte Eltern mit sogenanntem besserem Einkommen nach wie vor ein rotes Tuch. Sie wollen nicht, dass ihre eigenen, naturgemäß hochbegabten Kinder benachteiligt werden, nur weil anderen geholfen werden soll. Dass dieses Entweder-Oder eine falsche Alternative ist, zeigen funktionierende integrative Modelle. Und doch bleibt die Angst vieler, trotz eigener Anstrengung am Ende vor einem Scherbenhaufen zu stehen. Das Leben in der Moderne verbindet sich mit der Erfahrung einer Ohnmacht, deren Ursachen nicht klar benannt werden können, so vielfältig und disparat sind die Gründe.

Demgegenüber gelten die Wissenschaften und mit ihnen die Fähigkeit zur sicheren Erkenntnis als der eigentliche Schlüssel zur Moderne in all ihren Dimensionen. Daran geknüpft ist die Hoffnung auf ein besseres Leben durch mehr Wissen. Inzwischen ist aus der ursprünglichen Idee der Aufklärung als Ausgang aus einer selbstverschuldeten Unmündigkeit, als Beseitigung von Unwissen und Zweifeln mit dem Ziel größerer Bildung und Gerechtigkeit eine flächendeckende Bereitstellung von Informationen und Algorithmen geworden. Dabei geht es der ursprünglichen Idee der Aufklärung um mehr als Wissen und Information. Entscheidender ist, dass die Moderne in erster Linie ein kritisches Reflexionsprodukt ist, wie Markus Gabriel betont. Das Ergebnis dieser Reflexion – die Anwendung eines Verfahrens auf sich selbst – soll Wissen und Handeln realitätsfest und robuster machen. Aber verlangt nicht die Idee, dass man das Leben vieler Menschen planbarer, sicherer und besser machen könne, einen sicheren Ausgangspunkt, auf dem man aufbauen kann? In vielerlei Hinsicht sind die heutigen, industriell organisierten Bereiche von Wissenschaft und Technik in modernen Gesellschaften nichts anderes als praktisch gewordene, in handwerklichen Gebrauch übersetzte Produktionsstätten von Sicherheit, die ihrerseits auf den erkenntnistheoretischen Prinzipien der Moderne beruht. Es sind diese kognitiven Grundlagen, die das Fundament der Moderne ausmachen. Sie stellen die eigentliche Seele der Moderne dar und enthalten den Schlüssel zum Verständnis ihrer inneren Dynamik. Es scheint so einfach zu sein. Wenn der Transfer der einfachen Grundwahrheiten von der Wurzel bis in die Spitzen funktioniert, lassen sich mehr als einen halben Kilometer hohe Wolkenkratzer wie der Burj Khalifa in Dubai (830 m), der Shanghai Tower (630 m) oder das Mecca Royal Clock Tower Hotel (600 m) bauen. Vom tief in den Boden eingelassenen Fundament bis hinauf in die Spitze des Funkmastes gelingt es dann, eine Struktur sicherer Prinzipien, die auf festem Boden steht, in die Höhe zu treiben und auf diese Weise (angeblich) erdbebensichere Wolkenkratzer wie in Tokio zu bauen.

Dass so viele Menschen an seinem Bau beteiligt sind und später voller Vertrauen in einem solchen Hochhaus arbeiten, beruht nicht auf Naivität oder uninformierter Gutgläubigkeit, sondern auf den Prinzipen der Moderne selbst. Diese sind getrieben von der kollektiven Überzeugung, dass es für das, was wir tun, gute Gründe gibt, die sich in einem Plan, guter Organisation und genauen Berechnungen und Theorien widerspiegeln. Es sind diese vergesellschafteten Theorien, die das Hochhaus erst zu dem machen, was es ist. Wer ein Hochhaus sieht, betrachtet ein Zeichen: einen sichtbar gewordenen Ausdruck der Grundannahmen der westlichen Zivilisation. Die Moderne besteht nicht nur in einer unaufhörlichen Jagd nach sicheren Gründen, auf die wir bauen können, sondern auch in der Produktion von Dingen und Zeichen, die zeigen, wie sehr wir uns (scheinbar) unabhängig von den Prinzipien der Natur gemacht haben. Nicht zuletzt aus diesem Grund waren die Twin Tower des World Trade Centers das hoch symbolische Ziel einer terroristischen Attacke – mit einer Wirkung, die weltweit immer noch zu spüren ist.

So materialistisch die Moderne auch erscheinen mag: Die tiefere Wahrheit ist, dass die Moderne ein idealistisches Erbe fortsetzt. Sie will beweisen, wie sehr Geist und Rationalität nach oben streben und sich über die physischen Körper zu erheben vermögen – einschließlich unserer eigenen Körper. Nicht nur in der Architektur zeigen sich diese Tendenzen, sondern vor allem auf Gebieten wie der Reproduktionsmedizin, d. h. in der Programmierung und Selektion von Embryonen, im Umgang mit dem natürlichen Tod, der durch Kryotechnologie überwunden werden soll, oder in der (zweifelhaften) Hoffnung auf den Segen künstlicher Intelligenz. Dass sich der Glaube an die wissenschaftliche Fundierung der Wirklichkeit auch nach der Atombombe noch halten konnte, selbst nach den verschiedenen Reaktorunfällen und nach den Zusammenbrüchen der Wirtschafts-, Bank- und Finanzsysteme, die angeblich auf sicheren Analysemethoden beruhen, zeigt, wie unsicher das Unternehmen Moderne in Wahrheit ist. Dabei ist die Moderne angetreten, im Sinne des Idealismus nicht nur sichere Hochhäuser zu bauen, sondern auch sichere Leben für alle zu planen und zu verwirklichen. Die Moderne ist ein Versuch, eine universale Belastbarkeit der Realität herzustellen. Da auch die Realität immer wieder zu unkalkulierbaren Ereignissen neigt, von Tsunamis über Flugzeugabstürze, Revolutionen und Kriege bis hin zu völlig unvorhersehbaren Entdeckungen und Erfindungen, versucht man, die Realität mit einem haltbaren Netzwerk digitaler Technologien, Algorithmen und Daten zu überziehen. Die Erwartung der neuen Sicherheit, die vor allem auch eine Sicherheit vor terroristischen Anschlägen und neuen Bankenkrisen ist, kennzeichnet den positiven Erwartungshorizont des Lebensgefühls der Moderne, dessen Kehrseite Angst ist. Nicht nur für die militärische Überwachung gilt: Am Ende sollte keine Realität mehr so stark sein, dass sie die Erwartung einer sicheren Realität zu Fall bringt. Man muss sich nur an die Anweisungen halten; und am besten auch nicht alles wissen wollen: Dann ist Sicherheit erreichbar. Aber resultiert das Unglück aus der Missachtung von Regeln, die nicht entsprechend angewendet wurden? Ist es mit der Wirklichkeit tatsächlich wie mit einem Bau, der einstürzt, weil die Bauherren betrogen und schlechtere Materialien als die benötigten verwendet haben?

Am Ende all dieser Prozesse steht die Einsicht, dass der moderne Mensch zwangsläufig erkennen muss, dass er selbst das Risiko darstellt, das er ausschließen wollte. Es liegt daher zutiefst in der Logik der Moderne, den Menschen abzuschaffen und durch immer umfassendere Algorithmen und autonome Systeme zu ersetzen. Künstliche Intelligenz soll die Steuerung nicht nur der Autos, sondern des gesamten Alltags- und Industrielebens übernehmen, um möglichst alle Formen natürlicher Dummheit auszulöschen. Der Mensch in seiner natürlichen, unbearbeiteten biologischen Standardform ist der eigentliche Feind der Moderne, die er geschaffen hat.

Genau das ist Teil der derzeitigen Krisen. Sie sind Krisen der Ressourcen, des Klimas, der Finanzsysteme, der Gerechtigkeit, der Sicherheit, Bildung und Demokratie. Doch dahinter wird noch eine andere Struktur sichtbar. Der Mensch kämpft mit und gegen sich selbst. Das geschieht neuerdings in Form der zumindest in Europa bereits überwunden geglaubten Nationalismen oder in den weltweit zu beobachtenden bürgerkriegsähnlichen Zuständen, wie man sie aus afrikanischen und lateinamerikanischen Diktaturen kennt, aber auch in Ländern wie der Türkei, Russland und vielleicht sogar in den USA fürchtet. Der Mensch kämpft gegen sich selbst, indem er versucht, seine eigene Unberechenbarkeit durch Technologie in den Griff zu bekommen. Am Ende taugt nur die Gesellschaft, die jeder Belastung und jedem nur denkbaren Angriff standhält. Nur eine Erkenntnis, die dahin führt, ist ein sicheres Fundament. Der Mensch muss, nicht nur am Flughafen, den Menschen durchleuchten, um sicher vor sich selbst zu sein. Die Moderne stellt eine Art von kollektivem Versuch dar, eine globale und in der Zukunft stabile und belastbare Realität und den besten Schutz vor sich selbst herzustellen. Ein Credo der Moderne ist dabei, dass nur Daten und Fakten helfen und eine De-Fiktionalisierung der Lebenswelt. Tatsächlich erleben wir gegenwärtig das genaue Gegenteil davon. Schon einmal erwies sich die Abschaffung der Mythen selbst als Mythos. Wenn der Mensch auf Fiktionen *und* Fakten angewiesen wäre: Wie könnte er sich da selbst vertrauen?

Der Kampf des Menschen gegen sich selbst führt im Alltag zu einer gesteigerten Belastung für das Ich, die in systematische Überforderung umschlagen kann. Wenn der Mensch nur verlässlich ist, wenn er sich dem Takt der Algorithmen und computerisierten Lebenswelten anschließt, wird schnell klar, dass er verlieren wird. Andererseits ist der moderne Mensch auch nicht mehr Teil einer Ordnung, an deren Spitze einst Götter oder ein Gott stand. Er selbst ist der verantwortliche Baumeister der Welt, unter deren Entzauberung er leidet. Kennzeichnend für die Moderne sind nach Charles Taylor ein Gefühl der (Sinn)Leere, der Fragilität von Sinn und Beziehungen zu anderen Menschen und zur Welt sowie ein Gefühl des Verlustes des Zaubers, der eben darin besteht, in einer Welt der Geister und Kräfte zu leben, *welche die Grenze der Psyche überschreiten und sogar die bloße Vorstellung von der Existenz einer sicheren Grenze leugnen.* Damit verändert sich das Lebensgefühl des einzelnen Menschen, der sich selbst als durchlässige Übergangszone für Kräfte und Mächte empfindet, die er nicht kontrollieren kann.

In seinem großangelegten Werk über die Säkularisation bemerkt Charles Taylor über diese Situation in der Moderne: *Die Ängste und Sorgen, ja die Schrecken, die zum porösen Ich gehören, sind jetzt Vergangenheit. Das Gefühl der Selbstbeherrschung, der sicheren Innenwelt des Geistes, wird noch stärker, wenn zur Entzauberung die anthropozentrische Wende hinzukommt und die Macht Gottes nicht einmal zur Unterstützung in Anspruch genommen wird. Zum Ichgefühl derjenigen, von denen die anthro-*

pozentrische Wende vollzogen worden ist, gehören Elemente wie Kraft, Vernunft, Unverwundbarkeit und die entscheidende Distanzierung von uralten Ängsten. Daraus ergibt sich ein seltsames Lebensgefühl. Einerseits ist man befreit von uralten Ängsten, weil nun sowohl das Ich wie ganze Gesellschaften in sich selbst ruhen und abgesichert sind gegen ein überirdisches oder göttliches Wirken, das es nicht mehr gibt. Andererseits *hat man das Gefühl, gerade durch die Sicherheit gewährende Abgeschlossenheit könnte etwas ausgesperrt sein* – zumal etwas, nach dem man sich, warum auch immer, sehnt. Entstanden ist ein Pluralismus von Lebensentwürfen und Lebensmöglichkeiten, der völlig neue Freiheiten ermöglicht.

Diese Freiheiten bringt eine Pluralität von Lebensentwürfen mit sich, die in modernen Gesellschaften gleichberechtigt nebeneinander existieren. Taylor diagnostiziert wie viele andere, die die Situation von Menschen in der modernen, globalisierten Welt untersucht haben, einen sogenannten *Nova-Effekt:* eine zunehmende Dynamisierung, die sich in einer doppelten Bewegung zeigt. Zum einen entstehen durch die Pluralisierung immer neue kulturelle, moralische und spirituelle Optionen. Zum anderen aber driften die pluralen Bestandteile gerade durch ihre Unterschiedenheit auseinander. Auf diese Weise wird nicht nur der Bereich des einst Denkbaren überschritten – es wird zum Teil weit darüber hinausgegangen. Dieser Explosion der Vielfalt und Denkmöglichkeiten, von denen die Theorie paralleler Universen nur ein exotisches Beispiel ist, entspricht im Leben der Menschen dem, was im Kosmos eine Supernova wäre. In Kombination mit anderen Faktoren wie sozialer Ungleichheit, Hunger, mangelnder Bildung oder Krieg führt diese Explosion der Pluralität zu heftigen Gegenreaktionen, von denen Terrorismus, Nationalismus und Populismus die zur Zeit augenfälligsten sind.

Zusammenfassend lässt sich behaupten, dass die Moderne nur auf den ersten Blick den radikalsten Gegenentwurf zu allem darstellt, was nach dem alten, falschen Zauber eines fliegenden Teppichs aussieht. Paradoxerweise führt gerade die Austreibung des Imaginären und Fiktiven zu Verfahren, die den Menschen abschaffen. Der Mensch selbst erscheint als Störfaktor. Er gleicht einem umherirrenden fliegenden Teppich, der aus einer alten, nicht digitalen Zauberwelt stammt und außer Kontrolle geraten ist. Was mit der Moderne versprochen wird, ist, trotz aller Widersprüchlichkeit und Komplexität der Welt, Sicherheit und Planbarkeit durch Wissen. Schon Robert Musil warnte: *Die Ordnung ist nicht so fest, wie sie sich gibt, kein Grundsatz ist sicher, alles ist in einer nie ruhenden Umwandlung begriffen, das Unfeste hat mehr von der Zukunft als das Feste.* Aber zeigt nicht jeder Blick aus dem Fenster, wie stabil und gut die Matrix der Moderne funktioniert? Steht nicht alles und insbesondere das Wissen auf sicherem Boden?

ARCHIMEDES UND DER SICHERE BODEN
DER ERKENNTNIS

δῶς μοι πᾶ στῶ καὶ τὰν γᾶν κινάσω
Gibt mir einen Ort, um darauf fest zu stehen und ich werde die Erde
bewegen.

Archimedes, (287–212 v. Chr.)

Habe ich die Begründungen erschöpft, so bin ich nun auf dem harten
Felsen angelangt, und mein Spaten biegt sich zurück. Ich bin dann geneigt
zu sagen: ›So handle ich eben.‹ ... Die Begründung, die Rechtfertigung
der Evidenz kommt zu einem Ende; – das Ende aber ist nicht, daß
uns gewisse Sätze unmittelbar als wahr einleuchten, also eine Art Sehen
unsererseits, sondern unser Handeln, welches am Grunde des Sprachspiels
liegt.

Ludwig Wittgenstein, (1951)

Die Frage nach dem, was wir wissen, und danach, wie und warum wir das, was wir wissen, wirklich wissen können, deutet darauf hin, dass sich Erkenntnis seit jeher dem Zweifel und der Kritik ausgesetzt sah. Verwunderlich ist dies nicht, denn die Geschichte des Wissens war und ist immer auch eine Geschichte der Irrtümer und des Nichtwissens. Versteht man den Anfang kritischer Erkenntnis in einer historisch laxeren Weise, dann markiert die Suche nach kritisch gesicherter Erkenntnis den Anfang aller Wissenschaft. Lange Zeit war es schwer, überhaupt zwischen »wissenschaftlicher« und philosophischer Erkenntnis zu unterscheiden. Kritische Reflexion war fast zwei Jahrtausende lang interdisziplinär und für alle Beteiligten ein und dasselbe Geschäft – zumindest wenn man die Zählung vor der klassischen christlichen Zeitenwende im Jahre null einsetzen lässt. Irgendwann trennten sich in der Neuzeit die Wege (und man kann lange darüber debattieren, wann genau dies geschah).

Heute sagt man im Allgemeinen, dass die Wissenschaftler und Wissenschaftlerinnen nach ihren jeweiligen Paradigmen forschen, während in der Philosophie Fragen gestellt werden, die auf die Begriffe und die Rahmenbedingungen dieses Forschens zielen. Während Wissenschaftler in ihren Laboren arbeiten, ohne sich täglich um die Frage der Begründung ihres Tuns zu kümmern, gehen Philosophen genau diesen über das Labor hinausführenden Fragen nach. Sie wollen wissen, inwiefern das, was wir wissen, auch dann noch Wissen ist, wenn nicht nur die Kriterien angewendet werden können, die im Labor gelten. Eine weitere Frage wäre die nach dem Sinn des Wissens und nach seiner verantwortlichen Handhabung. Denn das über die einzelnen Naturwissenschaften hinweg verteilte Orientierungswissen, die Gesamtschau und Frage nach dem Zusammenhang und Sinn, ist in der Regel ebenso wenig Gegenstand der Wissenschaften wie die Frage, was Wissen mit menschlichem Handeln zu tun hat und wie man in einer bestimmten Situation moralisch handeln sollte. Naturwissenschaftler wenden ihre bewährten Methoden der Untersuchung und Prüfung an, verfeinern sie immer wieder und haben auf diese Weise zu einem exponentiellen, kaum noch zu bewältigenden Anwachsen des Detailwissens beigetragen. Damit ist die Zerfallsrate dessen, was heute noch Wissen ist und morgen schon korrigiert oder verworfen werden muss, immens hoch geworden. Einen Gesamtüberblick scheint es nicht mehr zu geben.

Eindeutig festhalten lässt sich jedoch, dass sich mit den Anfängen der Erkenntnis sehr bald die Notwendigkeit einer sie begleitenden Erkenntnistheorie zeigte. Dabei geht es nicht nur um die Stabilisierung des Wissens, sondern immer wieder neu um die richtige Unterscheidung von Wissen und Nichtwissen. Zu zweifeln bedeutet, das, was sicher scheint, in Frage zu stellen. Man ist sich nicht sicher, ob das, was man weiß, nicht im Grunde ein falsches Wissen darstellt oder sogar Nichtwissen ist. Klar ist nur, dass es zwischen Wissen und Nichtwissen Grenzen geben muss, auch wenn die Verläufe dieser Grenzen selbst weder klar noch unverrückbar erscheinen. Die Grenze markiert die Zone des Neuen, Unbekannten und Unsicheren. Selbst moderne Vorstellungen von Wissen erinnern von ferne an die antiken und mittelalterlichen Vorstellungen von der Erde als einer flachen Scheibe, an deren Rändern gigantische Wasserfälle ins Bodenlose stürzen. Vor diesen gefährlichen Grenzregionen am Ende der Welt, die sich durch mächtige Strudel ankündigten, hatten die Seefahrer Angst. Sie versuchten sie zu meiden, um nicht selbst von ihnen verschlungen zu werden und unterzugehen. Wissen ist nur Wissen, wenn es Nichtwissen aus sich herausfiltern kann. Häufig stellt sich erst im Nachhinein heraus, dass unser Wissen mit viel Nichtwissen durchsetzt war. So war es ein Trugschluss zu glauben, wir würden wissen, wie der größte Teil der Materie im Universum beschaffen ist. Heute ist klar, dass dieses Wissen über die Materie bloße vier Prozent des Universums erfasst. Die anderen Bestandteile, dunkle Energie und dunkle Materie sind in ihrer Struktur unbekannt.

Wissen ist nach wie vor ein Grundthema unserer Zeit. Ein Hauptproblem besteht darin, dass das viele Wissen nicht mehr verarbeitet werden kann. Dieses Big-Data-Problem hängt mit der exponentiellen Zunahme von Detailwissen zusammen, das seinerseits ein Ergebnis der Pluralisierung gesellschaftlicher Strukturen ist und insofern, mit Charles Taylor gesprochen, Ergebnis des Nova-Effektes der Moderne. Neben Big Data besteht nach wie vor das Hauptproblem in der kritischen Prüfung von Wissen. Wenn Wissen die richtige Unterscheidung von Wissen und Nichtwissen beinhaltet, dann muss mit Hilfe kritischer Untersuchungen genau auf diese Unterscheidung hingearbeitet werden. Auch für die moderne Erkenntnistheorie ist daher das Prinzip kritischer Prüfung entscheidend. Ihr Medium ist daher *das Medium der Begründungstheorie*, wie Markus Gabriel schreibt. Es muss begründet werden können, warum etwas Wissen und nicht Nichtwissen ist: Man kann es nicht einfach unbegründet behaupten.

Doch wie weit reichen solche Verfahren kritischer Prüfung? Was können wir erkennen? Skeptische Positionen, die die Reichweite klarer Erkenntnis begrenzen, sind derzeit sehr beliebt. Denn *der Skeptizismus argumentiert in seinen raffinierten Spielarten gerade nicht – wie viele meinen – dafür, dass wir nichts erkennen oder nichts wissen können, sondern dafür, dass wir nicht erkennen können, ob wir etwas erkennen können.* Gabriel zielt mit dieser Bemerkung darauf ab, dass es das eine ist, eine Unterscheidung von Wissen und Nichtwissen zu treffen und festzulegen, wie dies in den Wissenschaften tagtäglich passiert. Etwas anderes ist es jedoch zu *wissen*, dass man im jeweiligen Fall überhaupt erkennen kann, ob sich eine solche Unterscheidung von Wissen und Nichtwissen überhaupt begründet treffen lässt. Vieles spricht dafür, die Moderne als eine globalisierte Struktur oder Denkweise der radikalisierten Prüfung von *allem* zu verstehen. Moderne Menschen sind skeptischer damit aber auch anfälliger geworden. Sie prüfen mit Hilfe von Internetplattformen und Algorithmen Qualität und Preise. Und zugleich werden sie in die Irre geführt, weil sie die Verfahren der Prüfung selbst nicht mehr prüfen können. Sie irren, weil sie in Wahrheit kaum noch erkennen können, wie sich die Qualität eines mit einem Prüfsiegel versehenen fair gehandelten und hergestellten Kleidungsstücks von einem anderen unterscheidet. Was genau sagt ein Prüfsiegel aus? Und wer garantiert, dass für dieses Kleidungsstück wirklich eine lückenlose Prüfung stattgefunden hat? Die Vertriebs- und Herstellungswege mit Subunternehmern und Sub-Sub-Unternehmern vor Ort sind derart verschlungen, dass es oftmals nicht mehr möglich ist zu sagen, ob man wirklich etwas erkennen kann oder nicht.

Auch ohne die Frage nach der Herkunft von Rohstoffen oder den Bedingungen, unter denen Kleidung hergestellt wurde, ist kritische Prüfung schwer. Sie war es immer schon. John Locke bemerkte in seinem 1690 erschienenen *Versuch über den menschlichen Verstand*: *Wenn die Menschen jedoch mit ihren Untersuchungen die Grenzen ihrer Kapazität überschreiten und ihre Gedanken in jene Tiefen hinabbringen lassen, wo sie keinen sicheren Boden mehr unter den Füßen finden, so ist es kein Wunder, daß sie Fragen aufwerfen und immer mehr Streitgespräche führen, die, weil sie nie klar entscheiden werden, nur dazu dienen, ihren Zweifeln neue Nahrung zu geben und sie zu vertiefen und sie selbst schließlich in einem vollständigen Skeptizismus zu bestärken. Wenn man dagegen die Kapazität unseres Verstandes wohl erwöge, den Umfang unserer Erkenntnis einmal feststellte und die*

Grenzlinie ausfindig machte, die den erhellten und den dunklen Teil der Dinge, das für uns Fassliche und das Unfassliche voneinander scheidet, so würden sich die Menschen vielleicht unbedenklicher mit der eingestandenen Unkenntnis auf dem Gebiet zufrieden geben und ihr Denken und Reden mit mehr Erfolg und Befriedigung dem andern zuwenden. So sehr man bei Locke im ersten Teil dieser Aussage ist: Sosehr scheint es sicher − und auch dies ist ein Merkmal der Gegenwart −, dass es keine klaren Grenzlinien mehr gibt. Was bleibt, ist die begründete Vermutung, dass der Boden, auf dem man steht, weitaus weniger fest ist, als man angenommen hatte. Daran ändert weder verstärkte Selbstreflexion etwas − ein Verhaltensmuster, das die Moderne auf die Spitze getrieben hat − noch radikalisierter Zweifel.

Die sogenannte Szientometrie ist eine in der Öffentlichkeit wenig bekannte Wissenschaft. Unter Wissenschaftlern ist sie insofern gefürchtet, als zu ihrem Aufgabenbereich die Berechnung des umstrittenen *Impact Factors* gehört. Szientometristen versuchen mit seiner Hilfe, den Einfluss wissenschaftlicher Arbeiten und ihrer Autoren zu erfassen. An einer solchen Erfassung, die ausreichend wissenschaftlich klingt und mit Zahlen argumentieren kann, hängen heute Forschungsgelder und Karrieren. Im Grunde ist die Szientometrie jedoch keine normative und die Wissenschaftspolitik leitende Disziplin. Sie versucht lediglich, die Wissenschaften und ihre Wirkung möglichst genau zu erforschen, beispielsweise indem sie die Qualität wissenschaftlicher Arbeit, ihr genaues Zustandekommen, ihre Halbwertszeit, ihren Unmittelbarkeitsfaktor (ein Maß für die Verbreitung von Information) oder die Zunahme von Wissen möglichst exakt vermisst.

Erschwert wird diese Arbeit zunehmend durch die Explosion des Wissens. Die genaue Herkunft des Begriffes *Informationsexplosion* ist heute nur noch schwer zu bestimmen. Vermutlich wurde das Wort in einer Anzeige von IBM in der

New York Times vom 30. April 1961 zum ersten Mal benutzt. Im gleichen Jahr hatte das Wort auch der Direktor des American Institute of Biological Sciences verwendet und auf einer interdisziplinären Konferenz von einer *Explosion der Information* und *explosionsartigen Zunahme von Wissen* gesprochen. Neu war die Tatsache der Zunahme von Wissen selbstverständlich nicht. Neu war lediglich die Beschleunigung dieser Entwicklung. Wissen, gleich, in welcher Form, nimmt seit den Anfängen der Menschheit zu. Bereits im 17. Jahrhundert hatte diese Zunahme eine Dynamik erreicht, die in messbaren Abständen zu einer Verdopplung des Wissens über die Welt führte. Allerdings lagen zwischen den Ereignissen der Verdopplung damals noch ganze Jahrzehnte, die zu Jahren und schließlich Monaten und inzwischen sogar Wochen zusammenschrumpften. Das gegenwärtige Wissen über Lebewesen, Dinge und Menschen nimmt in einigen Disziplinen derart exponentiell zu, dass es noch nicht einmal innerhalb einer Teildisziplin eines Gebietes möglich ist, Schritt zu halten. Dieses Nicht-Schritthalten-Können mit dem Wissen betrifft umso mehr all die Menschen, die keine Wissenschaftler sind.

Wer sich nicht auskennt, fragt jemanden, von dem er glaubt, dass er oder sie es tut. Viele Menschen verlassen sich bei ihrer Wissenssuche heute zunehmend auf das Internet. Bei YouTube kann man nicht nur lernen, wie man Autos repariert oder komplizierte Torten herstellt, sondern sich auch auf die nächste Matheklausur vorbereiten – besser zuweilen als mit einem Nachhilfelehrer. Doch worauf ist dieses Wissen gegründet? Woher weiß man, dass die Seiten, die man per Internet befragt, oder die Lexika, in denen man nachschlägt, wirklich die Wahrheit sagen, falls sie es je taten? Aus politischen Gründen verdächtigen Anhänger von PEGIDA und AfD das Establishment und die Medien, systematisch falsch zu informieren. Auch wenn der konkrete Nachweis für eine solche kollektive, von einer Stelle aus gesteuerten Verschwörung »der« Medien fehlt: Der Zweifel an den Mechanismen der Auswahl und Filterung von Information ist geweckt. Dies ist insofern problematisch, als die meisten Menschen nach der Schule einen großen Teil ihres Wissens, sofern es nicht durch die Ausbildung und den Beruf erweitert wird, aus den Medien gewinnen. Dass es dabei einen Unterschied macht, von welchem Computer und welcher IP-Adresse aus man etwas googelt, wird zunehmend diskutiert. Je nachdem, was der Suchalgorithmus eines Anbieters wie Google sich gemerkt und berechnet hat, werden die Antworten auf eine Frage entsprechend diesen Daten und der zugehörigen IP-Adresse gesteuert. Man befindet sich unter einer Informationsglocke, ohne es zu merken. In der Filterblase wird unbequemes Wissen, d. h. Wissen, das zur kritischen Prüfung und Infragestellung der eigenen Informationen führen könnte, immer unwahrscheinlicher. Der Grund dafür sind letztlich kommerzielle Faktoren. Die Industrie will, dass wir dort klicken, wo wir uns wohl fühlen, aber auch gut sichtbare digitale Spuren hinterlassen, die dann verwertet und in Kapital umgemünzt werden können. Doch was bedeutet das für das Wissen? Was wissen wir wirklich?

Wer wissenschaftlich arbeiten will, scheint am besten möglichst wenig zu fühlen und zu leben. Wenn es nötig wird, da zu sein – und das bedeutet meist: bei den Apparaturen zu sein, die messen –, dann so, dass man gleichsam als unbeeindruckter Fremder durch die Welt geht. Der Philosoph Peter Sloterdijk hat zu Recht vom *Scheintod im Denken* gesprochen. Im Grunde handelt es sich dabei um eine Art von *De-Existentialisierungsübung, eine Bemühung um die Kunst, mitten im Leben die Teilnahme am Leben zu suspendieren.* Es ist, als sähe man die Welt nur dann wirklich, wenn man woanders ist – nicht dabei, unbeteiligt, wie tot und auf keinen Fall sich einmischend in das, was gerade passiert. Aber ist der Ausschluss des Ichs aus der Erkenntnis nicht eine reichlich idealistische Überkompensation, die auf den bloßen Verdacht hin erfolgt, eine Einmischung der Subjektivität könnte die Wahrheit verderben? Geht es wirklich nur darum, die Phänomene der Welt möglichst unbeteiligt zu botanisieren und das Ich dabei durch eine Apparatur zu ersetzen? Die Moderne überbietet darin die aristotelische Tugend der Selbstbescheidung. Ein Instrument sei genauer als ein Mensch. Es misst objektiver als der Mensch. Doch misst es wirklich? Und was ist Objektivität?

Die meisten Menschen haben wenig Vertrauen in die Anwendung ihres eigenen Verstandes oder Geschmacks. Einerseits lehrt sie zwar der moderne Individualismus, sich auf die eigenen Erfahrungen zu besinnen, die sie selbst zur unverwechselbaren Personen machen. Andererseits ziehen es die meisten Menschen vor, im Fall von Auseinandersetzungen das zu tun, was die Mehrheit tut. Im Zweifelsfall folgt man dem, was die Wissenschaftler sagen – wären ihre Aussagen nicht so widersprüchlich. Es sind Fachleute wie Politiker oder Wirtschaftsexperten, Psychologen oder regelmäßige Talkshowgäste, an denen sich die Mehrheit orientiert. Da die Medien nicht zuletzt Wert darauf legen, die Stimmungen, Meinungen und Denkweisen dieser Mehrheit richtig abzubilden, orientiert sich, vermittelt über den Umweg der Medien, die Mehrheit, die sich in den Medien abbildet, an der Mehrheit, die sie in den Medien sieht. Elektronische Medien wie Internet, aber auch Zeitungen und andere Medien verstärken diesen Trend. Medien sind zum entscheidenden Weg der Verbreitung von selbstreferentiellem Wissen geworden. Indem sie sich auf Fachleute und »die Wissenschaft« berufen, lautet die Frage, welche Antworten Wissenschaft überhaupt liefern kann. Und wie sie zu ihren Antworten kommt.

Seit jeher versuchen Menschen, ihr Wissen über die Welt, über Lebewesen, Dinge und sich selbst, auf einen möglichst sicheren Boden zu stellen. Sicher scheint nur das zu sein, was man wirklich kennt. Was man kennt, kann man herleiten und das, was darauf folgt, begründen – weil man es kennt. Der Mathematiker, Naturwissenschaftler und Philosoph René Descartes spricht, wie viele Philosophen und Wissenschaftler vor ihm, vom archimedischen Punkt der Erkenntnis. Denn *nichts als einen festen und unbeweglichen Punkt verlangte Archimedes, um die ganze Erde von ihrer Stelle zu bewegen.* Dieser unbewegliche Punkt gewährt dem Subjekt einen völligen Überblick über die Welt. Der Erzählung nach war Archimedes der Meinung, dass man die von ihm formulierten Hebelgesetze auch auf die Erde anwenden könne. Man brauchte nur einen festen Punkt im Weltall und den entsprechenden Hebel – und schon könnte man die Erde aus ihrer Bahn hebeln. Genau so sollte menschliche Erkenntnis sein: ein absoluter Bezugspunkt, der selbst nicht in Frage gestellt werden kann. So wie ein Ding ein anderes bewegt – so bewegt sich auch das Wissen von einem Satz zum nächsten. Es gilt das Prinzip des zureichenden Grundes: Keine Tatsache kann wahr sein ohne einen zureichenden Grund, warum etwas so und nicht anders ist.

Nur nebenbei sei darauf aufmerksam gemacht, dass sich eine lange Diskussion über den Unterschied zwischen realen Gründen (den Ursachen der physikalischen Welt) und Erkenntnisgründen (logischen Prinzipien der Gewinnung und Umformung wahrer Sätze) entspann – denn nicht alles, was logisch folgt, hat auch eine entsprechende (feststellbare) Ursache im Bereich der realen Welt. Die Maxime, nach der in der klassischen Welt Erkenntnis erlangt und wahre Sätze über die Welt, d. h. Wissen, erreicht werden können, lautet in der Formulierung des Soziologen und kritischen Rationalisten

Hans Albert: *Suche stets nach einer zureichenden Begründung all deiner Überzeugungen.* Weil dies so ist, müssen alle anderen Theorien und Sätze über die Welt, die nicht sichere Alternativen darstellen, abgewiesen werden. Wenn A die Wahrheit ist, muss alles andere falsch sein. Ein Denken in Alternativen – d. h. ein plurales, in sich vielstimmiges Denken oder ein Pluralismus der Methoden – wäre, wie Albert formuliert, mit der Wahrheit unvereinbar. Diese Position nennt sich *theoretischer Monismus* – und sie hat sich über Jahrtausende gehalten, um erst in der Moderne radikal in Frage gestellt zu werden. Die Konsequenz war nicht zuletzt ein Methodenstreit in vielen wissenschaftlichen Disziplinen und das Problem, mit einer vielfältigen, nicht immer an allen Stellen kohärenten Beschreibung der Welt umgehen zu müssen. Dass die Denkweise des theoretischen Monismus Ähnlichkeiten mit fundamentalistischen Sichtweisen hat, liegt auf der Hand. Der Fundamentalismus ist der größte Feind jeglicher Vielfalt. Wer im Besitz der einen, sicheren Wahrheit ist, braucht nicht nur keine andere, sondern ist geradezu dazu aufgerufen, im Namen der einen Wahrheit die Pluralität vermeintlicher Wahrheiten zu bekämpfen.

Aus dieser Position ergeben sich eine Reihe von Problemen. Drei sollen kurz skizziert werden: das Problem des induktiven Schlusses; das Problem der Verlässlichkeit sinnlicher Erfahrung und das Münchhausen-Trilemma. Mit Letzterem bezeichnet Hans Albert ein grundlegendes Problem einer absolut sicheren Fundierung allen Wissens. Wer darauf aus ist, für *alles* eine Begründung zu finden, hat nämlich ein Problem: Er muss auch die Begründung auf eine weitere, noch verlässlichere Begründung, einen Grund, zurückführen. Angenommen, die Möglichkeiten von Fehlschlüssen sind ausgeschlossen. Die richtige Anwendung der Logik sorgt ja dafür, dass ein wahrer Satz notwendig den nächsten wahren Satz, die nächste Wahrheit begründet und damit sichert. Doch was, wenn man gefragt wird, wie man denn die Sicherung selbst begründet? Oder jenen ersten archimedischen Punkt der Argumentation, ohne den das Ganze wie ein Kartenhaus zusammenfällt?

Nach Albert gibt es drei Methoden, diesem Problem zu entgehen und sich wie Baron Münchhausen selbst aus dem Sumpf der Unsicherheit zu ziehen. Die erste Methode besteht darin, die Begründungen in einen *infiniten Regress zu verlagern*. In der Suche nach Gründen geht man immer weiter zurück, zurück auch über den Anfang. Das ist einer der Gründe, warum das Problem des (richtigen) Anfangs über Jahrhunderte hinweg bis hin zu Hegels *Wissenschaft der Logik* und darüber hinaus so zentral in den Wissenschaften und der Philosophie war. Hegel schreibt im Kapitel mit dem Titel *Womit muß der Anfang der Wissenschaft gemacht werden?*: *In neueren Zeiten erst ist das Bewußtsein entstanden, daß es eine Schwierigkeit sei, einen* Anfang *in der Philosophie zu finden, und der Grund dieser Schwierigkeit sowie die Möglichkeit, sie zu lösen, ist vielfältig besprochen worden. Der Anfang der Philosophie muß entweder ein Vermitteltes oder Unmittelbares sein, und es ist leicht zu zeigen, daß er weder das eine noch das andere sein könne; somit findet die eine oder die andere Weise des Anfangens ihre* Widerlegung. Der Anfang aller Dinge gerät ebenso in die Krise wie der absolut sichere Anfang der Begründungen. Von wo sollte man ausgehen? Vermittelt heißt, dass der Grund, den man angibt, seinerseits durch einen ihm vorausgehenden Grund und dem ihm vorausliegenden Anfang *vermittelt* ist. Dies ist die zweite Methode, das Problem zu lösen: *der logische Zirkel der Deduktion*. Er entsteht nach Albert dadurch, dass man im Verfahren der Begründung auf Aussagen zurückgreift, die vorher zwar schon aufgetreten sind – aber als begründungsbedürftige Aussagen. Aus diesem Grund ist das *gesamte* Verfahren der Begründung lückenhaft und damit logisch fehlerhaft. Hegel spricht noch von einer weiteren Möglichkeit neben der Vermittlung. Wäre es möglich, dass der Anfang etwas *Unmittelbares* wäre, etwa eine unmittelbare, aus sich selbst heraus klare Evidenz? Diese *Unmittelbarkeit* der Begründung – die eigentliche Verwirklichung vom Traum der sicheren Erkenntnis – ist nur mit Hilfe einer weiteren Methode möglich. Albert nennt diese dritte Methode den *Abbruch des Verfahrens*. Sie besteht darin, an einem beliebigen, willkürlich gewählten Punkt der Begründung das Prinzip der zureichenden Begründung außer Kraft zu setzen, etwa in dem man behauptet, dass eine bestimmte Aussage doch unmittelbar einsichtig, selbstverständlich oder selbstevident sei. Im Grunde ist diese Möglichkeit des Abbruchs nichts anderes als der Rückzug (Albert sagt: *Rekurs*) auf ein Dogma. Auch die Fundierung sicheren Wissens in einer unmittelbaren Erkenntnis, d. h. einer Intuition, Erfahrung oder einem Offenbarungserlebnis ändert daran nichts. Eine Aussage, die sich selbst nicht begründet, aber alle anderen begründen soll ist – ein Dogma. Dieses läuft darauf hinaus, die Aussage von der Möglichkeit einer kritischen Prüfung auszuschließen bzw. zu behaupten, dass diese Aussage nicht wie alle anderen begründungswürdig ist.

Noch zwei weitere Probleme sind innerhalb der Suche nach einem absolut sicheren Fundament der Erkenntnis – einer unumstößlichen Gewissheit – aufgetaucht. Das eine Problem brachte René Descartes vor. In den *Meditationen* schreibt er: *Alles nämlich, was ich bisher am ehesten für wahr gehalten habe, verdanke ich den Sinnen oder der Vermittlung dieser Sinne. Nun aber bin ich dahintergekommen, daß diese uns bisweilen täuschen, und es ist ein Gebot der Klugheit, denen niemals ganz zu trauen, die uns auch nur einmal getäuscht* haben. Weil die Sinne unzuverlässig sind, argumentiert Descartes, sollte man andere und sicherere Wege gehen. Gibt es nicht genug andere, nicht durch die Sinne vermittelte Dinge, deren man sich sicher sein kann? Doch was, wenn wir träumen? Den Sinnen ist nicht zu trauen. Also sollten wir uns, so Descartes, allein mit den Dingen befassen, die ein sicheres Wissen ermöglichen. Da alle Erfahrungswissenschaften nur ein durch die Sinne vermitteltes Wissen ermöglichen, fallen Physik, Astronomie, Medizin und alle anderen empirischen Disziplinen aus. Was bleibt, so Descartes, sind *die Arithmetik, die Geometrie und andere Wissenschaften dieser Art, die nur von den allereinfachsten und allgemeinsten Gegenständen handeln und sich wenig darum kümmern, ob diese in der Wirklichkeit vorhanden sind oder nicht.* Nur so ist zweifellose Gewissheit zu erhalten.

Leider lässt sich diese Art der Gewissheit – im Sinne der Mathematik und Geometrie – nicht auf die Erfahrung übertragen. Am Ende ist es auch keine Gewissheit der Sinne oder des Körpers, die Descartes weiterbringt, sondern eine Denknotwendigkeit. Wenn ich denke, so Descartes, muss ich als der, der denkt, sein. Man mag zweifeln und sich täuschen, so oft man will: Doch zu sagen, dass man nichts ist oder nicht ist, wenn man denkt und zweifelt, ist nicht möglich. Der Satz *Ich bin, ich existiere (Ego sum, Ego existo)* ist *notwendig wahr.* Dass Descartes am Ende den Begriff eines guten, ihn nicht täuschenden Gottes braucht, um die Kontinuität der notwendig wahren Einsicht über die einzelnen Augenblicke, d. h. über die Zeit hinweg zu garantieren, ist eine theologische Pointe, die vielleicht auch ohne weitere Analyse zumindest ahnen lässt, dass etwas mit Descartes' Argument nicht stimmen kann. Ist ein *ich denke* sicherer und wahrer als die Aussage *ich sitze und fühle einen Körper, der offensichtlich zu dem Wesen gehört, das denkt* – nur weil das eine eine reine Denknotwendigkeit darstellt? Descartes' Skepsis jeder durch die Sinne vermittelten Erfahrung gegenüber führte faktisch zu einem traumatischen Verlust natürlicher Gewissheit.

Noch ein letztes Problem muss nach Alberts Münchhausen-Trilemma und Descartes' Zweifel an der Sicherheit sinnlicher Erfahrung vorgebracht werden, das bis heute eine zentrale Rolle spielt: David Humes skeptisches Argument gegen die Sicherheit induktiver Schlüsse. Hume hält wie sein Vorgänger John Locke daran fest, dass das Prinzip von Ursache und Wirkung, d. h. die Annahme einer Kausalrelation zwischen den beobachteten Phänomenen, von entscheidender Bedeutung für die Begründung sicherer und wahrer Urteile ist. Eine Kausalrelation, die nach Hume immer als Ereignis einer Kette von Ereignissen in Raum und Zeit beobachtbar sein muss, lässt sich dadurch ermitteln, dass diese Beziehung zwischen einer Ursache und ihrer Wirkung immer und nicht nur zufällig und willkürlich eintritt. Naturgesetze beschreiben ebendiese immer wieder zu beobachtende Regelmäßigkeit von Ereignissen, die nach dem Prinzip der Kausalrelation weder willkürlich noch zufällig ist.

Tatsächlich aber, so argumentiert Hume, beruht die Einsicht des Menschen in die Gesetze der Welt lediglich auf einer Gewöhnung des menschlichen Verstandes an eine Abfolge von Ereignissen. Diese Abfolge kann zwar häufig oder sogar in allen bisherigen Fällen, in denen sie überhaupt zu beobachten war, bestätigt werden. Doch daraus folgt nicht, dass es nicht in Zukunft auch Abweichungen geben *könnte*. Wer kann garantieren (und mit welchem Argument), dass auch nach 100 Beobachtungen sich alles bei der 101. Beobachtung nicht völlig anders verhält? Evolutionsbiologisch ist das Beobachten und Erinnern eines Zusammenhanges, der von einer bestimmten Ursache immer zu einer bestimmten Wirkung führt, für das natürliche Überleben von größter Wichtigkeit. Obwohl die Relation zwischen zwei Ereignissen und die aus ihrer Verbindung erschlossene Gesetzmäßigkeit durchaus begründet sein kann, ändert dies nichts daran, dass ein prinzipielles Problem mit jeder Form von induktivem Schluss bestehen bleibt. Der Grund ist, dass die Notwendigkeit der Verknüpfung selbst, die sich vom ersten Ereignis, der Ursache, auf das zweite Ereignis, die Wirkung überträgt, selbst nicht in der Natur beobachtet werden kann. Alles, was sich beobachten lässt – falls man überhaupt den Sinnen trauen will und annehmen kann, dass das, was man gerade beobachtet, auch tatsächlich da ist –, ist, dass zwei Ereignisse aufeinander folgen. Doch diese Folge könnte abbrechen oder sich ändern. Sie ist nicht notwendig. In der Natur können immer nur Zusammenhänge, nicht aber *notwendige* Zusammenhänge beobachtet werden.

All diese Argumente zusammengenommen – der Skeptizismus von Descartes und Hume sowie die zirkuläre bzw. widersprüchliche Struktur von Argumenten, auf die das Münchhausen-Trilemma verweist – lassen, vor allem in Verbindung mit weiteren Argumenten, die sich in Richtung eines Skeptizismus konstruieren lassen, nur eine einzige Schlussfolgerung zu: Es kann keine sichere Erkenntnis, keinen absolut sicheren Boden der Erfahrung oder des Wissens geben. Der archimedische Traum von einem sicheren Fundament der Erkenntnis ist gescheitert.

Dieses Scheitern ist im Grunde keine neue Erkenntnis: Der griechische Arzt und Philosoph Sexus Empiricus hatte bereits im 2. Jahrhundert nach Christus sehr schlüssig gezeigt, dass die Annahme von einem sicheren Begründungsfundament unhaltbar ist. Überraschend ist daher, wenn überhaupt, lediglich die Einsicht, dass die Abkehr vom Begründungsdenken immer wieder neu vollzogen werden musste: bis in die Moderne. Festzuhalten bleibt mit Albert die Erkenntnis, dass jede absolut sichere Erkenntnis, jeder archimedische Punkt und feste Boden auf selbstfabrizierter Erkenntnis beruht und *damit für die Erfassung der Wirklichkeit wertlos* ist. *Wir können uns stets Gewissheit verschaffen, indem wir irgendwelche Bestandteile unserer Überzeugungen durch Dogmatisierende gegen jede mögliche Kritik immunisieren und sie damit gegen das Risiko des Scheiterns absichern.* Diese Absicherung ist Ausdruck der Not eines Stürzenden. *Auch der kritische Rationalist muss sich also fragen: Gibt es bessere oder schlechtere Punkte zum Ausstieg aus einer begründenden Argumentation? Und kommt dabei nicht auch bei ihm ein externer Grund ins Spiel – und sei es Erschöpfung des Forschers oder seines Forschungsbudgets?*

Am Ende bleibt es also bei der Erkenntnis von Ludwig Wittgenstein: *Die Begründung aber, die Rechtfertigung der Evidenz kommt zu einem Ende; – das Ende aber ist nicht, das uns gewisse Sätze unmittelbar als wahr einleuchten, also eine Art* Sehen *unsererseits, sondern unser* Handeln, *welches am Grunde des Sprachspieles liegt.* Der Grund ist also das Handeln in der Welt: die Tatsache, dass etwas *so* getan wurde und *so* ist. Es sind die Pragmata, die das letzte Wort haben: nicht die Dogmata, d. h. die Ansichten, Interpretationen und Begründungen der Dinge. Wir handeln auf eine bestimmte Weise, die man zwar immer wieder in Frage stellen und entsprechend verändern kann: Doch zunächst handeln wir so, wie wir es tun. Die Taten schaffen den Boden für die Handlungsmöglichkeiten, die sich aus dem, was Tat-Sache geworden ist, ergeben. Doch letztbegründen lassen sich diese Taten nicht. Die wärmende Gewissheit einer letzten Begründung ist selbstproduziert. Sie gleicht einem warmen Teppich, den man selbst webt, um ihn auf den ziehenden Schacht zu legen und keine kalten Füße mehr zu haben.

Man kann es drehen und wenden wie man will – am Ende bleibt es dabei, dass alles Wissen zeit- und kontextabhängig ist. Der scheinbar feste, gesicherte Boden der Erkenntnis ist temporär; der Teppich kann jederzeit wieder ausgewechselt werden. Der Schacht, auf dem er liegt, um die Bodenlosigkeit zu verdecken, ist bodenlos tief. Dass der Trick mit dem Teppich überhaupt funktioniert ist nur möglich, weil der Teppich stabil genug ist, um über dem Bodenlosen zu schweben und Boden vorzutäuschen. Im Sinne einer Anthropologie des Wissens könnte man sagen, dass der Mensch ein Wesen ist, das noch im Sturz Erkenntnisse sammelt in der Hoffnung, damit den Sturz aufzuhalten. Doch nicht einmal über die Dynamik dieses Falls gibt es absolut sichere Erkenntnisse.

Was bleibt, ist daher nichts anderes, als weiter an Teppichen zu weben. Auf diesen Teppichen bilden sich immer neue Muster der Welt ab. Obwohl alles in der Schwebe bleibt und der Boden bodenlos ist, lassen sich auf diese Weise Muster knüpfen, Erkenntnisse konstruieren und zu Theorien aufbauen. Keinem Menschen – und das beinhaltet: keinem Kollektiv von Menschen – gelingt es jedoch, mit Hilfe seiner Erkenntnis einen *absolut* sicheren Boden zu finden. Alles, was möglich scheint, ist eine Art von Zwitterding: ein archimedischer fliegender Teppich. Es gibt Erkenntnisse, auf die man sich gemeinsam berufen und denen man vertrauen kann, solange man auf ein und demselben Teppich sitzt. Darauf lassen sich weitere Erkenntnisse ohne letzten Grund aufbauen. Doch der Anspruch des Archimedes, ein *absolut* sicheres Fundament der Erkenntnis zu finden, lässt sich nicht einlösen. Der Teppich ist kein solider Boden, sondern schwebt in der Luft. Erkenntnis ist ein fliegender Teppich, der uns zwar nicht die Sterne erreichen, aber auch nicht abstürzen lässt.

DIE MATRIX – PLATO, KANT UND
DIE RETTENDE MODERNE OHNE BODEN

MORPHEUS: *Möchtest du wissen, was genau die Matrix ist? Die Matrix ist allgegenwärtig, sie umgibt uns, selbst hier ist sie, in diesem Zimmer. Du siehst sie, wenn du aus dem Fenster guckst, oder den Fernseher anmachst. Du kannst sie spüren, wenn du zur Arbeit gehst. Oder in die Kirche, oder wenn du deine Steuern zahlst. Es ist eine Scheinwelt, die man dir vorgaukelt, um dich von der Wahrheit abzulenken –*
NEO: *Welche Wahrheit?*
MORPHEUS: *Dass du ein Sklave bist, Neo. Du wurdest wie alle in die Sklaverei geboren, und lebst in einem Gefängnis, das du weder anfassen noch riechen kannst. Ein Gefängnis für deinen Verstand. Dummerweise ist es schwer, jemandem zu erklären, was die Matrix ist. Jeder muss sie selbst erleben. Dies ist deine letzte Chance – Danach gibt es kein Zurück. Schluckst du die blaue Kapsel, ist alles aus. Du wachst in deinem Bett auf und glaubst an das was du glauben willst. Schluckst du die rote Kapsel, bleibst du im Wunderland, und ich führe dich in die tiefsten Tiefen des Kaninchenbaus. Bedenke, alles was ich dir anbiete ist die Wahrheit, nicht mehr.*

Larry & Andy Wachowski, The Matrix (1998)

Die Suche nach absoluter Gewissheit in der Erkenntnis führte zu der Einsicht, dass diese Gewissheit nur durch Selbstproduktion möglich ist. Damit verliert sie jeden Wert. Man besitzt zwar Erkenntnisse, resümiert Kant in der *Kritik der reinen Vernunft*, weiß aber in Wahrheit nicht, woher man sie genau hat. Man lebt auf Pump. Statt sie in seinem festen Besitz zu haben, will man ein Gebäude auf Grundsätzen errichten, für die man einen Kredit aufgenommen hat. Man bewegt sich auf geborgtem und unsicherem Boden. Genau dies ist der Punkt, an dem Kant einsetzt. Er spricht davon, dass eine solche *Gewissheit, eine solche Art von Betrachtung verbotene Ware* ist, die, *so bald sie entdeckt wird, beschlagnahmt werden muß.* Seine eigene Philosophie und die seiner Nachfolger markiert den vermutlich größten Bruch in der Geschichte der Erkenntnistheorie seit Plato. Warum?

Die Erfindung der Idee als dem eigentlichen Wesen der Dinge und dem, was hinter allen trügerischen Erscheinungen steckt, muss eine unglaubliche Erfindung von größter Reichweite gewesen sein. Man kann darüber streiten, ob diese Idee tatsächlich von Plato und nicht von den indischen Philosophen erfunden wurde. Doch mit Hilfe des Platonischen Konzepts der Idee begann man in Griechenland, die Dinge auf eine absolut verlässliche Weise zu ordnen. Mit Hilfe des menschlichen Bewusstseins – die Unterscheidung von Verstand und Vernunft ist eine viel spätere – konnte der Zugang zum Reich der Ideen gelingen und ihre Strukturen und Muster erkannt werden. Jahrtausende war man darauf aus, Ideen zu verstehen, denn sie versprachen den Schlüssel zum Verständnis des tieferen Sinns der Welt. Die Welt selber stellte in ihrer Zusammengewürfeltheit und sinnlichen Erfassung lediglich eine mehr oder minder schwache und darüber hinaus vergängliche Kopie der Ideen dar. Ideen hingegen waren die göttlichen Gedanken. Sie sind das, was unfehlbar wahr ist und zugleich das Einzige, was die Seele je beruhigen kann. Wenn die Seele die Wahrheit erkennt, verbindet sie sich laut Plato mit ihrer vorgeburtlichen Existenz, an die sie sich im Erkennen wieder erinnert. Die Dinge sind im Grunde nur gut, weil sie in den Menschen die Wiedererinnerung an ihr ursprüngliches, wahres Wesen auslösen können. Die Idee ist der wahre Grund dafür, dass wir überhaupt Wahrheit erkennen können. Den Sinnen, so argumentierte Plato damals wie Descartes nahezu zweitausend Jahre nach ihm, sei nicht zu trauen. Etwas zu erkennen, etwa zu verstehen, warum etwas schön ist, bedeutet, über die Erscheinung der Farben und Formen hinaus in das Wesen der Dinge zu schauen und auf diese Weise zu erkennen, wie es teilhat an der Idee des Schönen, die es mehr oder minder gelungen verkörpert. Die Dinge zu erkennen bedeutet, zu erkennen, dass sie in doppelter Weise zurückgeblieben sind. Denn erstens sind sie nur ein zeitlicher und damit vergänglicher Abglanz der unwandelbaren Ideen. Ein Tisch, der hier steht, ist nur deshalb ein Tisch, weil er die Idee des Tisches verwirklicht, der er sich verdankt. Dass diese Idee sich hier und jetzt realisiert, bleibt jedoch kontingent und ist purer Zufall. Zweitens hinken die Dinge der Wirklichkeit der Idee hinterher, weil die Ideen ihr wahres Wesen, ihre Essenz darstellen. Die Vielheit der Perspektiven und die Unterschiedenheit des materiellen Seins aller Einzeldinge, die auf höchst unterschiedliche Weise an den immateriellen Ideen teilhaben, finden allein in der Idee des Guten zur Einheit zusammen.

Es ist erstaunlich zu beobachten, wie Plato unter der Hand den Begriff des natürlichen Sehens auf den Kopf stellt und ihn in die Welt des Geistigen – man könnte auch sagen Fiktiven – überführt. Das griechische Wort Ἰδέα bedeutet ursprünglich Bild oder Erscheinung und meint das, was man mit seinen Augen sehen kann. Für Plato ist also das sinnlich Wahrgenommene das Erscheinungsbild von etwas. Das, was sinnlich erfasst wird, ist das Abbild der ewigen Ideen. Diese sind gerade nicht sinnlich erfahrbar und können nur geistig mit Hilfe des Verstandes erfasst werden. Damit wird die Idee – wörtlich das, was man sehen kann – zu etwas, das man im Widerspruch zum ursprünglichen Wortsinn gerade *nicht* sehen kann. »Sehen« kann man es erst mit Hilfe einer geistigen Schau. Im Unterschied zum Sehen mit den Augen ist das wissenschaftliche Erfassen der Welt daher eine andere Form des Sehen, für die es im Griechischen auch ein anderes Wort gibt: nicht Ἰδέα sondern Θεωρία, also Theorie. Erst das theoretische Erfassen der Welt, das durch die unterschiedlichen geistigen Vermögen vermittelt wird, macht die Ideen sozusagen nach dem Übersetzen ins Materielle sichtbar. Zur Erkenntnis der Wahrheit führt jedoch nur das geistige Sehen – die Theorie. Die Dinge, lässt Plato seinen Lehrer Sokrates sagen, werden *gesehen, aber nicht gedacht; Ideen hingegen werden gedacht und nicht gesehen.*

Wenige Seiten nachdem Plato den Begriff der Idee eingeführt hat, präsentiert er im siebten Kapitel der *Politeia* das bekannte Höhlengleichnis. In diesem Gleichnis kippt Plato das Bild vom Boden und der Bodenlosigkeit, das auf einer vertikalen Achse mit »oben« und »unten« verläuft, in die Waagerechte. Aus den für fest und solide gehaltenen Dingen macht er Schatten – transparente, gleichsam bodenlose Abbilder der wahren Welt. Dazu versetzt Plato seinen griechischen Zuhörer zunächst an den archaischen Ort, dem er nach einer langen Geschichte der Evolution endlich entkommen zu sein glaubt. Die Höhle ist für einen gebildeten Griechen kein adäquater Wohnort. Doch genau dort, behauptet Plato, in einer solchen Höhle, sitzen die Menschen nach wie vor. Die Höhle markiert die gesamte Welt, den Raum der Erkenntnis, der den Menschen überhaupt zugänglich ist – weil *sie von Kindheit an gefesselt an Hals und Schenkeln auf demselben*

Fleck bleiben und auch nur nach vorne hin sehen können. Draußen aber, vor der Höhle, gibt es ein Licht, so dass die Gefangenen von den Dingen und Menschen hinter ihnen nur die Schatten an der Wand sehen, die sich wie ein Fernsehbildschirm vor ihnen befindet. Diese Schatten – die virtuellen Abbilder der Welt draußen – halten die Höhlenbewohner, ähnlich den modernen Fernsehzuschauern, für die wahre Welt. Tatsächlich ist diese wahre Welt weitaus komplexer, vielschichtiger und mehrdimensional, behauptet Plato.

Das, was die Gefangenen sehen, ist nur ein Schein – ein zweidimensionales, flaches Abbild einer mehrdimensionalen Wirklichkeit. Alles, was sie sehen, sind Schatten der Ideen, nicht die Ideen selbst und daher auch nicht die fundamentale Wirklichkeit und damit nicht die Wahrheit. Selbst das, was die Gefangenen hören – die Gespräche der Vorübergehenden – interpretieren sie als Rede über Schatten. Sokrates sagt zu Glaukon: *Nun betrachte auch die Lösung und Heilung von ihren Banden und ihrem Unverstande. Wenn einer entfesselt wäre und gezwungen würde, sogleich aufzustehen, den Hals herumzudrehen, zu gehen und gegen das Licht zu sehn, und, indem er das täte, immer Schmerzen hätte und wegen des flimmernden Glanzes nicht recht vermöchte, jene Dinge zu erkennen, wovon er vorher die Schatten sah: was, meinst du wohl, würde er sagen, wenn ihm einer versicherte, damals habe er lauter Nichtiges gesehen, jetzt aber, dem Seienden näher und zu dem mehr Seienden gewendet, sähe er richtiger, und, ihm jedes Vorübergehende zeigend, ihn fragte und zu antworten zwänge, was es sei? Meinst du nicht, er werde ganz verwirrt sein und glauben, was er damals gesehen, sei doch wirklicher als was ihm jetzt gezeigt werde?*

Es ist genau dieser schmerzhafte Prozess der Ablösung, der auch in dem Film *Matrix* thematisiert wird und lange Zeit im Vordergrund der Dramaturgie steht. Neo, der Held des Films, versucht auf alle nur erdenkliche Weise, diesem schmerzhaften Prozess zu entgehen. Auch nach Plato braucht es viel Geduld und weitere Argumentation, um die befreiten Gefangenen schließlich davon zu überzeugen, dass sie endlich da angekommen sind, wo sie immer hin wollten. Was sie zunächst für eine Fiktion gehalten hatten – nämlich die Vorstellung, dass es eine andere, wahre Welt »hinter« ihnen, eine Welt »jenseits« ihres Sinnesfeldes »draußen« in der »wirklichen« Realität gebe –, erweist sich in Wahrheit als die eigentliche Wirklichkeit. All das hingegen, was sie sahen und ihnen bislang als völlig real erschien, entpuppte sich als ein Trugbild, das nur ein Schatten der Dinge war. So wie die Matrix eine Welt vortäuscht, sind die Schatten in Platos Höhle virtuelle und keine wirklichen Dinge. Der Blick in Richtung Wahrheit ist schmerzhaft und führt in der ersten Phase zu einer vollständigen Blendung. In der Übergangsphase der Orientierungslosigkeit ist die Wahrheit wie ein grelles Licht, eine Sonne, deren Licht unerträglich hell ist und alles Erkennen unmöglich macht. *Gewöhnung also, meine ich, wird er nötig haben, um das Obere zu sehen*, sagt Sokrates. Man muss sich an die Helligkeit gewöhnen, um die Ideen erkennen zu können. Dann erst setzt allmählich das Erkennen ein: zunächst das Erkennen der wahren Natur der Abbilder, die man in der Höhle fälschlich für die Wirklichkeit gehalten hat – und dann das Erkennen der tatsächlichen Dinge, zu denen auch das gehört, was am Himmel sichtbar ist oder in der Nacht – denn auch die Nacht konnte in der Höhle nie gesehen werden. Selbst das Dunkel war ein falsches Dunkel.

Schließlich kommt es nach Plato zu einem Erkennen der Sonne selbst: zuletzt *denke ich, wird der Mensch auch die Sonne selbst, nicht Bilder von ihr im Wasser oder anderwärts, sondern sie als sie selbst an ihrer eigenen Stelle anzusehen und zu betrachten imstande sein.* Der letzte Schritt, der auf die Erkenntnis folgt, ist die Rückkehr in die Höhle und die Befreiung der anderen

Gefangenen, die anschließend denselben Prozess von Blendung und Erkenntnis durchlaufen müssen. Der Heilsbringer, der wie der Hacker *Neo* in *Matrix* selbst zur Verkörperung der frohen, neuen Botschaft wird, ist für alle, die ihm folgen, der erste Wissende – der, der die anderen erlösen kann, während diese immer noch in die Betrachtung von Schatten versunken sind. Gefangen in einer Welt der Illusion, deren Natur sie nicht erkennen, streiten sie dennoch erbittert über ihre wahre Natur. Die erzählerischen Strukturen wie die von der doppelten Verblendung lassen sich leicht auf andere Erzählformen übertragen. Nicht nur die Fruchtlosigkeit politischer Debatten im Reich der Schatten, auch Romane oder Filme wie *Matrix* oder *Welt am Draht* lassen das Höhlengleichnis immer wieder modern erscheinen. Die zentrale Botschaft von Neo ist, dass die Menschen sich nicht in der Wirklichkeit bewegen – in der sie von Maschinen gezüchtet und, wie bei Plato, gefangen gehalten werden. In Wahrheit befinden sie sich in der Matrix. Doch sie können aus ihr entkommen.

Über die Wirksamkeit dieses Films ist viel nachgedacht worden, zumal er auch aktuelle philosophische Diskussionen wie die über sogenannte Gehirne im Tank oder auch buddhistische Theoreme übernommen hat. Wirksam ist der Film nicht nur aufgrund seiner hervorragenden Dramaturgie und völlig neuer Kameraperspektiven und Tricks, sondern auch durch die direkte Ansprache an jeden, der ihn sieht, sein Leben zu überprüfen. Das Gefühl, in einer Matrix oder einem Traum zu leben, kennen viele Menschen, auch wenn sie den Film nie gesehen und Plato nie gelesen haben sollten. Das Höhlengleichnis legt ebenso wie die *Matrix* nahe, dass jeder, der die Wahrheit erkennen will, weder bleiben sollte, wo er ist, noch so bleiben kann, wie er gegenwärtig ist. Damit folgt Platos Gleichnis wie der Film der Drehbuchstrategie der Reise des Helden. Der Mensch ist das Wesen, das anders als das Tier seine natürliche Zuflucht beim Sichtbaren aufgeben muss, um allein auf das Unsichtbare zu setzen. Erst durch diese abenteuerliche Reise wird er zu einem wahren Menschen. Um er selbst zu werden, muss der Mensch ein Stadium der Blendung und Heimatlosigkeit durchlaufen – eine Phase zwischen den Welten, zwischen Höhle und der *oberen Welt*, von der Plato spricht. Der Mensch ist das Wesen, das lernen muss, weniger dem Sichtbaren und viel mehr dem Fiktiven zu trauen, dem, was man nicht sehen, wohl aber denken kann. Das Fiktive ist der rettende Teppich, der Anker, ohne den der Mensch, dem der Boden unter den Füßen weggezogen wurde, tatsächlich ins Bodenlose fallen würde. Die Erzählung gibt Hoffnung und motiviert durchzuhalten, komme, was wolle. Kein Mensch kann ohne diesen fliegenden Teppich leben, der ihn *wirklich* rettet, obwohl er für jedes Tier und sogar für alle Unwissenden, die noch am Sichtbaren hängen, unsichtbar bleiben muss. Der Teppich, der rettet, ist derselbe Teppich, der für die anderen, die in der Matrix bleiben, nicht existiert. Würde man den Teppich sehen, hätte man zugleich auch verstanden, dass die Welt, in der man ist, lediglich die Projektion, das virtuelle Muster einer anderen Welt, eben eine Matrix ist.

Platos Höhlengleichnis war, ähnlich wie *Matrix*, so erfolgreich, weil es auf ein Grundprinzip unseres Denkens setzt: auf eine dualistische Sichtweise. Licht und Schatten, Illusion und Wahrheit, das Abbild der Dinge und die Dinge selbst – all das sind wiederkehrende Themen. Platos Dualismus von Idee und Wirklichkeit bzw. von wahrer und illusionärer Erkenntnis der Wirklichkeit liest sich aus heutiger Sicht wie eine Vorahnung der späteren Diskussionen um das nicht erkennbare Kant'sche *Ding an sich*. Gleichzeitig erklärt sich die jahrtausendelange Laufzeit des Höhlengleichnisses durch seine erzieherische Zugkraft. Plato setzt auf das Antiintuitive und Fiktionale. Statt sich auf das Sichtbare zu verlassen, soll der Prozess zunehmender Erkenntnis dazu führen, das Standbein durch Bildung und Training vom Sichtbaren auf das Unsichtbare zu verlagern. Das, was zunächst irreal und fiktiv erscheint – die obere Welt –, ist in Wahrheit das Reale. Erst wer bereit ist, dieser Geschichte zu vertrauen, wird das Unsichtbare erkennen und aus dem Gefängnis finden. Auf eine Fiktion zu setzen ist ein hohes Risiko, wenn man in einer Höhle gefangen ist – auch wenn die Fiktion auf einem erfolgreichen Dualismus gründet. Das Höhlengleichnis ist die Geschichte von einem rettenden Aufstieg, der in Wahrheit kein Aufstieg ist, sondern eher ein Querausstieg – denn es erzählt Befreiung als horizontale, nicht als vertikale Bewegung. Erst das Christentum setzt dieser Vorstellung von Erlösung eine vertikale Geschichte – die Auffahrt in den Himmel – entgegen. Für die Wissenschaften blieb Plato lange Zeit eine Verlockung. Was zunächst noch als Fiktion und Hypothese erscheint, erweist sich paradoxerweise am Ende als das Wahre und als die eigentliche Realität – nachdem man die Phase der Blendung und völlig hilflosen Orientierungslosigkeit hinter sich gelassen hat. Plato erzählt eine Anti-Entfremdungsgeschichte: Gerade das, was zunächst zu entfremden scheint, das Denken und die Fiktion, führen in die wahre Natürlichkeit und den wirklichen Seinszustand zurück. Erst indem der Mensch einen heldenhaften Prozess durchläuft, der ihn unter Schmerzen von seinen Ketten befreit und aus der sicheren Höhle in die offene Welt führt, gewinnt er Erkenntnis und findet zu sich selbst.

Es scheint, als würde Platos Mythos bereits die ganze Wahrheit sagen. Am Ende steht das helle Licht der Erkenntnis: die Sonne. Wie wenig das im Einzelfall stimmt, zeigt sich gerade beim Fall des Ikarus – und nicht nur, weil die Nähe zum Licht seine tragenden Flügel schmelzen lässt. Auch all denen, die im Labyrinth des Minotaurus, dem Ikarus entkommen konnte, gestorben sind, hat das Licht der Sonne kein bisschen helfen können. Die jungen Männer, die in das Labyrinth des Monsters eindrangen, um die Jungfrauen zu befreien, lebten im Sinne Platos längst nicht mehr in einer Schattenwelt. Die Sonne brennt hell über ihrem südlichen Labyrinth. Die Dinge selbst sind klar und deutlich zu erkennen. Doch das hilft den Betroffenen in keiner Weise. Das Überleben hängt nicht mehr von der richtigen Theorie ab, sondern von einer Technik und Strategie. Es hängt, buchstäblich, an einem Faden: dem Faden, mit dessen Hilfe man den Weg zurückfindet, vorausgesetzt man war in der Lage, das Monster zu töten. Die Frage, welche Ordnung oder Wirklichkeit die wahre Wirklichkeit ist, spielt im Labyrinth ebenso wenig eine Rolle wie eine Theorie, eine Fiktion, die den Zugang zur Welt der ewigen Ideen eröffnet. *Denn in der Höhle läßt sich leben, im Labyrinth nicht*, schreibt Hans Blumenberg in seinem Buch *Höhlenausgänge*, in dem er wie kaum jemand vor und nach ihm die vielen Verästelungen und Weiterentwicklungen des Platonischen Mythos bis in die Moderne verfolgt. Der Faden der Ariadne ist ein Rettungsgerät der Selbsterhaltung, kein Leitfaden der Erkenntnis oder eine subtile Anleitung, um die Wahrheit zu finden. Der Faden der Ariadne ist Pragmatismus pur. Doch seltsamerweise ist diese Geschichte weitaus weniger rezipiert und variiert worden. Bis heute hat nach wie vor der Platonische Mythos hohe Anziehungskraft – trotz Kants vernichtender Kritik, die den entscheidenden Bruch in der europäischen Denktradition markiert. Aus der Wendung zum Idealismus entstanden nach langen Auseinandersetzungen mit den Naturwissenschaften die gegenwärtigen Spielarten des Konstruktivismus, die manche der platonischen Elemente bewahrt haben. Auch der Konstruktivismus bestaunt, dass die Welt eine mehr oder minder zufällige Erfindung des Gehirns sei, während diesem Gehirn, das den Menschen in Wahrheit ausmacht, die Welt außerhalb dieses und anderer Gehirne verschlossen bleibe. Zwar scheint der Mensch dank der neurowissenschaftlichen Revolution befreit zu sein von seiner idealistischen Suche nach den fernen Ideen: doch nur, weil er selbst zum ausschließlichen Produzenten dieser Ideen geworden ist. Aber genau das ist sein Problem. Idee und Wirklichkeit haben ihre Plätze getauscht. Nicht die Ideen sind fern, wie einst bei Plato oder wie in den idealistisch-theologischen Varianten, sondern die Wirklichkeit, die auch in ihrer direktesten Erfahrung nichts anderes als ein Konstrukt, eine Matrix ist. Mit Plato gesprochen, ist und bleibt dieses Leben ein Leben in der Schattenwelt, gefangen in der Höhle der eigenen Konstruktionen. Menschen glauben, dass sie in der Welt leben – doch aus einem völlig falschen Grund. War es bei Plato das Misstrauen in die Sinne, so ist es nun das Misstrauen in die eigenen Projektionen, die die Welt zu einem ungenießbaren Schattenspiel machen. Platos Rat war es, nicht den Erscheinungen und Sinnen zu glauben, sondern den Fiktionen zu vertrauen. Statt die Gebäude der Erkenntnis auf den scheinbar festen, sicheren Boden der direkten Erfahrung und Empirie zu gründen, rät Plato den Menschen, dem Unsinnlichen, Unsichtbaren zu folgen. Um wirklich zu glauben, müssen die Menschen dem weißen Kaninchen des Glaubens an die Ideen folgen, gleich, wohin es läuft. Das ist Platos Behauptung: dass der sichere Boden, das Fundament, das auf Erfahrung und sinnliche Wahrnehmung gründet, in Wahrheit trügerisch ist. Es ist nur eine weitere Spiegelung in der Matrix. Jede Bewegung in ihr zieht die Fessel der Illusion umso fester. Der Weg aus der Matrix führt nicht durch die Wirklichkeit, die eine Illusion ist, sondern über den Glauben in das Reich der Ideen und damit in die wahre Welt. Auch das ist einer der Gründe dafür, dass *Neo* für viele andere Menschen die Qualität eines Erlösers hat: Man muss an ihn *glauben* und ihm *folgen*, um zu sehen, dass er die Wahrheit sagt. Erst dann, wenn man ihm konsequent auf seinem Weg tief hinein in die Matrix folgt, verändert sich die Matrix. Wahrheit und Fiktion tauschen in diesem Moment auf eine paradoxe Weise ihre Stellung. Bis heute wird dieses Grundthema in unzähligen Variationen durchgespielt. Platos Goldbergvariationen, die ein einfaches Bassthema virtuos variieren, kommen in immer neuen Aufnahmen auf den Markt. Der Welt ist nicht anzusehen, dass sie existiert. Diese seltsame Behauptung ist die Quintessenz einer radikal skeptischen und platonischen Sicht. Denn nach Plato wäre es durchaus möglich, dass es Ideen gibt, aber keine Welt. In der konstruktivistisch-neurowissenschaftlichen Variante lautet die Behauptung: Es ist durchaus möglich, dass es etwas gibt. Aber es gibt keine Chance, zu wissen, was es ist. Denn alles, was wir haben, sind Echos in einer Welt, die wir selber mit Hilfe unseres Gehirns und der daran angeschlossenen Sinnessysteme konstruieren.

Allerdings bleibt eine zentrale Frage, auch in den weniger radikalen Versionen konstruktivistischer Spielart. Wenn die Wirklichkeit der Konstruktionen zwar alles ist, aber mit den Sinnen nicht erfasst werden kann, so dass alles, was ist, nur ein Schatten bleibt: Von welcher Wirklichkeit ist dieser Schatten, den wir sehen, der Schatten? Was ist, anders gefragt, der Status desjenigen, der die Welt erträumt und erkennt, dass das, was er sieht, ein Traum ist? Ist der Konstrukteur ein bloßer Schatten eines für ihn gänzlich unerkennbaren Mechanismus (darin einem Nichts gleich) – oder steckt eine erkennbare, wenn auch andere Welt bzw. ein anderer Zustand der Welt hinter dem Schattenabbild? In Platos Version scheint es, dass Höhlenmenschen zwar immer neue Theorien entwickeln und darüber beraten können, indem sie Papiere verfassen und Theorien, die sie einander zureichen, soweit ihre Fesseln das erlauben. Doch immer bleiben sie von der Sonne abgewandt. Die Höhlenbewohner arbeiten und denken, diskutieren und streiten in der Hoffnung, ihre Welt irgendwann wirklich zu verstehen. Doch was nutzen all die Theorien, wenn niemand überprüfen kann, ob die Zeichen auf dem Papier überhaupt irgendetwas mit der wahren Welt dort draußen gemeinsam haben? Wenn Wahrnehmung und Begriff zu völlig unterschiedlichen Welten gehören, zwischen denen es keine Verbindung gibt? Um welche Welt handelt es sich dann überhaupt? Wo beginnt und wo endet sie? Ist nicht jede Form sicherer Erkenntnis unmöglich?

Als Immanuel Kant, der sich stark mit den Theorien der Naturwissenschaftler und insbesondere Newtons befasst hat, 1781 seine *Kritik der reinen Vernunft* veröffentlicht, befand sich das Denken in einer fundamentalen Krise. Während Descartes und andere behaupteten, man könne den Sinnen nicht trauen und folglich der Rationalismus – eine methodisch genauere Fassung der Ideen-Theorie Platos – den einzig möglichen Weg zu sicherer Erkenntnis biete, behaupten insbesondere die englischen Empiristen wie Francis Bacon, Thomas Hobbes und John Locke, dass allein die Erkenntnis der durch Kausalprozesse bestimmten empirischen Erfahrung weiterführen könne. Doch auch das sollte sich durch Kant als Sackgasse erweisen. 1827 setzte die katholische Kirche Kants Werk auf den *Index Librorum Prohibitorum*, das Verzeichnis der verbotenen Bücher. Kant hatte Descartes' Weg aus dem Skeptizismus versperrt. Schon Hume hatte die Erkenntnis mit seiner Kritik am induktiven Schluss in eine Sackgasse verwiesen. Selbst wenn den Sinnen getraut werden könnte: Die Erfahrung, die auf den Sinnen beruht, könnte nicht zuverlässig zu einer notwendigen, sicheren Erkenntnis über die Welt ausgebaut werden. Erst Kant findet aus diesen Problemen einen Ausweg – den Ausweg, der bis heute prägend geblieben ist. Wenn einerseits alle Erkenntnis zwar mit der Erfahrung beginnt – denn auch zu denken und zu zweifeln wie Descartes ist eine Erfahrung –, diese aber in eine Sackgasse führt; und wenn andererseits Logik und Mathematik, die augenscheinlich nicht aus der Erfahrung stammen, sehr verlässliche Ergebnisse liefern und im Fall der Mathematik sogar zur Einsicht in ewige Gesetze – denn Euklids Geometrie gilt in jedem Raum –: sollte man dann nicht, statt mit der Erfahrung zu beginnen, lieber mit den strukturellen Erkenntnissen beginnen, die *vor* aller Erfahrung liegen, so wie die Sätze der Mathematik? Allerdings findet man diese Sätze nicht wie Plato seine Ideen. Kant rückt von Plato ab, der einem Ikarus gleiche, der vergessen habe, dass es die tatsächliche Luft und ihr realer Widerstand ist, der ihn trägt. Wie Ikarus wähnt sich Plato als *leichte Taube*. Diese Taube könnte, *indem sie im freien Fluge die Luft theilt, deren Widerstand sie fühlt, die Vorstellung fassen, daß es ihr im luftleeren Raum noch viel besser gelingen werde. Eben so verließ Plato die Sinnenwelt, weil sie dem Verstande so enge Schranken setzt, und wagte sich jenseits derselben auf den Flügeln der Ideen in den leeren Raum des reinen Verstandes. Er bemerkte nicht, daß er durch seine Bemühungen keinen Weg gewönne, denn er hatte keinen Widerhalt gleichsam zur Unterlage, worauf er sich steifen und woran er seine Kräfte anwenden konnte, um den Verstand von der Stelle zu bringen.*

Kant analysiert die Unterlage, die Plato fehlt. Er nennt diese Form der Erkenntnis a priori: Sie liegt aller Sinneserfahrung voraus. Insofern ist sie sicher. Wenn sich die Erkenntnis besser nicht um die Sinneserfahrung drehen soll, weil dieses Verfahren zu unsicher ist – dann muss die Sinneserfahrung um die sichere Erkenntnis kreisen: und zwar um die, die wie die Mathematik oder die Gesetze der Physik, absolut verlässlich ist. *Bisher nahm man an, alle unsere Erkenntnis müsse sich nach den Gegenständen richten ... Man versuche es daher einmal, ob wir nicht in den Aufgaben der Metaphysik damit besser fortkommen, daß wir annehmen, die Gegenstände müssen sich nach unserem Erkenntnis richten … Es ist hiermit eben so, als mit den ersten Gedanken des Kopernikus bewandt, der, nachdem es mit der Erklärung der Himmelsbewegungen nicht gut fort wollte, wenn er annahm, das ganze Sternheer drehe sich um den Zuschauer, versuchte, ob es nicht besser gelingen möchte, wenn er den Zuschauer sich drehen, und dagegen die Sterne in Ruhe ließ. In der Metaphysik kann man nun, was die Anschauung der Gegenstände betrifft, es auf ähnliche Weise versuchen. Wenn die Anschauung sich nach der Beschaffenheit der Gegenstände richten müßte, so sehe ich nicht ein, wie man a priori von ihr etwas wissen könne; richtet sich aber der Gegenstand (als Objekt der Sinne) nach der Beschaffenheit unseres Anschauungsvermögens, so kann ich mir diese Möglichkeit ganz wohl vorstellen … ich nehme an, die Gegenstände, oder, welches einerlei ist, die Erfahrung, in welcher sie allein (als gegebene Gegenstände) erkannt werden, richte sich nach Begriffen, so sehe ich sofort eine leichtere Auskunft, weil Erfahrung selbst eine Erkenntnisart ist, die Verstand erfordert, dessen Regel ich in mir, noch ehe mir Gegenstände gegeben werden, mithin a priori voraussetzen muß, welche in Begriffen a priori ausgedrückt wird, nach denen sich also alle Gegenstände der Erfahrung notwendig richten und mit ihnen übereinstimmen müssen.*

Indem Kant diese Veränderung der Perspektive vorschlug, veränderte er die Gangart des gesamten kritischen Denkens einschließlich der wissenschaftlichen Methoden grundlegend. Ähnlich wie Eltern ihren experimentierfreudigen Kindern Regeln vorgeben müssen, so sind nach Kant die Kategorien, deren sich jeder denkende Mensch bedienen muss, um überhaupt denken und erkennen zu können, streng vorgegeben. Diese Veränderung ist folgenreicher, als man zunächst annehmen könnte. Kants neu definierter Erzählrahmen für die Geschichte der Erkenntnis erwies sich als einer der stabilsten und stärksten, die es bis heute gibt. Allerdings zahlte Kant einen

Preis für den Gewinn an Sicherheit und Gewissheit, indem er die Leistung des transzendentalen Subjekts betonen musste. Dieses liefert die grundlegenden Kategorien und damit die Möglichkeiten für eine Erkenntnis, die sicher ist wie die Sätze der Mathematik. Diese Kategorien sind keine Erfindung oder Vorgabe einer Gruppe von Wissenschaftlern, sondern die notwendigen Bedingungen für *jede* Erkenntnis überhaupt. Sie unterliegen weder den Problemen der sinnlichen Erfahrung noch denen des induktiven Schlusses, sind aber dennoch in jedem Menschen angelegt, der Wahrheit erkennen will. Statt auf das Sein, die Dinge und ihre richtige Wahrnehmung gründet sich sichere Erkenntnis auf das Subjekt – nicht das einzelne Subjekt, das jeder Mensch als individuelle Person darstellt, sondern als transzendentales Subjekt, das universellen, logisch ableitbaren Strukturen folgt. Im Grunde rückt diese Vorstellung das Subjekt an Gottes Stelle. Wahre Erkenntnis konstruiert sich vom transzendentalen Subjekt her.

Diese Unabhängigkeit von den Sinnen führt allerdings zu einer gewissen Abkopplung von der Außenwelt, auch wenn Kant sich große Mühe gibt, zu zeigen, dass Gedanken ohne sinnliche Erfahrung leer und die Begriffswelt ohne Anschauung blind ist. Und doch macht es keinen wirklichen Unterschied, ob man einen Gegenstand kennt oder ob es ihn gibt. Erkenntnis ist in erster Linie eine innere Konstruktion. Wenn die Welt der Dinge unsicher ist und nicht erschlossen werden kann – begibt man sich eben auf die sichere Fährte der Mathematik. Zu *wissen*, dass $7 + 5 = 12$ ist, bedeutet, sowohl diese Addition nach Regeln *konstruieren* zu können wie auch *feststellen* zu können, dass $7 + 5 = 12$ *ist*. Wenn schon das Ding an sich, das »hinter« allem steht, nicht erschließbar ist: Dann ist es wenigstens die Welt, die der Konstruktion entspringt, die man durchschauen kann.

Auf diese Weise entsteht das, was der italienische Philosoph

Maurizio Ferraris in seinem *Manifest des neuen Realismus* den *Trugschluss Sein – Wissen* nennt. Weil Sinne und Induktion unsicher sind, die Wissenschaft aber unabhängig von beidem über sichere mathematische Verfahren verfügt, muss sich die Erfahrung *in Wissenschaft auflösen. Sie muss durch die Wissenschaft begründet sein oder sie muss zumindest entlarvt werden als ein betrügerisches Weltbild.* Die Welt ist, vereinfacht gesagt, immer dann, wenn sie überhaupt verstanden und ihre Struktur erklärt werden kann, ein dichtes Gewebe von Begriffsschemata. Dieser Teppich der Begriffe, dessen Fäden durch eine mathematisch absolut hieb- und stichfeste Logik verbunden werden, ist absolut reißfest. Er ist sicher und besteht jeden Test, auch dann, wenn man ihn der Wirklichkeit aussetzt. Denn der Begriffsteppich *ist* unsere Welt. Wer glaubt, einen Teppich und das, was er abbildet, also eine Welt, voneinander unterscheiden zu können, hat nach Kant nicht verstanden, dass es keinen Teppich ohne Welt und erst recht keine Welt ohne Begriffsteppich gibt. Man hat nur beides zusammen. Alles, was es gibt und was der Fall ist, die Welt der Dinge und Tatsachen, *ist* überhaupt nicht ohne die Interpretation dieser Tatsachen. Beides bildet ein zwar unentwirrbares, aber jeder Belastung standhaltendes Knäuel.

In seiner Logik schreibt Kant: *Alle Erkenntnisse, das heißt: alle mit Bewußtsein auf ein Object bezogene Vorstellungen sind entweder Anschauungen oder Begriffe. Die Anschauung ist eine einzelne Vorstellung, der Begriff eine allgemeine oder reflectirte Vorstellung. Die Erkenntniß durch Begriffe heißt das Denken (cognitio discursiva).* So einfach scheint das. Weil Anschauungen am Ende nur einzelne Vorstellungen bleiben, kommt man mit ihnen nicht weit, zumindest nicht, wenn man Klarheit, Wahrheit und Gewissheit erlangen möchte. Also muss man denken – und das bedeutet, Begriffe zu gebrauchen. Wer diesen Weg beschreitet, hat nur drei Möglichkeiten: Man vergleicht Vorstellungen untereinander; man reflektiert sie und bringt Ordnung in die verschiedenen Vorstellungen und Überlegungen, die es im Bewusstsein gibt; oder man abstrahiert von alldem und findet das, was alle Vorstellungen eint. *Diese drei logischen Operationen des Verstandes sind die wesentlichen und allgemeinen Bedingungen zur Erzeugung eines jeden Begriffs überhaupt.* Letztlich unterscheidet sich der moderne Konstruktivismus, der die Lieblingsweltanschauung der Neurowissenschaftler ist, kaum von Kants Konzeption. Der einzige Unterschied ist der, dass die allen vorausgehenden Kategorien und Begriffe vom transzendentalen Subjekt buchstäblich ins Gehirn gerutscht sind. Dort gehören sie zwar der Welt der Natur an – bringen aber immer noch wie bei Kant treu all das hervor, was man einst Welt der Ideen nannte. Für Kant gilt: *Die Idee ist ein Vernunftbegriff, deren Gegenstand gar nicht in der Erfahrung kann angetroffen werden. Die Idee enthält das Urbild des Gebrauchs des Verstandes, z. B. die Idee vom Weltganzen, welche nothwendig sein muß, zum Behuf des durchgängigen Zusammenhanges unsers empirischen Verstandesgebrauchs.* Daran könnte auch ein moderner Gehirnforscher Spaß haben. Allerdings würde er anmerken, dass nicht die Idee das Urbild des Gebrauchs des Verstandes ist, sondern das Gehirn das Ursystem aller Verstandesarbeit bildet. Aber wie einst die Idee ordnet auch das Gehirn die Welt, fügt sie zusammen, bewertet das, was über die Sinne wahrgenommen wird, und fügt es in eine der gegenwärtigen Sinneserfahrung vorausliegende Ordnung, die vorgegeben ist durch die Muster der Vernetzung des Gehirns und die Zusammenarbeit der unterschiedlichsten Gehirnareale. Die Welt ist ein Traum des Gehirns. Die Matrix ist keine trockene, metaphysische Konstruktion von Maschinen, sondern der feuchte Traum, den die Wetware Gehirn hervorbringt.

Ein Realist ist ein Mensch, der daran festhält, dass Sein etwas anderes als Wissen ist. Für einen Realisten wäre Kant daher ein Mann, der unter einem Apfelbaum sitzt und, um den Geschmack eines Apfels zu verstehen, sich in ein mathematisch formuliertes Lehrbuch der Biochemie des Apfels vertieft – statt sich einen Apfel zu nehmen, der neben ihm liegt, und hineinzubeißen. Logik, Begriffe, Schlüsse und Begründungen haben eine entscheidende Grenze – die der Realität. Genau das meinte Wittgenstein, als er sagt: *Habe ich die Begründungen erschöpft, so bin ich nun auf dem harten Felsen angelangt, und mein Spaten biegt sich zurück.* Die Sinne mögen einen täuschen – am Ende verbrennt man sich dennoch die Hand, wenn man sie auf eine heiße Herdplatte legt. Der Spaten des Zweifelns biegt sich zurück, wenn der Felsen zu hart ist. Anders formuliert: Man mag so konstruktivistisch vorgehen wie man will – am Ende schlägt das Imperium der Dinge brutal zurück. Es ist die Wirklichkeit, der wir immer wieder begegnen, ohne je wirklich wissen zu können, *was* uns hinter der nächsten Straßenecke *wirklich begegnet*. Natürlich sind die Begriffe der Mathematik stabiler als das widersprüchliche Chaos des Wetters. Auch sind die Gesetze der Logik klarer als die statistischen Vermutungen der Finanzwirtschaft. Insofern darf man sich nicht täuschen lassen von Ökonomen und Politikern, die behaupten, ihr Finanz- und Banksystem sei logisch und beruhe wie die Kant'sche Welt auf absolut sicheren, mathematischen Prinzipien. Genau das wird auch über den Bau von Atomkraftwerken auf Erdbebenzonen behauptet. Aller Planung zum Trotz bleibt die komplexe Dynamik des Klimas, der Erdbeben und der Bankwelt zufällig wie ein Tsunami. Das hindert Investoren keineswegs, auf die Versprechen einer Kantischen Welt zu setzen und ihr Geld einzusetzen. Sie sind überzeugt, dass diese Welt, weil sie künstlich ist und konstruiert wird – und die Welt der Banken ist zu 100 Prozent eine Erfindung des Menschen und kein natürliches System –, immer auch berechenbar und beherrschbar ist.

Am Ende ist die Welt überraschenderweise immer wieder so, wie sie ist. Sie leistet erheblichen Widerstand gegen jede Vorstellung von ihr. Der absolut sichere Boden kann nach Descartes, Hume und Kant kein *natürlicher* archimedischer Punkt auf der Erde sein, sondern nur noch ein selbstfabrizierter Teppich, eine Konstruktion aus einem feuersicheren, unzerreißbaren Gewebe von Begriffen, die sich frei schwebend im Raum der mathematischen Strukturen und Logik bewegen, aber gerade deshalb sicher sind. Nachdem Archimedes' Traum ausgeträumt und auf Erden kein sicherer Boden zu finden war, befindet sich das sichere Fundament eben auf einem Teppich, der in der Luft idealer Räume schwebt. Aber das, versichern bis heute Konstruktivisten und Idealisten gleichermaßen, genüge. Doch was unterscheidet diese Konstruktion von Kunst? Tatsächlich behaupten Kunst, Dichtung und Ästhetik ihre Autonomie gegenüber der Logik, schreibt Ferraris. Ästhetik meint die Lehre von der Wahrnehmung und sinnlichen Begegnung mit der Welt. Diese ist, wie sie ist – und kein Begriff macht aus ihr etwas anderes. Man kann sich vorstellen, die heiße Herdplatte täte nicht weh – und vielleicht hilft diese Vorstellung wie ein Placeboeffekt auch eine Zeitlang. Doch spätestens wenn sich die erste Blase bildet, tut es höllisch weh. *Wenn es wahr wäre, dass der Gedanke die Realität erschafft, sähen wir – es sei denn, wir wären masochistisch – nicht nur das, was wir wollen, sondern auch und immer das, was uns gefiele, und wir wären niemals überrascht.*

Sinneswahrnehmung, induktiver Schluss, Münchhausen-Trilemma: Immer noch ist keine Antwort auf das Problem der Begründung wahrer Erkenntnisse gefunden. Allerdings kann man, mit Hans Albert, nach der Beschäftigung mit Kant und dem Idealismus einen klaren und eindeutigen Schluss ziehen. *Alle Sicherheiten der Erkenntnis sind selbstfabriziert und damit die Erfassung der Wirklichkeit wertlos. Das heißt: Wir können uns stets*

Gewissheit verschaffen, indem wir irgendwelche Bestandteile unserer Überzeugungen durch Dogmatisieren gegen jede mögliche Kritik immunisieren und sie damit gegen das Risiko des Scheiterns absichern. Wenn man keinen festen Boden unter den Füßen hat, kann man sich einen Standpunkt erfinden und von dort aus weitersehen. Dieses Verfahren hilft eine ganze Weile lang. Denn man kann aus allem, was man beobachtet, aus genetischen Fäden ebenso wie aus den Strukturen im Universum, stabile Muster ableiten. Mit Hilfe von Algorithmen kann man die unverbundenen Big Data, die Rohmasse von Millionen von protokollierten Einzelbeobachtungen, korrelieren. Man findet Entsprechungen und Übereinstimmungen von Mustern. Diese Muster sind die Erkenntnisse, die man gewinnt, indem man die vereinzelten Informationen miteinander zu einem Wissensgewebe verknüpft. Dieses Gewebe, der Teppich des Wissens und der Bildung, der durch das Zusammenbringen von einzelnen Informationen entsteht, ist wie alles Geistige kein Eigentum einer einzelnen Person. Vielmehr beruht dieses Muster auf *relationalen Formen gemeinsamer Praxis.* Das Gewebe selbst, so fest es auch erscheinen mag, besteht nur durch die Verbindungen und Verknüpfungen. Es ist reine Struktur und hat keinen festen Boden – aber trägt sich selbst und bleibt, bildhaft gesprochen, in der Luft. Darin gleicht es dem Geld, das als Gegenstand in sich ebenso wenig Wert wie Bedeutung hat. Beides erhält es erst im Zusammenhang mit der sozialen Praxis und den Institutionen, mit denen es verknüpft ist. Deshalb ist gerade Geld, bei aller Materialität, in hohem Maße ideell. Geld ist in Wahrheit weniger Gegenstand und Ding, sondern ein Schnittpunkt verschiedener Beziehungen, der erst durch diese Beziehungen seine Bedeutung erhält. Der fliegende Teppich, der auf diese Weise geknüpft wird, ist selbstfabriziert – aber fest genug, um darauf Gedankengebäude zu errichten oder mit seiner Hilfe reale Dinge zu kaufen. Allerdings befindet sich der Teppich wie alles in der Welt über einem Abgrund. Die Beziehungen, die tragen, können gekappt werden. Die Einschläge der Wirklichkeit können den Teppich löchrig, der Gebrauch kann ihn fadenscheinig machen – bis hin zu seiner Auflösung. Wahrheiten zeigen immer wieder geschichtlich bedingte Auflösungserscheinungen. Was also bleibt von der Sicherheit der Erkenntnis?

42 – WIE WAR DOCH GLEICH DIE FRAGE?
WISSEN ALS GESCHICHTE

Sie fragen mich, was alles Idiosynkrasie bei den Philosophen ist? ... Zum Beispiel ihr Mangel an historischem Sinn, ihr Haß gegen die Vorstellung selbst des Werdens, ihr Ägyptizismus. Sie glauben einer Sache eine Ehre anzutun, wenn sie dieselbe enthistorisieren, sub specie aeterni – wenn sie aus ihr eine Mumie machen.

Alles, was Philosophen seit Jahrtausenden gehandhabt haben, waren Begriffs-Mumien; es kam nichts Wirkliches lebendig aus ihren Händen. Sie töten, sie stopfen aus, diese Herren Begriffs-Götzendiener ... Nun glauben sie alle, mit Verzweiflung sogar, ans Seiende. Da sie aber dessen nicht habhaft werden, suchen sie nach Gründen, weshalb man's ihnen vorenthält. »Es muß ein Schein, eine Betrügerei dabei sein, daß wir das Seiende nicht wahrnehmen: wo steckt der Betrüger?« – »Wir haben ihn«, schreien sie glückselig, »die Sinnlichkeit ist's! Diese Sinne, die auch sonst so unmoralisch sind, sie betrügen uns über die wahre Welt. Moral: loskommen von dem Sinnentrug, vom Werden, von der Historie, von der Lüge – Historie ist nichts als Glaube an die Sinne, Glaube an die Lüge. Moral: Neinsagen zu allem, was den Sinnen Glauben schenkt, zum ganzen Rest der Menschheit: das ist alles › Volk ‹. Philosoph sein, Mumie sein, den Monotono-Theismus durch eine Totengräber-Mimik darstellen!«

Friedrich Nietzsche, Götzen-Dämmerung, Die »Vernunft« in der Philosophie (1889)

Erkenntnisse dienen dem Überleben. Nur wenige Wahrheiten, um die gekämpft wurde, verhalten sich dem Überleben gegenüber neutral. In der Regel spiegeln Erkenntnisse in unterschiedlicher Direktheit das Leben wider, das sie hervorbringt. Der Wunsch, möglichst gut und lange zu leben, ist der wahre Vater des Gedankens. Der bekannte Satz, wonach der Krieg der Vater aller Gedanken sei, spricht nur die archaische Halbwahrheit aus, in deren Besitz man durch Kampf und Gewalt gelangt. Nicht selten zerstört diese Gewalt alles, auch die Erkenntnis. Die Wahrheit ist, wenn nicht immer das erste, so doch eines der ersten Opfer jedes Krieges. Doch es gibt Formen des Entstehens und Überlebens von Erkenntnis, die nicht an Krieg gebunden sind. Wie sonst wäre überhaupt Wahrheitsfindung in Zeiten des Friedens möglich?

Erkenntnis und Überleben in einen Zusammenhang zu bringen bedeutet, die Einbettung von Erkenntnisprozessen in Lebenswelten zu verstehen. Erkenntnisse spiegeln wie archäologische Fundstücke die geschichtlichen Strukturen und Bedingtheiten realer, biologischer Lebensprozesse wider. Auch heute. Wahrheiten gehören zu den Lebewesen, die sie hervorbringen, auch wenn ihre Urheber wie im Internet oftmals unbekannt bleiben, weil sich Informationen zu schnell in der sozialen Cloud verbreiten. Als digitalisierte Gedanken durchziehen sie das Internet-Bewusstsein, darin tatsächlich Wolken ähnlich, die irgendwo entstanden und lange den digitalen Winden gefolgt sein mögen, ehe sie ein bestimmtes Bewusstsein durchqueren, ein kleines Stück Land, über dem sie als Erkenntnis abregnen. Oder werden, wie Wolken in der Nacht, nicht einmal bemerkt und ziehen weiter, ohne dass sie irgendeine Spur hinterließen. Es wäre denkbar, dass zu dem Bewusstsein, durch das Informationen, Wahrnehmungen und Gedanken ziehen, in Zukunft abstrakte, informationsverarbeitende Systeme gehören: künstliche Intelligenzen oder Halbintelligenzen, vielleicht auch völlig dumme Automaten, deren einzige Aufgabe darin besteht, nach Mustern zu suchen. Noch sind die Gedanken und Wahrnehmungen, die ein Bewusstsein durchziehen, Teil des Stoffwechsels eines Lebewesens. Was dieses Leben ausmacht, kann höchst unterschiedlich sein. Und es ist häufig unklar, was gesucht und am Ende gefunden wird.

Das klassische Konzept der Wissenschaften entspricht dem Traum des Archimedes, Wahrheiten mit absoluter Gewissheit zu verbinden. Solche Gewissheiten, die einen festen Boden jeder Erkenntnis versprechen, haben einen Preis. Je sicherer sie sind, umso lockerer ist ihr Verhältnis zur Überprüfung. Absolute Sicherheit der Erkenntnis, so lautete eine der Einsichten des kritischen Rationalismus, kann nur erreicht werden, wenn man die Einflüsse der Realität systematisch abmildert und sie gegen Kritik immun macht. Dabei werden nicht zwingend Sätze der Logik außer Kraft gesetzt.

Die Sätze der Mathematik oder Logik erfassen nur einen Teil der Vielschichtigkeit der realen Welt. Andernfalls wäre es möglich, mit Hilfe der Regeln des Schachspiels Probleme der Außenpolitik zu lösen. Modelle haben ihre Grenzen, so vernünftig sie als Sätze einer reinen mathematischen Vernunft auch sein mögen. Wie Hegel zeigte, folgen Bewusstsein und reale Geschichte einer im Detail häufig verwirrenden Dialektik. Hegel zeichnet den Weg, den der Geist und die Begriffe gehen, die historisch entwickelt wurden, in der *Phänomenologie des Geistes* nach. Der Geist und mit ihm das Erkennen haben ebenso eine Geschichte wie jeder Begriff. Erkenntnis entwickelt sich erst mit der Zeit. Deshalb erscheint *in der Zeit und Wirklichkeit die Wissenschaft nicht eher, als bis der Geist zu diesem Bewußtsein über sich gekommen ist*, schreibt Hegel am Ende der *Phänomenologie*. Der Geist – und damit ist das Kollektiv aller mit Bewusstsein begabten Wesen gemeint – muss arbeiten. *Die Bewegung, die Form seines Wissens von sich hervorzutreiben, ist die Arbeit, die er als* wirkliche Geschichte *vollbringt.* Aus diesem Grund hat Wissen immer eine Geschichte, und deshalb ist es kontingent.

Von Hegel lässt sich lernen, dass die Wissenschaften immer nur als Gesamtsystem des Wissens betrachtet werden können. Dieses Gesamtsystem ist, wie der Geist selbst, der es zu erfassen versucht, von völlig anderer Qualität als die in der Cloud verteilten Datensets, die sich zwar nach Belieben abrufen lassen, aber als reine Daten noch kein Wissen darstellen. Big Data ohne Verknüpfungen und Struktur, ohne bewusst kontrollierte Ordnung, ohne Formation der In-Formationen, bleibt wertlos. Um ein Knäuel von Daten zu verstehen, muss es buchstäblich entwickelt werden. Um diese Aufgabe gut zu bewerkstelligen, muss man eine Ahnung von der Ordnung haben, die sich herstellen soll. Nur so werden die einzelnen Fäden sichtbar, aus denen sich dann ein Muster bilden und der Teppich der Erkenntnis weben lässt. Diese Geschichte oder Entwicklung ist wesentlich. Ohne diesen sich in der Zeit entfaltenden Weg mitsamt den vielen Umwegen bleibt der Zugang zu den Dingen und ihre Erkenntnis versperrt. Je komplexer sie sind, umso weniger lassen sie sich durch eine einzige, einfache Formel, ein einzelnes Wort oder eine Zahl erfassen. Erkenntnis lässt sich letztlich nur als Weg, als Geschichte erzählen.

Diese erkenntnistheoretische Pointe Hegels bringt die bekannte Episode aus *Per Anhalter durch die Galaxis* von Douglas Adams auf den Punkt. Eine außerirdische Kultur baut einen Computer namens Deep Thought, der die Antwort auf die Frage aller Fragen finden soll, um endlich Klarheit zu schaffen und für absolute Gewissheit über das Leben und den Lauf des Universums zu sorgen. Der Computer beginnt, die Antwort auf die Frage *nach dem Leben, dem Universum und dem ganzen Rest* zu errechnen. Nach 7,5 Millionen Jahren spuckt Deep Thought tatsächlich eine Antwort aus. Sie lautet: 42. Was aber lässt sich mit dieser zwar absolut sicheren, über Jahrmillionen in Milliarden einzelner Rechenschritte berechneten Zahl anfangen? Um diese Frage zu beantworten, d. h. um genau zu verstehen, was 42 bedeutet, muss man die präzise Frage kennen, auf die 42 die korrekte Antwort darstellt. Doch diese Frage geriet im Laufe der Geschichte in Vergessenheit. Alle waren auf die Antwort fixiert – und vergaßen die Geschichte der Frage. Wissen ist am Ende kein reines Datum, keine Zahl, keine Information für sich, sondern eine Erzählung, die noch die Erinnerung an ihre Anfänge und den Gang ihrer Entwicklung enthält. Wissen ist immer Wissen in einem Kontext. Nur ein Multiple-Choice-Test funktioniert scheinbar losgelöst von jedem Kontext.

Hegel wollte mit seiner Phänomenologie und Enzyklopädie des Wissens zeigen, dass das, was Geist genannt wird, ein geschichtliches Gewebe ist. Nur als Bewegung durch Raum und Zeit der Erkenntnis bildet sich eine Ganzheit, die mehr als die Addition ihrer Teile zu einer Zahl wie 42 ist. Sogar der logische Schluss stellt bei Hegel keine formallogische Kategorie dar, so wie in Lehrbüchern der Logik üblich. Ein wirklicher Schluss ergibt sich vielmehr erst dann, *wenn der Anfang und das Ende eines Prozesses einen sinnvollen Zusammenhang, eine sinnstiftende Einheit bilden*, erklärt Byung-Chul Han Hegels Konzept in *Psychopolitik. Neoliberalismus und die neuen Machttechniken*. Wenn Wissen sich aus einem Schluss ergibt, dann ist es in diesem Sinn eine Narration, eine Geschichte. Wissen hat nicht nur eine Geschichte, es *ist* die Geschichte der Erkenntnis, von der es losgelöst kein weiteres Erkennen gibt. Wer nur durch das Netz und die Kanäle der Erkenntnis zappt, wird zwar hier und da Interessantes aufspießen. Aber alles bleibt zerstreut, beliebig und ohne verbindliche Ordnung.

Der Vorteil eines Organisationsprinzips von Wissen liegt auf der Hand: Durch die Grundstruktur ist sofort ersichtlich, welche Bedeutung eine Information hat. Jeder Informationspunkt steht mit jedem anderen in einer Beziehung und kann auf diese Weise abgeglichen und gewichtet werden. Daraus ergibt sich ein Bild der Welt, das sich zu einem Muster fügt, ähnlich wie unterschiedlich gefärbte Fäden in einem Teppich. Stößt man auf eine einzelne Information, die zunächst nicht eingeordnet werden kann, muss man nur das ihr entsprechende Netzwerk aufbauen, das Muster bzw. den Kontext kennen, in dem sie steht. 42 hat keinen Kontext. Man muss ihn erst bilden; und das Problem ist, dass sich beliebig viele derartige Kontexte bilden lassen. Bildung bedeutet daher nicht, sich mit Daten versorgen zu können – wofür jedes Smartphone bereits auf eine Weise sorgt, die vollständig das Fassungsvermögen eines einzelnen Individuums sprengt. Bildung bedeutet, Informationen so zu verstehen, dass man sie richtig einordnen kann und in einen Zusammenhang, ein gemeinsames Muster bringen kann. Das Problem besteht also nicht nur darin, sich einzelne Fakten einzutrichtern und merken zu können, sondern den Zusammenhang der Fakten zu verstehen, d. h. das Wissensnetz zu kennen, das die einzelnen Knoten und Fäden verknüpfen. Wissen besteht aus einem organisierten Gewebe von Sätzen, die ihre Geschichte haben. Sie sind das Muster, das auf dem Teppich der Informationen erscheint.

Hegel nennt ein solches Wissensmuster *Geistesgeschichte*, weil es notwendig an Geist und Bewusstsein des Menschen gebunden ist. Dieses Wissen ist dabei eine Kombination aus der tatsächlichen Geschichte, in der Formen und Gestalten eher zufällig erscheinen, und einem organisierten Gefüge der

Wissenschaft, das diese Lebensereignisse und Erscheinungen ordnet und in einen Zusammenhang bringt. Beides zusammen bezeichnet Hegel als *begriffene Geschichte*. Sie bildet den Ausgangspunkt für Wissen. Wie jede Geschichte erzählt auch die begriffene Geschichte von Stationen und Wegen, von Helden und Schurken, Fehlern und grandiosen Taten, Experimenten und Erkenntnissen. Das Wissen alleine, die Begriffe, Daten und Fakten, bilden nur die *Schädelstätte des Geistes*. Nietzsche bezeichnet sie als Begriffsmumien und spricht von Ägyptizismus. *Alles, was Philosophen seit Jahrtausenden gehandhabt haben, waren Begriffs-Mumien; es kam nichts Wirkliches lebendig aus ihren Händen. Sie töten, sie stopfen aus, diese Herren Begriffs-Götzendiener, wenn sie anbeten – sie werden allem lebensgefährlich, wenn sie anbeten.*

Worauf es ankommt, ist also, Sätze und Wirklichkeit so in einen Zusammenhang zu bringen, dass die toten Zeichen belebt werden. Das Problem ist, dass die Form des Zusammenhangs der Informationen bzw. der Dinge selbst nirgendwo in der Natur abgelesen werden kann. Der Zusammenhang der Dinge bleibt eine Erfindung des Menschen. Er lässt sich erfinden, nicht aber finden. Allerdings lässt sich eine zutreffende von einer unzutreffenden Fiktion unterscheiden. Die Fiktion muss der Wirklichkeit ausgesetzt werden, um auf diese Weise zu prüfen, ob sie dem Sturm der Wirklichkeit standhält. Natürlich ist es möglich, mit einer unzutreffenden Fiktion zu leben. Es ist möglich, zu glauben, dass alles, was sich ereignet, innerhalb des eigenen Bewusstseins stattfindet, das seinerseits ein isoliertes Gehirn in einem Tank ist. Doch im Sinne des Überlebens ist es ratsamer, sich zu der Überzeugung durchzuringen, dass die heiße Herdplatte, die beim Berühren Schmerzen verursacht, sich nicht in der Matrix des eigenen Bewusstseins befindet, sondern außerhalb der eigenen Vorstellungswelt. Man muss, mit den Worten Hans Alberts, *durch geeignete methodische Prinzipien die Möglichkeit des Scheiterns unserer theoretischen Konstruktionen an der Wirklichkeit* schaffen. *Geben wir unseren Überzeugungen – und damit auch den Theoretischen Konstruktionen, in denen sie sich verkörpern – die Gelegenheit, am Widerstand der realen Welt zu scheitern, dann haben wir gleichzeitig die Möglichkeit, ihren Wahrheitsgehalt zu prüfen und durch Korrektur unserer Irrtümer der Wahrheit näher zu kommen. Um das zu können, müssen wir allerdings das der klassischen Lehre zugrundeliegende Streben nach Gewissheit opfern und die permanente Ungewissheit in Kauf nehmen, ob sich unsere Auffassungen auch in Zukunft weiter bewähren und damit aufrecht erhalten lassen.* An die Stelle der Suche nach einem absolut sicheren Fundament der Erkenntnis tritt ein Prinzip permanenter kritischer Prüfung. Das, was ist, darf nicht als absolut sicheres Fundament, sondern nur als derzeit beste Hypothese betrachtet werden. In diesem Sinn gilt Musils Diktum, dass nichts sicher und alles in einer *niemals ruhenden Wandlung begriffen* ist. *Die Gegenwart ist nichts als eine Hypothese, über die man noch nicht hinausgekommen ist.*

Zur haltbareren Form der Wahrheit führt einzig und allein der steinige Weg kritischer Prüfung. Ein Damm ist nur sicher und hält, wenn er so gebaut wird, dass er am Ende *wirklich* einer Sturmflut standhält. Wer sich schützen will, darf sich daher nicht mit bloßen Vorstellungen von Sicherheit begnügen. Es ist die Widerständigkeit der Wirklichkeit, der die getroffene Auswahl von Begriffen und Theorien am Ende ins Auge sehen muss. Insofern hat Wahrheitsfindung stets ihren Preis: Man muss idealistische und rein konstruktivistische Träumereien einstellen. Die Methode, die zur Anwendung kommt, lautet: *Suche stets nach relevanten Widersprüchen, um bisherige Überzeugungen dem Risiko des Scheiterns auszusetzen, so daß sie Gelegenheit haben, sich zu bewähren.*

Wer Erkenntnis sucht, begibt sich unweigerlich auf einen fliegenden Teppich, der jederzeit seinen Dienst versagen kann. So lange bis dies geschieht, trägt dieser Teppich, der aus nichts anderem besteht als flugfähigen Sätzen und Bildern. In diesem Gewebe verbinden sich Fakten mit Fiktionen, Daten mit Vorstellungen, Phantasien und Irrtümern. Denn neben den bekannten Fakten gibt es auch die unentdeckt gebliebenen Tatsachen oder Scheinfakten, die nichts anderes als bislang noch nicht enttarnte Irrtümer sind. Der Teppich der Erkenntnis ist ein buntes Mischgewebe aus all den Vorstellungen, Begriffen, Daten, Metaphern und Verknüpfungen, die Menschen herstellen, um besser zu leben und überleben zu können. Der österreichisch-britische Philosoph, Sozial- und Wissenschaftstheoretiker Karl Popper fasst es so zusammen, dass *die empirische Basis der objektiven Wissenschaft nichts* Absolutes *ist; die Wissenschaft baut nicht auf Felsengrund. Es ist eher ein Sumpfland, über dem sich die kühne Konstruktion ihrer Theorien erhebt; sie ist ein Pfeilerbau, dessen Pfeiler sich von oben her in den Sumpf senken – aber nicht bis zu seinem natürlichen, gegebenen Grund. Denn nicht deshalb hört man auf, die Pfeiler tiefer hineinzutreiben, weil man auf eine feste Schicht gestoßen ist: wenn man hofft, daß sie das Gebäude tragen werden, beschließt man, sich vorläufig mit der Festigkeit der Pfeiler zu begnügen.*

Die wenigsten Wissenschaftler werden Freude dran haben, einzusehen, dass ihre Gedankengebäude mitsamt der imposanten, hochmodernen Architektur letztlich auf Sumpfland stehen. Immerhin behält Popper die Vorstellung einer zumindest provisorischen Sicherheit, eines Bodens unter den Füßen, bei. Das trifft auch auf den Ökonomen und Wissenschaftstheoretiker Otto Neurath zu, der nur drei Jahre vor Popper versucht hatte, sichere Erkenntnis aus einfachen Basissätzen, sogenannten Protokollsätzen, zu gewinnen. Neuraths Vorstellung, die er im Umkreis des Wiener Kreises entwickelte, wurde als logischer Empirismus bekannt. Ähnlich wie Kant gelangte auch Neurath zu der Einsicht, dass absolute

Sicherheit nur *im Gebiet des Ziffernrechnens* zu erreichen sei. Wer absolute Gewissheit sucht, sollte sich daher mit Mathematik befassen statt mit der Welt vor seiner Haustüre. Doch ist tatsächlich Mathematik so einfach und klar, dass sie für jeden verständlich ist?

Neurath forderte, dass *jede streng wissenschaftliche Lehre in ihren Grundzügen einem Droschkenkutscher in seiner Sprache verständlich* gemacht werden müsse. Diese Forderung stößt schnell an offensichtliche Grenzen. Zumal unklar ist, was die einfache Sprache als *Universalslang* aller Wissenschaften ausmacht und welche Rolle dabei der philosophischen Terminologie zukommt. Neurath war der Ansicht, Einstein sei *mit den Mitteln der Bantusprache irgendwie ausdrückbar, aber* nicht Heidegger, *es sei denn, daß man an das Deutsche angepaßte Mißbräuche einführt.* Am Ende seiner Überlegungen kommt Neurath zu einem ähnlichen Schluss wie Popper: *Es gibt kein Mittel, um endgültig gesicherte saubere Protokollsätze zum Ausgangspunkt der Wissenschaften zu machen. Es gibt keine tabula rasa. Wie Schiffer sind wir, die ihr Schiff auf offener See umbauen müssen, ohne es jemals in einem Dock zerlegen und aus besten Bestandteilen neu errichten zu können.*

Ob wir uns mit Schiffen, die wir nie an Land reparieren können, aufs offene Meer wagen, Pfahlbauten errichten, um Land zu gewinnen, oder in Ballons und Flugzeugen aufsteigen, um im Flug Überblick zu erhalten: Immer bleibt die Sicherheit des Bodens eine Illusion. Alles, was wir scheinbar tun können, ist, wie es in *Space Oddity* treffend heißt, auf eine sehr seltsame, eigenartige Weise im Raum zu schweben. Was trägt, ist eine seltsame Blechbüchse, ein Pfahlbau oder ein fliegender Teppich, gewebt aus Vorstellungen, Gedanken und Sehnsüchten. Dieser Teppich trägt, solange wir gewillt sind, ihm und damit auch den Fiktionen, die in ihn verwoben sind, zu vertrauen. Doch es bleibt ein Tragen auf Bewährung. Der

Auftrieb, der den fliegenden Teppich emporhebt, kommt nicht aus Stahlturbinen. Er stammt einzig und allein aus der Ordnung des Wissens und dem sozialen Band des Vertrauens, das Menschen knüpfen. Was sie verbindet, ist das Vertrauen auf diese Bindungen. Der Teppich ist ein Schutz gegen die Kälte der Welt.

Für viele bleibt diese Situation geradezu unerträglich paradox: Man verlässt sich und baut auf etwas, das in seiner Festigkeit so gar nicht existiert und dennoch trägt. Vertraut man sich jedoch dieser Situation an – Musil sprach davon, für eine Weile ein provisorisches oder hypothetisches Leben mit Interimsgrundsätzen zu führen –, dann besteht die große Chance, dass sich das Vertrauen bewährt und genau das in Gang gesetzt wird, was man sich erhoffte. Paradoxerweise gelangt man *tatsächlich* ans Ziel, indem man sich einlässt auf etwas, das nicht sicher ist. Es heißt dann, mit den Worten Ludwig Hohls, *sich hineinlegen in die Dinge. Zu handeln ohne Ruck und Stoß. Wütendes Umsichschlagen, besonders am Land, nützt nichts ... Das Element trägt und das ist die Hauptsache. Es ist nicht die Kraft, was den guten Schwimmer macht, sondern das Vertrauen in das Element, das* schon körperlich gewordene *Vertrauen.* Die Festigkeit des Teppichs, auf den man sich setzt, um zu fliegen, um weiterzukommen und sein Ziel zu erreichen, steht in direkter Abhängigkeit zu dem Vertrauen, das man in ihn setzt. In den chinesischen Texten des Taoismus und der Chan-Tradition wird in diesem Zusammenhang häufig von den vielen Wegen gesprochen, die alle am Ende durch ein Tor führen, durch das man unbedingt hindurchgehen muss, um ans Ziel gelangen zu können. Je näher man diesem Tor kommt, desto mächtiger und unpassierbarer erscheint es. Es wirkt wie eine Schranke, die den Durchtritt versperrt. Es gibt in dieser Wahrnehmung ein *vor* dem Tor Stehen und ein *dahinter*. Es ist erst möglich, das Tor zu durchschreiten, wenn alle dualistischen Vorstellungen von davor und dahinter, Ich und Nicht-Ich, verschlossen und offen, überwunden sind. Tor oder Nicht-Tor: Wie kommt man da hindurch? Gibt es überhaupt eine dritte Möglichkeit? Erst wenn man erkennt – und das heißt in diesem Fall: erfährt –, dass Tor und Nicht-Tor eine Realität sind, kann es mit Leichtigkeit durchschritten werden. Paradoxerweise gelingt es also erst in dem Moment, das Tor zu durchschreiten, in dem man erkennt, dass es in Wahrheit genauso wenig existiert wie der, der es durchschritten hat. Der durch ein Tor versperrte Weg ist torlos und immer schon weit offen, so dass *jedermann auf dieser großen Erde in es eintreten kann.* Es wäre töricht *sich an Worte und Sätze zu klammern und mit dem Intellekt etwas verstehen zu wollen. Es ist wie der Versuch, den Mond mit einem Stock zu schlagen oder sich durch das Schuhleder an einer juckenden Stelle am Fuß zu kratzen. Was ist das für ein Unsinn!*

Es ist genau diese Vorstellung von einem vor und einem (nicht existenten und in Wahrheit deshalb unerreichbaren) dahinter, einer *Hinterwelt*, über die Nietzsche wiederholt gespottet hat. Vor allem Kranke und Sterbende sähen die diesseitige Welt, für die Nietzsche die Metapher der Erde verwendet, vom (angeblichen) *dahinter* aus als einen *Traum, Dichtung eines Gottes* und *farbigen Rauch vor dem Auge.* Im *Zarathustra* betont Nietzsche immer wieder, wie wichtig es sei, sich ganz und gar der Realität anzuvertrauen, statt *den Kopf in den Sand der himmlischen Dinge zu stecken.* Es ist viel besser, *den Erden-Kopf frei zu tragen* und auf ihn zu vertrauen. Was trägt, ist die sinnliche Realität, so brüchig sie auch sein mag. Der fliegende Teppich ist der wirkliche Körper und das Ich, *selbst wenn es dichtet und schwärmt und mit zerbrochenen Flügeln flattert.* Alles, was es gibt, um zu erreichen, was man angeblich nur als Hinterwelt erreichen kann, ist die Realität – das, was hier und jetzt existiert mit all seinen Wirklichkeiten und Möglichkeiten.

Doch wie grenzen sich Möglichkeit und Wirklichkeit von-einander ab? *Möglichkeitsmenschen leben,* gab Musil zu beden-ken, *in einem feineren Gespinst, in einem Gespinst von Dunst, Einbildung, Träumerei und Konjunktiven; Kindern, die diesen Hang haben, treibt man ihn nachdrücklich aus und nennt solche Menschen vor ihnen Phantasten, Träumer, Schwächlinge und Bes-serwisser.* Und doch bedeutet ein Fehlen des Möglichkeitssinns zugleich einen Mangel und Verlust des Wirklichkeitssinns. Zumal das Mögliche *nicht nur die Träume nervenschwacher Per-sonen* umfasst, *sondern auch die noch nicht erwachten Absichten Gottes. Ein mögliches Erlebnis oder eine mögliche Wahrheit sind nicht gleich wirklichem Erlebnis oder wirklicher Wahrheit weniger dem Werte des Wirklichseins, sondern sie haben, wenigstens nach Ansicht ihrer Anhänger, etwas in sich, ein Feuer, einen Flug, einen Bauwillen und bewußten Utopismus, der die Wirklichkeit nicht scheut, wohl aber als Aufgabe und Erfindung behandelt.*

Die Wirklichkeit lässt sich also nicht einfach auf das re-duzieren, was ist. Sie beinhaltet mehr. Sie ist ein fliegender Teppich. Mit Blick auf die Alltagswirklichkeit lohnt es sich daher ebenso einen Sinn für mögliche Wirklichkeiten zu ent-wickeln wie für wirkliche Möglichkeiten. Wer gewohnt ist, alles nur mit Hilfe von iWatch, Computer und Algorithmen zu prüfen, wird die Möglichkeiten menschlicher Beziehun-gen kaum ernst nehmen. Warum sollte die Anlehnung eines Menschen an einen anderen einen stabileren Halt geben, als zwei Menschen, die mit Computern verbunden sind? Rech-nerisch ist das Ergebnis vielleicht dasselbe. Und doch ist es anders. Aber wie? Es ist ein wenig so wie mit dem Wald und den Bäumen: *Wald ist etwas schwer Ausdrückbares, wogegen Bäume soundsovielte Festmeter bestimmter Qualität bedeuten.* Bei-des, Wald und Bäume, gilt es daher in das richtige Verhält-nis zu setzen. Die Denkweise, mit deren Hilfe das geschieht, nennt sich *fiktiver Realismus.*

KAPITEL 4
FIKTIVER REALISMUS

Was uns wirklich zu Menschen macht,
ist die Tatsache,
dass wir einander Geschichten erzählen können.

Henning Mankell (2014)

Und genau so mysteriös, wie er sich erhoben hatte, war er wieder herun-
tergekommen, und jetzt wollte er nur noch neu beginnen. Er wollte nicht
wissen, was es bedeutet. Er wollte nicht zu diesem Ort gehören, dem
Ding, er hatte kein Wort dafür, in dem all das existierte, er wollte die reale
Welt um sich herum wieder erschaffen, selbst wenn die reale Welt eine
Illusion und das nicht abreißende Irrationale das Wahre war, er wollte die
Fiktion des Realen zurück.

Salman Rushdie (2015)

PRAGMATA – TATSACHEN

Ταράσσει τοὺς ἀνθρώπους οὐ τὰ πράγματα,
ἀλλὰ τὰ περὶ τῶν πραγμάτων δόγματα·

Nicht die Dinge verwirren die Menschen,
sondern die Meinungen über die Dinge.

Epiktet (50–138 n. Chr.)

In *Prozeß und Realität* stellte der amerikanische Philosoph Alfred N. Whitehead 1929 die vielzitierte Behauptung auf, *die sicherste Charakterisierung der philosophischen Tradition Europas lautet, daß sie aus einer Reihe von Fußnoten zu Plato* besteht. Dem markanten, zugespitzten Urteil lässt sich in der Tat einiges abgewinnen. Und doch ist Whiteheads Satz ein wenig übertrieben und hat möglicherweise zu einer Unwucht beigetragen. Zumindest was die Erkenntnistheorie als eine der wichtigsten philosophischen Disziplinen betrifft, scheint mir die abendländische Tradition seit der Zeitenwende vor 2000 Jahren vor allem aus Fußnoten zu einem einzigen Satz von Epiktet zu bestehen. Übersetzt lautet er: *Nicht die Dinge stören bzw. verwirren die Menschen* (wörtlich: bereiten ihnen Kummer bzw. bringen sie aus der Fassung), *sondern die Meinungen über die Dinge.* Für Epiktet sind es nicht die Pragmata, die für Verwirrung sorgen, sondern die Dogmata – Urteile und Begriffe, die wir wie Zettel an die Dinge heften, um im Denken einen Überblick gewinnen zu können. Mit Hilfe der Dogmata wird die Welt der Pragmata sortiert. Πρᾶγμα (Pragmata) hat dabei im Griechischen eine doppelte Bedeutung. Der Begriff bezeichnet zum einen all das, was gemacht wurde – so wie Dinge und Sachen gemacht sind, weil sie von jemandem hergestellt wurden. Zum anderen wird auch das, was getan bzw. vollbracht wurde, also Handlungen oder Taten, Pragmata genannt. Dieser Bezug zum praktischen Handeln spiegelt sich in der heutigen Verwendung des Wortes, etwa in *pragmatisch* oder *Pragmatismus*, am ehesten wider. Allerdings ist das, was geschieht, am besten abzulesen an den Veränderungen der Dinge. Sie sind, wie die Handlungen selber, (von wem auch immer) »gemacht«. Sowohl Dinge wie Taten haben eine Zeitdimension, auch wenn diese nicht unmittelbar sichtbar sein mag. Doch das, was in der Welt da ist, hat eine Geschichte. Zu ihrer Entstehung haben andere

Dinge, Taten und Faktoren beigetragen – Ursachen, die die Wirkung hatten, dass die Welt jetzt so ist, wie sie ist. Beides bezeichnet der Begriff Pragmata. Im Deutschen lässt sich die schillernde Bedeutung besonders gut durch das ebenfalls doppeldeutige Wort *Tat-Sache* wiedergeben. Der Begriff spielt auf das getane Ereignis ebenso an, wie er auf das Ding, die Sache hinweist, die vielleicht einer Tat, in jedem Fall aber einem Ereignis entsprungen ist, das sie zu dem gemacht hat, was sie ist – nämlich diese Sache, dieses eine Ding.

Die Pragmata, behauptet Epiktet, sorgen für sich selbst. Sie setzen sich zur Not auch gegen jedes Denken und jede Form der Begriffsbestimmung durch. Die Wirklichkeit ist der entscheidende Beweger und das Ereignis – nicht das Denken. Möglicherweise greift Epiktet mit dieser Vorstellung auf ein zentrales Thema der indischen und buddhistischen Philosophie zurück, demzufolge gilt, dass, nachdem alle Vorstellungen des Menschen weggefallen sind, die Welt dennoch als Welt zurückbleibt. Wer alle Ideen rauben würde, hat damit längst noch nicht die Wirkung der Wirklichkeit aufgehoben. Die Dinge sind, wenn sie von Vorstellungen und Meinungen befreit sind, immer noch die Dinge. Sie sind Tat-Sachen und wirken. Die Funktionalität der Dinge bleibt bestehen, denn ihre Realität existiert unabhängig von unseren Ideen über sie. Die Dinge selbst und das, was mit oder durch sie geschieht: Das ist die Realität bzw. das Ereignis der Welt.

Die moderne kognitive Psychologie hat diese Haltung aufgegriffen und in einen therapeutischen Zusammenhang übersetzt, wo ihr eine Schlüsselrolle zukommt. Es sind häufig die Vorstellungen, die Kognitionen, die uns ins Grübeln stürzen und unglücklich machen. Wir müssen dann erkennen, dass viele Dinge nun einmal so sind, wie sie sind. Wer an der Welt leidet und sie verändern will, sollte also die Dinge verändern, die verändert werden können: nicht aber das, was unveränderlich ist. Unterscheiden zu können, zu welcher Kategorie etwas gehört, ist wesentlich. Wer Unveränderliches ändern will, wird den Kürzeren ziehen und leiden. Am Ende sorgen die Pragmata, die Dinge, für sich selbst. Sie sind und bleiben auch ohne Menschen das, was sie eben von Natur aus sind: die Dinge oder Tat-Sachen.

Was die Menschen allerdings dabei verwirrt und häufig völlig aus der Fassung bringt, sind die Dogmata: die Vorstellungen, die Lehren, Theorien oder allgemein die Urteile und Meinungen über die Dinge und die Welt. Damit spielt Epiktet auf die sokratische Tradition an, die Nicht-Wissen keineswegs als Kapitulation begreift, sondern im Gegenteil als Möglichkeit, die Dinge richtig zu verstehen. Wer seine Dogmata ablegt, hat vielleicht die besten Chancen, dem Fluss der Pragmata zu folgen und sie zu verstehen. Während die Dinge oder Tatsachen nach Epiktet einfach *sind*, und zwar unabhängig von den Etiketten, die wir für sie verwenden, verhält es sich mit den Meinungen und auch mit dem Wissen anders. Wir Menschen müssen auf mühselige Weise lernen, mit dem Wissen über die Dinge und die Realität sachgemäß umzugehen (eben so, wie es den Tat-Sachen selbst und nicht möglicherweise falschen Vorstellungen über sie entspricht). Ansonsten laufen wir Gefahr, buchstäblich gegen sie zu laufen und uns durch ihren Widerstand ernsthafte, zuweilen tödliche Verletzungen zuzuziehen.

Genau darauf spielt das Wort Gegen-Stand an. Sobald wir uns durch Denken von den Dingen verabschieden und nur unseren eigenen Vorstellungen folgen wollen, erscheinen die Dinge als widerständig. Sie werden für das denkende Ich zum Gegen-Stand. Dogmata hingegen lassen sich verändern, weil sie am Ende bloße Zettel sind, die wir den Dingen aufkleben, aber auch wieder entfernen können. Sie stellen mehr oder weniger passende, zuweilen ungelenke Vorstellungen und häufig auch falsche Urteile über die Realität dar, die sich am Ende als wesentlich komplexer erweist als gedacht.

Dass wir unsere Meinungen über die Dinge ändern, ist nicht bloß Ergebnis einfacher Launen und Willkür, sondern häufig das Resultat langer und genauer Beobachtung. Wissenschaftliche Studien, Empirie und philosophische Reflexion als genaue begriffliche Verwendung eines Wortes legen in vielen Fällen nahe, die Dogmatik zu verändern. Große wissenschaftliche Revolutionen sind nur ein Beispiel für solche Vorgänge und zeigen, wie sich das Denken verschiebt. Die Paradigmen, in die die Dinge mit Hilfe von Begriffen und einer ihnen entsprechenden Praxis eingeordnet und erklärt werden, können sich grundlegend verändern. Ein Grund für solche Paradigmenwechsel ist, dass sich die Probleme in Theorien als hartnäckig und größer erweisen, als man vermutete. Auch wenn es vielen Astrophysikern lange Zeit nicht passte: Am Ende musste man zugeben, dass das Weltall eben doch mit einer zunehmenden Beschleunigung expandiert, deren Ursache man sich nicht erklären konnte. Selbst wissenschaftliche Paradigmen berühren die Pragmata zuweilen nur schwach und führen statt tiefer in die Dinge an ihnen vorbei.

Karl Marx hatte sich über diesen Zug von Wissenschaft und Philosophie geärgert. Seiner Meinung nach käme es nicht darauf an, den Tat-Sachen auszuweichen und die Welt unterschiedlich zu interpretieren – denn dieses Spiel der Dogmata nimmt kein Ende –, sondern vor allem *darauf* an, *sie zu verändern*. In seinen Thesen über Feuerbach schrieb Marx: *Der Streit über die Wirklichkeit oder Nichtwirklichkeit des Denkens – das von der Praxis isoliert ist – ist eine rein scholastische Frage.* Marx' Interesse galt der Praxis und damit den in sie eingebundenen Pragmata. Es machte für ihn keinerlei Sinn, über Dinge, Zustände oder Prozesse losgelöst von ihrem re-

alen Kontext, von der Konstellation der Pragmata, nachzudenken.

Tatsächlich gelingt es den Menschen heute auf eine inzwischen beängstigende Art und Weise, durch gezielte technische
Eingriffe die Welt auf nicht vorhersehbare Weise radikal zu
verändern. Viele dieser Eingriffe verdanken sich den Überlegungen über das Zusammenwirken der Dinge und damit
weniger den Pragmata als vielmehr den Dogmata, vor allem
denen der Wissenschaften. Nicht selten aber sind die Eingriffe in die Welt ein Ergebnis von Nicht-Nachdenken und
Resultate einer unausgegorenen, natürlichen Dummheit,
auch wenn diese heute behauptet, in Zukunft von künstlicher
Intelligenz Gebrauch machen zu wollen.

Interessant ist der Satz, der bei Epiktet unmittelbar auf das
Zitat über das Verhältnis von Pragmata und Dogmata folgt. Er
lautet: *So ist zum Beispiel der Tod nichts Furchtbares – sonst hätte
er auch dem Sokrates so erscheinen müssen –, sondern nur die Meinung, er sei etwas Furchtbares, das ist das Furchtbare.* Wer auf absolute Hindernisse wie den Tod stößt, so Epiktet weiter, der
solle nicht anderen die Schuld geben, sondern stattdessen sich
bzw. *uns selbst, das heißt unseren Meinungen und Urteilen.* Ob
Epiktet als Zeitgenosse des frühen Christentums damit nicht
nur auf Sokrates, sondern indirekt auch auf das Schicksal Jesu
anspielt, wird von Philologen zwar ernsthaft diskutiert, muss
aber am Ende offen bleiben.

DOGMATA –
MEINUNGEN, DICHTUNG, FIKTION

A gold-feathered bird
Sings in the palm, without human meaning,
Without human feeling, a foreign song.

You know then that it is not the reason
That makes us happy or unhappy.
The bird sings. Its feathers shine.

The palm stands on the edge of space.
The wind moves slowly in the branches.
The bird's fire-fangled feathers dangle down.

Die Palme am Ende des Geistes,
jenseits des letzten Gedankens, ragt
in die bronzefarbene Ferne.

Ein Vogel mit goldenen Federn
singt in der Palme, ohne Menschensinn,
ohne Menschengefühl, ein fremdes Lied.

Du weißt dann, nicht die Vernunft ist es,
die uns glücklich oder unglücklich macht.
Der Vogel singt. Seine Federn glänzen.

Die Palme steht am Rande des Raums.
Der Wind bewegt sich langsam in den Zweigen.
Die flammenden Federn des Vogels hängen herab.

Wallace Stevens, Of Mere Being (1955)

Epiktet gilt als Vertreter der sogenannten späten Stoa, einer um 300 v. Chr. durch Zenon von Kition begründeten Denkschule. Kosmologie und Physik bilden zusammen mit Logik und Ethik die Kernaspekte der Stoa, die sich im Laufe der Jahrhunderte immer wieder verändert hat. Epiktet wurde um 50 n. Chr. in Hierapolis geboren, einer Stadt im kleinasiatischen Phrygien, und kam als Sklave nach Rom. Dort diente er Epaphroditos, einem zu Wohlstand gekommenen ehemaligen Sklaven, der unter Kaiser Nero freigelassen wurde. Noch als Sklave wurde Epiktet mit Erlaubnis seines Herrn Schüler des Stoikers Gaius Musonius Rufus. Unklar ist, wann Epiktet selbst die Freiheit gegeben wurde. Als freier Mann lehrte er zunächst selbst als Philosoph in Rom, ehe er von Kaiser Domitian der Stadt und des Landes verwiesen wurde. Er starb im Nordwesten Griechenlands in Nikopolis. Das genaue Todesdatum, das je nach Quelle zwischen 125 und 138 n. Chr. anzusetzen ist, bleibt unbekannt.

Der Philosoph hinterließ keine eigenen Schriften. Er lehrte, wie Sokrates und viele stoische Denker vor ihm, allein durch mündlichen Vortrag, Streitgespräche und Unterweisungen. Nur durch seinen Schüler Lucius Flavius Arrianus, einen römischen Politiker und Historiker, der eine Biographie über Alexander den Großen sowie eine Abhandlung über Indien und eine Geschichte der Diadochen schrieb, sind eine Reihe der *Lehrgespräche* Epiktets überliefert. Epiktet benutzte die Koiné, eine neuere und vereinfachte Form des Altgriechischen, die zu Jesu Zeit gesprochen wurde und in der z. B. das Neue Testament abgefasst ist. Es bleibt unklar, inwieweit sich Epiktet selbst mit der neu entstehenden christlichen Lehre und Philosophie befasste. Fest steht, dass er durch meist indirekte Zitate, gelegentlich aber auch durch direkte Aufnahme einiger seiner Gedanken, insbesondere aus dem sogenannten *Handbüchlein*, einen durchgehenden Einfluss auf christliche, insbesondere neuplatonische Theologen und Philosophen ausübte. Das *Handbüchlein* (Encheiridion) ist ein von Arrianus zusammengestellter, konzentrierter Auszug aus den *Lehrge-**sprächen*. Aus ihm stammt der Lehrsatz, dass nicht die Dinge, sondern die Meinungen über sie die Menschen verwirren.

Diese Aussage Epiktets war über die Jahrhunderte immer wieder Ausgangspunkt für neue Überlegungen, wie Realitäten mit Sätzen und Urteilen zusammenhängen. Wenn Epiktet recht hat, dann ist es am Ende immer die Realität, die sich durchsetzt und bleibt. Für den Menschen entsteht daraus eine schwer lösbare Aufgabe. Er ist als biologisches Wesen, als Tier, in der Wirklichkeit verankert – und muss doch unentwegt weiter denken, sich von Urteil zu Urteil hangeln, um sich auf diese Weise die Welt zu erschließen, um in ihr optimal zu überleben. Insofern geht es bei aller Wertschätzung von Denken und Vorstellen mit den Worten des amerikanischen Lyrikers und Essayisten Wallace Stevens weniger um die Vorstellungen vom Leben, sondern um das Leben und die Dinge selbst. Doch wie wäre es zu erreichen, den Dingen ohne Dogmata zu begegnen? In seinen posthum erschienenen *Adagia* formuliert Stevens die Aufgabe so: *To live in the world but outside of existing conceptions of it*: in der Welt zu leben, *aber außerhalb der Vorstellungen, die es von ihr gibt*. Es scheint, als wäre Stevens damit dem Rat Epiktets gefolgt. Wenn es die Meinungen und nicht die Dinge sind, die uns verwirren – dann sollte man sich von diesen Meinungen befreien. Um in den Dingen zu sein und bei den Pragmata anzukommen, muss man zum *ignorant man* werden – zum unkundigen, nicht-wissenden Menschen.

Schon Sokrates hatte dieses Nicht-Wissen gerühmt, weil es einen Weg zu den Dingen bietet und zu wahrer Erkenntnis führt, weg von allen vorgefertigten Schablonen und allem Scheinwissen. Dieses Wissen über das Nicht-Wissen, d. h.

über die Grenzen des Wissens, gehört entscheidend zu dem, was für Sokrates Weisheit ausmacht: jene Qualität also, die Philosophen gleichsam als Jobbeschreibung in der Bezeichnung ihrer Disziplin tragen. Philosophie bedeutet wörtlich Liebe, Freundschaft oder Freundlichkeit der Weisheit gegenüber. Nicht der ständig erfinderische Geist sollte die Quelle des Wissens über die Dinge sein und bestimmen, was real ist, sondern die Dinge selbst. Stevens findet für diese aus sich selbst leuchtenden Dinge die Metapher der Sonne, *gewaschen in der fernsten Reinheit eines Himmels, / der uns und unsere Bilder ausgestoßen hat.* Die Welt, die wir durch Denken ermessen und in Begriffen erfassen, ist lediglich eine *erfundene Welt*, so Stevens in seinem Gedicht *Notate auf dem Weg zu einer höchsten Fiktion.* Diese Welt ist eine Welt der Dogmata, nicht der Pragmata. Das Ziel des Denkens wie des Lebens wäre es jedoch nach Epiktet (und Stevens), in den Pragmata zu sein, einzutauchen in die Dinge und die Welt, sich vollständig im Einklang mit ihnen im Strom der Zeit entlang zu bewegen. Es geht darum, in der Realität zu Hause zu sein und sich dabei möglichst frei zu machen von den Vorstellungen – den Dogmata – über sie.

Und doch sind es die Vorstellungen, die uns dabei helfen, genau das zu tun! Deshalb *erquickt* auch das Denken oder ein Gedicht. Es fördert *das Leben, so dass wir / für einen Augenblick die erste Idee* teilen. Ob wir denken und sprechen, Gedichte schreiben oder wissenschaftlich die Welt zu erfassen suchen – immer geht es um das, was Stevens die *erste Idee* nennt. Damit bezeichnet er etwas, was alles Verstehen der Realität durchdringt, aber vor bzw. hinter den Vorstellungen, Bildern und Ideen liegt. Denn diese leiten sich von dem ab, was ihnen vorausgeht. Wir bedienen uns lediglich unserer Erfindungen und hinterherlaufenden Begriffe, um die *erste* Realität zu verstehen, die wir jedoch nur als Idee erfassen. Insofern bleibt ein Unterschied zwischen Idee und Realität bestehen. Es gibt etwas Fremdes, das alle Sprachen durchdringt, sosehr wir gerade darin zu Hause sind. Martin Heidegger benutzt in diesem Zusammenhang den Begriff des Seins statt, wie Stevens, den der ersten Idee. Für Heidegger baue das Denken am Haus des Seins: *gleichwohl schafft das Denken nie das Haus des Seins.*

Philosophie und Wissenschaftstheorie umkreisen diesen einen Sachverhalt immer wieder wie Fliegen das Licht: Variationen eines Themas in der jeweiligen Sprache der Zeit und auch innerhalb der Logik der jeweiligen Disziplin. Selbst naturwissenschaftliche Einzeldisziplinen wenden sich gelegentlich diesem Thema der ersten Wirklichkeit zu, beispielsweise in der Astrophysik, der Kosmologie oder den Neurowissenschaften. Wallace Stevens fasst den Zusammenhang als Lyriker und Essayist auf seine Weise so zusammen: *Die erste Idee war nicht unsere eigene.* Vielmehr ist sie nach Stevens die Realität selbst, fremd daher in gewisser Weise und widerständig, weil sie sich gegen unsere Ideen von ihr, gegen unsere Urteile und Dogmata, durchsetzt. Nach Stevens leben wir in Wahrheit an einem Ort, der nicht der unsere ist. Was wir sehen und hören, bleibt uns in gewisser Weise immer fremd. *Und, mehr noch, schwer erträglich trotz der Farbenpracht der Tage.*

Stevens' letztes, 1955 geschriebenes Gedicht spielt auf viele seiner vorausgehenden Arbeiten und philosophischen Überlegungen zum Verhältnis von Wirklichkeit und Sprache an. Es fasst sie, in poetischer Form, auf knappste Weise zusammen. Das Gedicht trägt den Titel *Vom reinen Sein (Of Mere Being).*

Die Palme am Ende des Geistes,
jenseits des letzten Gedankens, ragt
in die bronzefarbene Ferne.

Ein Vogel mit goldenen Federn
singt in der Palme, ohne Menschensinn,
ohne Menschengefühl, ein fremdes Lied.

Du weißt dann, nicht die Vernunft ist es,
die uns glücklich oder unglücklich macht.
Der Vogel singt. Seine Federn glänzen.

Die Palme steht am Rande des Raums.
Der Wind bewegt sich langsam in den Zweigen
Die flammenden Federn des Vogels hängen herab.

Ein fremdes Lied, das heißt der reine Klang der Realität, wäre
ganz nach dem Geschmack von Epiktet. Vermutlich würde er
Stevens zustimmen, dass ein solches Leben, das sich frei macht
von den Verwirrungen und Sprachwirbeln, die die Dinge
auslösen können, ein in hohem Maße poetisches Leben ist.
Der Antrieb zu einem poetischen Leben ist zutiefst menschlich: Es folgt dem Drang, die Dinge zu benennen und sie zu
durchdenken. Stevens fragte sich zeit seines Lebens, wie es
möglich sei, die Welt hier und jetzt in ihrer Größe und Strahl-
kraft zu beschreiben, ohne sich dabei der erkalteten Sprache etwa der Religionen (und man könnte hinzufügen: der
akademischen Philosophien) zu bedienen, die ihren Zweck
nicht mehr erfüllen. Seine Lösung des Problems zielt auf den
Begriff einer höchsten Fiktion, die als – fiktiver! – Ersatz der
alten Gottesidee dienen könnte.

Diese christlich-jüdisch-islamische Kernvorstellung hatte
allmählich Platos Idee verdrängt. Das, worauf sich heute Leben und Glauben in der Moderne gründen, können jedoch
keine Götter und kein einzelner Gott mehr sein. *Das Wirkliche ist der Grundstein.* Ihm gilt es, die ganze Aufmerksamkeit
zuzuwenden. Auf diese Weise entsteht Wissen, aber auch

Poesie. *Die Beziehung der Kunst zum Leben ist gerade in einem skeptischen Zeitalter von höchster Bedeutung, da der Geist, in Ermangelung eines Glaubens an Gott, sich den eigenen Schöpfungen zuwendet und sie nicht nur unter ästhetischem Gesichtspunkt prüft, sondern daraufhin, was sie enthüllen, was sie aufwerten und abwerten und welchen Halt sie geben. Hat man den Glauben an Gott aufgegeben, ist Dichtung jene Wesenheit, die seinen Platz einnimmt als des Lebens Erlösung … Der endgültige Glaube ist, an eine Fiktion zu glauben, von der man weiß, dass es eine Fiktion ist, weil es sonst nichts gibt. Die erlesene Wahrheit ist, zu wissen, dass es eine Fiktion ist, und bereitwillig daran zu glauben.*

Stevens beschreibt damit ein zentrales Prinzip des fliegenden Teppichs. Es geht darum, zu wissen, dass an dem Prozess, der uns entscheidend dabei hilft, auf die Beine zu kommen und uns im Alltagsleben zu erheben, notwendig Fiktionen beteiligt sind. Solche Fiktionen können als Konstruktionen Vorstufen für die Wirklichkeit neuer Dinge sein. Durch sie werden vorgestellte Fluggeräte zu wirklichen Flugzeugen, zu Dingen, die fliegen. Doch Stevens geht es nicht um Flugzeuge, d. h. um Dinge, in die wir uns hineinbegeben können, Space Shuttles unserer Existenz, die uns in die Lüfte erheben, um mit ihnen von A nach B zu reisen. Die Metapher des fliegenden Teppichs zielt nicht auf solche *Dinge*, sondern vielmehr auf die *Realität einer Fiktion*. Fiktionen mögen Vorstufen von Dingen sein. Doch sie selbst haben auch als Fiktionen Wirkung. Allerdings ist diese Wirkung sehr unterschiedlich, und es kommt darauf an, diese in aller Deutlichkeit zu unterscheiden. Denn eine Fiktion kann selbst Realitäten beinhalten und einfangen, um auf diese Weise mit ihnen zu arbeiten und die Welt der Dinge zu verändern – oder sie kann sie im Gegenteil verleugnen und zur Verdrängung von Realität führen. Auf eine solche Fiktion hereinzufallen bedeutet, im Sinne der Kritik von Epiktet, die Dinge und sich selbst aus den Augen zu verlieren und in Verwirrung zu stürzen. Statt in und mit den Pragmata zu leben, verlieren wir uns in den Dogmata.

Und doch sind Fiktionen eine entscheidende Hilfe, wenn es darum geht, sich aus der Sphäre der Pragmata und ihrer Herrschaft zu befreien. Die Fähigkeit zur Konfabulation ist unsere Überlebenshilfe, auch wenn die Imagination nicht immer nur *gut bürgerliche Feen*, sondern auch *Unholde* und Ungeheuer freisetzt, wie Siri Hustvedt schreibt. Noch präziser formuliert sind es weniger die Fiktionen, deren Realität uns hilft, sondern die Erfahrungen, die erst mit Hilfe von Fiktionen möglich werden. Fiktionen helfen uns, Erfahrungen zu machen – und auf diese Weise mit den Pragmata in Kontakt zu kommen. Es ist also ratsam, Fiktionen kritisch einzusetzen und zu gebrauchen – auch wenn wir gar nicht anders können und im neurologischen Default Modus unseres Bewusstseins kein Leben ohne Denken möglich ist. Doch der Einsatz von Fiktionen muss sehr bewusst und gezielt geschehen. Fiktionen müssen so gebraucht werden, dass wir jederzeit wissen, *dass* es sich um Fiktionen handelt – um uns rechtzeitig wieder von ihnen verabschieden zu können, falls dies nötig werden sollte. In der Möglichkeit, mit Fiktionen Erfahrungen zu machen, liegt der entscheidende Schlüssel zu allen lebensverändernden Maßnahmen, die über Fiktionen, Theorien, kognitive Umgestaltungen in Therapien oder anderen mentalen Prozessen eingeleitet werden. Fiktionen setzen Ressourcen frei, die uns helfen können, mit dem Leben besser klarzukommen, Resilienz zu entwickeln und im Idealfall unabhängig von den Lebensumständen überall auf der Welt zu Hause zu sein. Es gibt keinen anderen Weg, dies zu erreichen, als über die Erfahrungen, die in den Fiktionen stecken und unser Leben nolens volens begleiten. Im Grunde führt kein Weg daran vorbei. Wir müssen reale Erfahrungen mit realen Fiktionen machen – um auf diese Weise mitten ins Herz der Dinge zu geraten und ihre Wirklichkeit gegebenenfalls zu verändern.

Es liegt nahe einzuwenden, dass gerade Fiktionen die Ursachen für die Taten von Terroristen, Selbstmordattentätern und Fanatikern jeder Art sind, einschließlich der Nationalisten, die im Namen einer Vorstellung von Reinheit (Ingroup) gegen das Böse (die Outgroup) das kollektive Morden gutheißen und befehlen. Tatsächlich gibt es viele Ungerechtigkeiten, die im Namen einer Fiktion geschehen und durch sie rechtfertigt werden. Diese Fiktionen schaffen leider immer wieder gegen Menschenrechte, Demokratie und Nächstenliebe gerichtete Realitäten. Sie fordern, den anderen zu vernichten, um anderen den wahren Glauben – eine Fiktion – aufzuzwingen. Diesem Prozess der Fiktionalisierung der Realität fallen täglich Menschen zum Opfer. Sie sind ein Grund dafür, dass auch nach dem Zusammensturz der totalitären Mächte erneut totalitäre Strukturen entstehen, die, statt Armut und Ungleichheit abzuschaffen, diese neu zementieren. Der Boden, auf dem das geschieht, ist wie bei allen Fiktionen der eines fliegenden Teppichs. Derartige Fiktionen können wirkungsvoll sein. Aber sie *sind* kein fester Boden. Und nur weil das so ist und es keinen festen Boden gibt, können Fiktionen einander beeinflussen und verändern. Ideen wie die einer republikanischen Verfassung können dazu führen, bestehende Verhältnisse zu ändern, um ein friedlicheres, pluralistisches Zusammenleben zu ermöglichen und neue Formen der Barbarei zu verhindern. Wer etwas verändern will, muss daher nicht nur etwas *tun*, sondern auch andere Fiktionen entwickeln. Es genügt nicht, den Zustand der Politik oder Demokratie zu kritisieren: Es ist erforderlich, positive Vorstellungen von dem, was stattdessen sein soll, zu entwickeln. Fiktion bleibt, ebenso wie alle Theorie, immer experimentell und hypothetisch. Dies zu vergessen bedeutet, den Verstand zu verlieren.

Den Verstand wiederzugewinnen ist ein Hauptanliegen des fiktiven Realismus. Der Begriff zielt, anders als der meist in der Kunst und Literatur verwendete Begriff der Fiktion, auf ein selbstreflexives Moment, das die Rückwirkung der Fiktion auf die Wirklichkeit mit bedenkt. Fiktion ist, in den Worten des Literaturnobelpreisträgers Mario Vargas Llosa, eine *Form, den Widrigkeiten standzuhalten, zu protestieren, zu rebellieren, vor dem Unerträglichen zu fliehen:* jedoch im Wissen darum, dass es sich um eine Fiktion handelt, die dabei behilflich ist, eine Realität zu bewältigen oder zu verändern. Nur Fiktionen können dabei helfen, den reinen Geschehnissen und nackten Zahlen, der 42 als Computerantwort auf unsere drängendsten Fragen, einen Sinn zu geben. Solche Formen der Fiktionen, wenn auch nicht die einzigen, stellen Dichtung, Literatur und Drama dar. Aber auch Songs, Opern oder Formen darstellender Kunst wie Malerei, Plastik und Fotografie können derartige Formen der Sinngebung sein. Sie sind nicht selber Sinn, wohl aber jene Teppiche, die uns dorthin bringen, wo Sinn zu finden ist. Ein Roman fügt sich erst dann in den Strom des Lebens ein, wenn er zu einer Lebenserfahrung führt. Das kann durchaus dadurch geschehen, dass er die Augen für etwas öffnet, das wir bislang übersehen haben.

Zusammenfassend lässt sich sagen, dass Fiktionen für Menschen notwendig sind, um leben zu können. Dass dieser Satz gilt, zeigt sich aus der Beobachtung. Menschen sind Lebewesen, die nicht nur Geschichten erzählen können, sondern auch müssen, um sich selbst, andere Menschen und die Welt, in der sie leben, zu verstehen. Fiktionen sind Überlebenswerkzeuge. Doch dies ist nur die eine Seite des fiktiven Realismus: die Einsicht in die bleibende Notwendigkeit von Fiktionen, die nicht etwa durch Wirklichkeiten, sondern immer nur wieder durch Fiktionen ersetzt werden können. Nun zur anderen Seite: der von pluralen Realitäten.

REALITÄT

*To live in the world but outside of existing
conceptions of it.*

*In der Welt leben, aber außerhalb der Vorstellungen,
die es von ihr gibt.*

Wallace Stevens, Adagia (1989/2011)

Trotz aller Notwendigkeit von Fiktionen muss die Einsicht, dass wir Fiktionen brauchen, im Wissen, dass es sich um Fiktionen handelt, durch einen zweiten Punkt ergänzt werden. Er stellt die zweite tragende Säule des fiktiven Realismus dar. Stevens formuliert es so: *Das Wirkliche ist nur der Grundstein. Aber es ist der Grundstein.* Fiktionen nehmen ihren Anfang mit – wie auch immer in Worte gefassten, interpretierten und erfahrenen – *Realitäten*. Das Wirkliche ist der Grundstein. Das gilt auch dann, wenn sich Fiktionen scheinbar völlig frei und losgelöst über alle Wirklichkeit erheben. Bei allem Überschwang für die Sache der Phantasie und Vorstellungskraft darf nicht vergessen werden, dass auch Fiktionen, die auf Fiktionen aufbauen, Produkte realer Wesen sind, die sie finden und erfinden. Der Prozess der Entstehung einer Fiktion – wie sehr sie auch ohne Bezug zur Wirklichkeit scheinen mag – findet in der Wirklichkeit statt. Diese Wirklichkeit ist der Grundstein – ähnlich wie die nur mit Hilfe anderer Menschen erlernte Sprache im eigenen Kopf zugleich die eigene wie auch die Sprache der anderen, der Sprachgemeinschaft, ist. Wollte man den Boden beschreiben, auf dem der Grundstein liegt, so müsste man sich wiederum bestimmter Fiktionen und Begriffe bedienen. Es gibt in diesem Sinne weder einen festen Boden noch einen Zugang zur Realität, der direkt wäre und ohne Fiktion(en) auskommt.

Aber dass es so ist, bedeutet keineswegs, dass alles fiktiv ist, wie viele der konstruktivistischen Theorien behaupten. Was Realität dann meint, wenn doch ihr Begreifen nur in einem Prozess der Reflexion und Selbstreflexion möglich ist? Um mit Epiktet zu antworten: Realitäten sind die Pragmata und ihre Beziehungen, auf die wir in unserem Alltag unentwegt stoßen. Die Realität ist Wittgensteins Spaten, der sich umbiegt, wenn man mit der Sprache nach den Dingen gräbt; sie ist das Handeln, das am Grunde unserer Sprachspiele und

Fiktionen liegt. Fiktionen sind ein Weg: aber ein Weg in die Realität. Diese Realität mag nicht unmittelbar zugänglich sein – man spricht in diesem Zusammenhang deshalb häufig von einer anderen Realität, von erweiterter Realität oder, wie Robert Musil, von anderen Zuständen oder einem anderen Leben. Es kann durchaus geschehen, dass sich etwas aus seiner hemmenden Wirklichkeitsbindung löst und sich damit die Möglichkeit, die in ihm steckt, entwickelt. Doch auch das gehört zur Realität. Es gibt also, anders als es im radikalen Konstruktivismus häufig scheint, keinen Weg aus den Realitäten heraus. Vernachlässigte Realitäten und Pragmata machen sich häufig als Widerstand bemerkbar – nicht nur in der Psychoanalyse.

Fiktionen sind also kein Allheilmittel. Vielmehr geht es immer wieder darum, auch in den Fiktionen selbst – und auch mit Hilfe von (neuen) Fiktionen – zu erkennen, *wie die Abwehrmechanismen des Individuums operieren, und an der Analyse des Widerstands zu arbeiten, was eine wichtige Aufgabe bei den meisten Therapien* ist, wie Arabella Kurtz es im Gespräch mit Literaturnobelpreisträger J. M. Coetzee ausdrückt. Auch mit Blick auf therapeutische Fiktionen, die sich als hilfreich erweisen, sollte man nicht glauben, solche Fiktionen völlig frei und willkürlich gestalten zu können. Nicht alles hilft – und nicht alles nützt. Reine Willkür bei der Fiktionalisierung des Lebens würde die Fiktion, etwa hinsichtlich der Art und Weise, wie man sein eigenes Leben erinnert und eine Lebensgeschichte erfindet, von einer Lüge ununterscheidbar machen. Gerade die eigene Lebensgeschichte gehört, trotz aller Anfälligkeit für Erfindung und Neigung zur phantasievollen Färbung und Umdeutung, keineswegs zu den Fiktionen, die beliebig sind. In Max Frischs Roman *Mein Name sei Gantenbein* heißt es in einem Gespräch an der Bar: *Man kann sich selbst nicht sehen, das ist's. Daher unsere Gier nach Geschichten.*

Jeder Mensch erfindet sich früher oder später eine Geschichte, die er für sein Leben hält. Wahr daran ist, dass nur über Geschichten – auch die anderer Menschen – die eigene Geschichte sichtbar wird. Doch gerade diese eigene Geschichte wird von anderen überprüft und notfalls korrigiert werden – etwa wenn der Lebenslauf nicht stimmt und der akademische Abschluss erfunden oder nicht ordnungsgemäß erworben wurde.

Ob eine Geschichte oder eine Reihe von Geschichten: Wir mögen zwar zur Verwechslung mit der Realität neigen und vergessen, die Fiktion als Fiktion zu begreifen. Doch trotz aller Notwendigkeit von Konstruktionen und Fiktionen geht es bei der Autobiographie des Selbst auch um die Arbeit an dem, was widerständig ist und bleibt. Es geht, schlicht gesagt, um das, was ist – um Realitäten. Die Psychologin Arabella Kurtz formuliert es so: *Es wird nicht behauptet, dass die Autobiographie frei in dem Sinn ist, dass wir unsere Lebensgeschichte nach unseren Wünschen erfinden können. Vielmehr wird behauptet, dass wir beim Produzieren unserer Autobiographie dieselbe Freiheit ausüben, wie wir in Träumen haben, in denen wir eine Erzählform, die uns gehört, selbst wenn sie durch Kräfte beeinflusst wird, die dunkel für uns sind, auf Elemente einer erinnerten Realität anwenden.* In diesem Fall ist die Erinnerung ein stabilisierender Faktor – wie überhaupt *alle* Realität, die nicht gegenwärtig ist, nur in der Form der Erinnerung präsent sein kann. Dass diese Erinnerung täuscht, ist gerade mit Blick auf künstlich induzierte Erinnerungen immer wieder gezeigt worden.

Doch es *gibt* nicht nur den Teppich der Fiktionen – es gibt auch den Flug selber, so unsicher er sein mag. Wenn der Teppich auch erfunden sein mag – die Erfahrung des Flugs mit dem Teppich ist real. Ein Therapeut hat als Flugpilot und Brückenbauer zwischen Fiktion und Realität die schwierige Aufgabe und Verpflichtung, darauf hinzuweisen, dass sich jemand etwas vormacht und fabuliert, statt der Wirklichkeit ins Auge zu sehen. Es mag in Ordnung sein, zu fabulieren, und sogar notwendig, es zu tun. Doch im Sinne der Therapie muss es irgendwann darum gehen, die Fiktion als Fiktion zu erkennen, ohne dabei ihre hilfreiche, lebensfördernde Funktion aufzugeben. Und doch bleibt, nicht nur im Umgang mit künstlerischen Formen, eine große Freiheit und Spielraum bezüglich der Möglichkeiten, Wirklichkeit zu konstruieren. Nicht alle Vorstellungen sind angemessen, und manche sind fehl am Platz oder sogar falsch. Wieder andere sind nicht erlaubt. Beispielsweise ist es bei der therapeutischen Arbeit eine der wichtigsten Aufgaben, die der zunächst erzählten Geschichte zugrunde liegende Geschichte ausfindig zu machen. So kann der Grund für die Kopfschmerzen ein traumatisches Erlebnis gewesen sein, für das es weitere Gründe geben mag. Damit ist nicht gesagt, dass eine dieser Geschichten die eigentliche und wahre Wirklichkeit wäre oder der solide Grund und Boden, auf den alles aufbaut. Dies anzunehmen wäre ein neuerlicher Fehler – denn die Wirklichkeit ist ein fliegender Teppich. Der Boden, den es gibt, ist nur der Boden, den man gerade sieht. Und er ist, wenn man ihm weiter auf den Grund geht, bodenlos.

Ludwig Wittgenstein verwendet an dieser Stelle gerne das Bild der Angelsätze oder *hinge propositions*, um die sich die gesamte Betrachtung der Wirklichkeit dreht. Wittgenstein meint damit, dass man eine fixierte Türangel braucht, damit eine Tür funktioniert und schwingen kann. Die Türangel bestimmt den Ort – oder im Bild: die Sätze –, die unbewegt bleiben und vom Zweifel ausgenommen sind. *Wenn ich will, daß die Türe sich drehe, müssen die Angeln feststehen.* Doch das bedeutet nicht, dass die Angeln nicht versetzt und verstellt werden können, um die Tür in eine andere Richtung bewegen zu können. Worum es bei all dem geht? Stevens beantwortet die Frage so: Ein Mann, der Fragen dieser Art – philosophische Fragen – stellt, versucht nur einen Punkt zu erreichen, wo es für ihn nicht länger nötig ist, derartige Fragen zu stellen. Dieser Satz von Stevens ist eine positive Beschreibung von Wittgensteins eher negativ klingender Einsicht, dass jede Begründung an ein Ende kommt. Sie kommt an ein Ende, weil jedes Argument wie eine Tür eine Angel (einen Kontext) braucht, um die sie sich dreht. Diese Tür kann man von einer anderen Position aus den Angeln heben und in andere stecken. Man kann, um im Bild zu bleiben, das gesamte Haus der Erkenntnis mit seinen Türen drehen und wenden und rotieren lassen. Doch während man die Türe *bewegt*, gelingt es nicht, sie *zugleich* auch aus den Angeln zu heben (das Argument mit dem Zweifel zu ersticken). Ein radikaler Zweifel würde bedeuten, das Argumentieren selbst und mit ihm das weiter zu begründende Argument völlig aus den Angeln zu heben. Man würde aufhören, diese Tür zu gebrauchen. Das Argument wäre dann, wie die Tür, gesperrt.

Versetzt man die Angel, lässt sich die Tür anders bewegen. Tatsächlich kann hinter der einen Geschichte eine andere stecken – und das wird sichtbar, wenn man die Perspektive verschiebt. Ein Patient, der angibt, Kopfschmerzen zu haben, wenn er sich zu erinnern versucht, könnte dies aus einem Grund tun, der ihm nicht bewusst ist. Doch der Unterschied zwischen einer Geschichte, die sich löst oder auflöst, und der, die ihr zugrunde liegt und (zunächst) bleibt, beschreibt nur erneut die Grundstruktur unserer Fiktionen und Urteile: Dass es etwas geben muss, das im dynamischen Prozess des Erkennens gleichsam unberührt und erstarrt bleibt, um als Dreh- und Angelpunkt all dessen zu dienen, was wir überhaupt erkennen und feststellen können. Doch diese erstarrten Strukturen können sich erneut auflösen und, in Wittgensteins Formulierung, zu *flüssigen Erfahrungssätzen* werden. Es gibt Geschichten, die Menschen bereithalten müssen, um überhaupt weiter sprechen und erzählen zu können. Sie bilden das Grundgerüst. Doch ein solches Weltbild haben wir nicht, *weil ich mich von seiner Richtigkeit überzeugt habe; auch nicht, weil ich von seiner Richtigkeit überzeugt bin. Sondern es ist der überkommene Hintergrund, auf welchem ich zwischen wahr und falsch unterscheide.* Dieser Hintergrund kann sich ändern. Genau darin besteht die Kraft der Fiktionen – im Bemühen um eine genauere und dichtere Annäherung an die Wirklichkeiten bessere Geschichten zu finden und erfinden: die dann die alten und überholten Geschichten, wenn nicht verdrängen, so doch in den Hintergrund drängen oder ersetzen.

Es bleibt dabei: Die Realität selbst ist ebenso grundlos und nicht weiter überprüfbar, wie die Geschichten und Konstruktionen, die sie beschreiben, wandelbar sind. Was nicht bedeutet, dass diese Prozesse beliebig wären. Wer ein stabiles Haus bauen will, muss Steine, Stahl, Zement, Holz und Mörtel auf eine Weise strukturieren, die stabile Verhältnisse schafft: und zwar nicht in der Vorstellung, sondern im Leben. Es geht in vielen Fällen wie diesem um unseren Umgang mit den Pragmata – und nicht um die Erfindung immer neuer Dogmata. Der Einwand, die Realitäten seien doch ebenso wandelbar wie grund- und bodenlos: wie also könne man sie verstehen und akzeptieren, trägt nicht. Sich gegen die Wirklichkeit zu wenden und ihr vorzuwerfen, so zu sein, wie sie ist, nämlich wandelbar, mag als Ausdruck der Entrüstung Sympathien hervorrufen. Aber das, was geschieht, geschieht eben gerade *jetzt* – und es geschieht *so*. Dass es uns nicht gelingt, die Realität an sich – eine Formulierung, die an Kants Ding an sich erinnert – eindeutig und für alle Zeiten zu erfassen, ist kein Argument dagegen, es zu versuchen. Und wenn man fragt, wie es gehe, überhaupt zur Wirklichkeit zu finden, zu der man keinen direkten Zugang hat und die man nicht in Worten erfassen kann: Dann muss die Antwort, ganz im Sinne von Epiktet mit Wallace Stevens formuliert so lauten: *In der Welt leben, aber außerhalb der Vorstellungen, die es von ihr gibt.*

Fiktiver Realismus besagt, dass es einerseits zwar keinen Zugang zur Realität ohne Fiktion gibt – es aber andererseits in allem darum geht, zur Wirklichkeit zu finden, indem man weiß, dass die Fiktion eine Fiktion ist und man sie, bei der Begegnung mit der Welt, abzustreifen versucht. Es geht, pathetisch gesagt, im fiktiven Realismus darum, die Wirklichkeit wiederzugewinnen, die durch die lange Phase konstruktivistischer Theorien verloren schien. Auch wenn Konstruktionen unseren Weg zur Welt pflastern: Es kommt darauf an, den Pragmata, anderen Menschen und Dingen, *wirklich* zu begegnen und mit einer Welt außerhalb der Dogmata und Interpretationen Kontakt aufzunehmen. Denn es gibt mehr als wir sehen – und uns vorstellen.

Diesen Prozess haben unlängst der Künstliche-Intelligenz-Forscher und Philosoph Hubert Dreyfus und Charles Taylor in ihrem Buch *Die Wiedergewinnung des Realismus* analysiert. So wertvoll skeptische Positionen und konstruktivistische Theorien bis hin zu den radikalen Täuschungsargumenten von Hilary Putnam oder John Searles Argument vom *Gehirn im Tank* sein mögen: Am Ende all dieser Argumente geht es darum, die Zweifel ins Gehirn, das Gehirn in den Körper und den Körper zurück in die Welt zu führen, die eine gemeinsame Welt, ein pluralistisches, sprachlich kommunizierendes Wir ist. Für die Argumente von Dreyfus und Taylor, aber auch für den fiktiven Realismus ist die Erfahrung des Kontaktes mit der Wirklichkeit entscheidend. Dieser Kontakt ist keineswegs eingebildet, sondern eine echte Erfahrung. Auch wenn man Fiktionen braucht, um diese Erfahrung und das, was man erfahren hat, zu beschreiben: Die Wirklichkeit kann sie dennoch erschüttern. Es gibt eine Wirkung, die nicht auf Einwirkung von Fiktionen beruht.

Dennoch ist die Wirklichkeit, die einem begegnet, ebenso weit und endlos wie bodenlos. Gerade deshalb ist es so wichtig, die Einbettung der Gedanken und Konstruktionen in Körper und Welt zu verstehen. Es geht sowohl im Leben wie im Verstehen des Lebens um das Mit-den-Pragmata-zu-tun-Haben, um Reibung und Tuchfühlung mit den Realitäten. Verstehen gelingt einzig im Kontakt mit der Realität – *in der Interaktion –, und diese Interaktion lässt sich nicht beschreiben, indem man ausschließlich über den Akteur redet … ohne dabei auf seine Welt Bezug zu nehmen.* Dies ist die bereits angesprochene zweite Säule des fiktiven Realismus: der Aufbruch aus dem Gefängnis der Fiktionen und der Sprung hinein ins kalte Wasser der Wirklichkeit, das sich, häufiger als gedacht, als viel angenehmer temperiert erweist als die kühlen Räume der Spekulation. Es geht, im Sinne Epiktets, um *unsere Alltagsbegegnungen mit den Dingen* und um den *Versuch, das verborgene Gesicht dieser Dinge zu begreifen.* Auch wenn wir das endgültige Gesicht möglicherweise nie enthüllen können (oder, wenn wir es gesehen haben, nicht wissen, dass wir es gesehen haben und uns nicht mehr genau erinnern, wie es aussah) und der Prozess des Verstehens ebenso end- und bodenlos ist wie das Leben wandelbar und ohne festen Grund: Auf Tuchfühlung zu gehen und der Wirklichkeit ins Auge zu sehen bleibt die einzige Möglichkeit frei zu sein, sofern man nicht im Gefängnis der Spekulationen, metaphysischen Träumereien und literarischen Fiktionen enden will. Es ist der Zweck von Fiktionen, den Zugang zu Lebenswirklichkeiten und Realitäten zu finden. Einzig bestimmte Formen, künstlerische Formen der Fiktionen, bilden möglicherweise eine Ausnahme, weil sich ihre Entstehung vor allem dem Willen verdankt, sie um der Form, der Schönheit und Kunst selbst willen zu erschaffen. Doch auch Kunst hat durchaus eine kritische Erkenntnisfunktion.

Die Metapher vom fliegenden Teppich soll verdeutlichen, dass wir mit Hilfe eines zwar künstlichen und luftigen, im Leben aber tragenden engmaschigen Gewebes – den Fiktionen – *tatsächlich* von hier nach dort kommen. *Dass* dies geschieht, ist real. Wir haben dann für einen Moment Boden unter den Füßen – wenn auch keinen soliden, sondern einen bodenlosen Boden, der grundlos ist. Wir *können* über die Mauer springen, die uns vom Leben trennt. Es ist möglich, die Fäden wieder aufzunehmen und sie diesmal anders weiter zu spinnen. Wir können, mit den Worten Carolin Emckes, der Friedenspreisträgerin des Deutschen Buchhandels 2016, die Geschichten, die wir immer und immer wieder erzählt haben, Geschichten, die zu Verrohung und Hass führen können, abschaffen und durch neue, bessere Geschichten ersetzen. Wir können neu anfangen und anders handeln. Dies ist keine Vorstellung, sondern Realität. *Dazu braucht es nur Vertrauen in das, was uns Menschen auszeichnet: die Begabung zum Anfangen. Wir können hinausgehen und etwas unterbrechen. Wir können neu geboren werden, in dem wir uns einschalten in die Welt. Wir können das, was uns hinterlassen wurde, befragen, ob es gerecht genug war, wir können das, was uns gegeben ist, abklopfen, ob es taugt, ob es inklusiv und frei genug ist – oder nicht. Wir können immer wieder anfangen, als Individuen, aber auch als Gesellschaft. Wir können die Verkrustungen wieder aufbrechen, die Strukturen, die uns beengen oder unterdrücken, auflösen, wir können austreten und miteinander suchen nach neuen, anderen Formen.* In welche Richtung wir auch immer suchen: Die Realität, zu der wir finden, wird eine Realität des pluralen Wir sein. Es gibt nicht *die* Welt, sondern vielfältige Wirklichkeiten, die es aufeinander abzustimmen gilt. Sie lassen sich weder aufeinander noch auf eine einzige Wirklichkeit reduzieren. Obwohl es keinen absolut gesicherten Boden der Erkenntnis, keine definitive Beschreibung der Realitäten gibt, *gibt* es dennoch Wirklichkeiten, die Grundlage, Dreh- und Angelpunkt all unserer Beschreibung sind. Was sich unterscheidet, sind die Perspektiven und Funktionen dieser Beschreibungen. Die Muster, die Naturwissenschaftler in der Welt sehen, ihre Realitäten und methodisch präzisen Beobachtungen, die in Theoriegeschichten münden, unterscheiden sich von den fiktiven Welten der Künstler. Doch alle, Natur- und Geisteswissenschaftler, Philosophen und Künstler, erforschen Muster. Denn die Welt, die sie umgibt, ist nur in Mustern und als Muster erfahrbar.

Menschen sind mustererkennende und musterproduzierende Wesen. Am Ende läuft es, in der Formulierung von Wallace Stevens, auf diese Erkenntnis zu: *die große Eroberung ist die Eroberung der Wirklichkeit* – auch wenn es nur selten gelingen mag, die Realitäten in einer einzigen Fiktion einzufangen.

Nicht jeden Tag ordnet sich die Welt zu einem Gedicht, bemerkt Stevens lapidar. Gerade deshalb bleibt es dabei: Eine gelungene Fiktion ist eine solche, die mit dem Tag, mit der Wirklichkeit eng verwoben ist. Nur so findet die Welt eine Ordnung. Für Heidegger wäre dies vermutlich ein Anlass gewesen, auf den Zusammenhang von Sprache und Heimat hinzuweisen. Stevens fasst den Gedanken weitaus konkreter und poetischer: *Ein Gedicht ist ein Fasan.* Erst wenn ein Gedicht gelungen ist, findet sich in ihm die bunt gefiederte Realität wieder. Es verleiht ihr dann die Flügel, die notwendig sind, die Wirklichkeit ins Bewusstsein zu tragen. Obwohl sie nur in einem Gedicht, einer Fiktion erscheint, gelangt sie doch dorthin. Das prachtvolle, bunte Gefieder des Fasans führt als Muster aus Worten zur Erfahrung und über die Erfahrung zu den Pragmata zurück. Das Gedicht – oder allgemeiner: die Fiktion –, die von einem Fasan handelt, ermöglicht die Erfahrung des Fasans. Der fliegende Teppich funktioniert.

Obwohl er nur aus Fiktion besteht, zeigt er, was er zeigen soll – und erreicht sein Ziel: die Wirklichkeit.

Eine unwirkliche, rein imaginäre Welt, die sich von allem zu lösen versucht, wäre kaum von Interesse. Bleibt eine Fiktion dem Interesse am Leben treu, kann sie in Gedichten oder Theorien, in Alltagssprache ebenso wie in elaborierten Abhandlungen eine Antwort auf die Frage nach der Natur der Dinge und ihrer Realität geben. Letztlich ist sie der Fasan. Die Zypresse im Garten. Das Klappern eines Rades. Der Gesang eines Vogel. Der Schuss, der fällt. Sie ist *dieses* Ding, *dieses* Ereignis, *diese* Welt, befreit von den (dualistischen) Vorstellungen, die es von ihr gibt. Was den fiktiven Realismus ausmacht, ist die Überzeugung, dass allen Fiktionen zum Trotz Fiktion und Realität in glücklichen Momenten zusammenfinden können. Für diese geglückten Fälle gilt: *Denken ist Leben. Vielleicht gibt es einen Grad der Wahrnehmung*, schreibt Stevens, *bei dem das Wirkliche und das Imaginierte eins sind: einen Zustand des hellsichtigen Beobachtens, der nur dem Dichter oder, sagen wir, dem scharfsinnigen Dichter zugänglich oder möglicherweise zugänglich ist.*

Der fiktionale Realismus wendet sich gegen apodiktische Urteile der Form: *Hier beginnt immer die Wirklichkeit – und hier endet immer die Fiktion. Dort genau verläuft die Grenze. Immer.* Alle drei sind, manchmal bis zur Unkenntlichkeit, vermischt. Es braucht viel Zeit und Geduld, die Bereiche voneinander zu unterscheiden und, einmal unterschieden, neu miteinander in Beziehung zu setzen. Insofern ist Realismus, ebenso wie der Materialismus oder sein Gegenteil, der Idealismus, als feste Weltanschauung eine *Entstellung der Wirklichkeit:* eine falsche, einseitige Sicht auf das feine Gewebe von Wirklichkeit und Fiktion. Zwar sind wirklich *gesehene Dinge Dinge, wie sie gesehen werden.* Hier hat die Konstruktion ihr Recht. Aber auch die gesehenen Dinge sind *absolut wirklich*, so Stevens. Eine Möglichkeit, Wirklichkeiten sowohl im realen wie im fiktiven Leben zu ändern, ist, neue Unterscheidungen in sie einzuführen. Eine Unterscheidung ist ein *Handeln*. Der Logiker George Spencer-Brown spricht von einer *Operation* – einem *Handeln*, das darin besteht, einer Grenze zu ziehen, etwas zu bezeichnen, eine Form zu definieren und eine Grenze so anzuordnen, dass das eine auf die eine und eben nicht zugleich auch auf die andere Seite gehört. Unterscheidungen haben dabei stets ein Motiv, einen Grund, warum sie so und nicht anders getroffen werden. So wie *die Haut eines lebenden Organismus eine Außenseite von einer Innenseite trennt*, schreibt Spencer-Brown.

Für ihn ist eine Unterscheidung das grundlegende Handeln und Ereignis, durch das wir in die Welt eingreifen. Dies ist vielleicht das fundamentalste Prinzip nicht nur des Denkens, sondern der Evolution. Durch eine Unterscheidung – eine Grenze, eine Membran oder einen Begriff – wird ein zuvor völlig unbestimmter und unbenannter Raum markiert. Durch eine solche Markierung unterscheiden sich Systeme von ihren komplexen Umwelten: Sie bilden Grenzen. Aus dem pragmatischen Setzen einer ersten Unterscheidung gehen weitere hervor, die sich evolutionär an sie anschließen und die anfängliche Unterscheidung ausdifferenzieren. Nichts anderes besagt das Prinzip der Evolution. Eine Information, die einen Unterschied bewirkt, der für das Überleben von Vorteil ist (mehr Behaarung bei Kälte macht einen Unterschied, wenn man in der Arktis überleben will) und in einem Medium wie der DNA gespeichert werden kann, wird an die danach folgende Generation weitergegeben. Der Unterschied pflanzt sich fort. Auf ihn wird mit weiteren Unterscheidungen und Varianten – manche von ihnen zufällig – geantwortet werden. So unterscheiden sich besonders angepasste, d. h. durch besondere Unterscheidungen markierte Systeme von ihrer Umwelt und von anderen Systemen. Eine nächste Phase der Entwicklung wird dann eingeleitet, wenn Systeme ihre Unterscheidungen in ihr eigenes System einführen, um auf diese Weise Teilsysteme zu bilden (der sogenannte Re-Entry).

Der japanische Philosoph, Übersetzer und Blogger Gudo Wafu Nishijima beschrieb in seinen Radiogesprächen in der Japanischen Rundfunkgesellschaft (NHK) den Unterschied der hier als fiktiver Realismus bezeichneten Position zu anderen Strömungen wie Materialismus oder Idealismus so: *Viele Menschen glauben, dass Materialismus eine extrem realistische Philosophie sei. Dem stimme ich nicht zu. Materialismus ist eine Philosophie – und diese beruht auf Vorstellungen über die Dinge. Materialisten analysieren all ihre Probleme, indem sie von der Grundlage ihres Konzepts von Materie ausgehen. Obwohl Materialisten glauben, dass Materie die Realität selbst ist, ist sie dennoch nur ein Konzept, das von unserem Intellekt erfunden wurde, um etwas zu erklären, das wir da draußen sehen. Deshalb entspringen ihre Gedanken über die Welt einer intellektuellen Vorstellung. Und diese Vorstellung ist nicht die Welt selbst.* Gleiches lässt sich für den Idealismus formulieren, der den Geist oder das Verfahren der Konstruktion selbst zur Grundlage erhebt. Materie wird dabei lediglich als eine Form der Negation von Geist vorgestellt und umgekehrt.

Interessanterweise lassen sich sowohl aus idealistischer wie auch aus materialistischer Perspektive radikal konstruktivistische Theorien aufstellen. Vermutlich ist der Aufstieg des Konstruktivismus dieser günstigen Konstellation zu verdanken: Er wurde von zwei entgegengesetzten Positionen aus mit unterschiedlichen Argumenten begründet und begeisterte beide Lager, die einander sonst heftig widersprechen. Dabei geriet außer Acht, dass der radikale Konstruktivismus beider Seiten zur Abschaffung eines sinnvollen Begriffs von Wirklichkeit führte. Nach wie vor wird versucht, viele, wenn nicht alle Probleme von einer dieser beiden Positionen aus zu lösen. Idealismus und Materialismus stehen dabei in einem dialektisch aufeinander bezogenen Spannungsverhältnis. Die eine Position lebt von der anderen, deren Negation sie darstellt. Eine Synthese der beiden widersprechenden Positionen kann erst dann erreicht werden, wenn die Dogmatik einer pragmatischen Annäherung weicht. Dass diese dritte Möglichkeit des Pragmatismus überhaupt in Betracht gezogen wird, liegt an dem einfachen Umstand, dass wir – ob wir wollen oder nicht – in der Wirklichkeit leben. Statt die eine oder andere Weltsicht anzunehmen, die *beide* auf Vorstellungen über die Welt beruhen (Geist bzw. Konstruktion oder Materie und Energie), liegt es nahe, zur *Welt* und zu den Dingen zurückzufinden – denn dort leben wir, sowohl im Denken wie im Handeln, *tatsächlich*.

Nishijimas Credo lautet, allen Fiktionen zum Trotz: *Wir leben in der realen Welt.* Und wir tun dies, lange bevor wir beginnen, eine Sprache zu benutzen und zu denken. Zwar gibt es keine *andere Seite* zu den Vorstellungen von der Realität, weil alles, was wir vorstellen und dem wir begegnen, immer schon mit Vorstellungen und Denken verbunden ist (dies gehört zur biologisch-neurologischen Grundausstattung des Menschen). Und doch zeigt sich die *andere Seite* oder, in der Terminologie Musils, *der andere Zustand*, wenn wir dem Rat von Stevens folgen und versuchen, außerhalb der Vorstellung von der Welt in der Welt zu leben. Mit dem Bild des fliegenden Teppichs formuliert, kommt alles darauf an zu akzeptieren, dass das, was man für den festen Boden sicherer Wahrnehmungen und Erkenntnisse hält, in Wahrheit ein fliegender Teppich ist.

Ein interessanter Bereich zukünftiger Forschung wird die Beantwortung der Frage sein, ob und wie künstliche Systeme – Roboter und lernfähige, neuronale Computernetzwerke – selbständig zu ihrer Sprache und ihren Bildern der Welt finden werden. Sind künstliche Systeme dazu fähig, ihre Welt zu erfinden und sich selbst kritisch auf diese zu beziehen? Die Fragestellung zeigt, dass gegenwärtige Philosophie als interdisziplinäre Form kritischer Analyse von Welt *und* Fiktion zugleich auch *experimentelle Philosophie* sein muss. Es gilt herauszufinden, wie natürliche und (möglicherweise) künstlich erzeugte Systeme miteinander interagieren und es zu einer Wechselbeziehung zwischen Fiktion und Realität kommt, die nicht nur neuartig, sondern ebenso vielschichtig, komplex und pluralistisch ist wie unsere eigene. Die jüngste und vielleicht auch schlagkräftigste Ausarbeitung stellt die von Markus Gabriel dar, der in *Sinn und Existenz* vorschlug, im Sinne einer *realistischen Ontologie* von einer Pluralität von Sinnfeldern zu sprechen statt von Welt. Es geht am Ende in jeder Theorie, gleich ob sie Theorie wie in den Wissenschaften und Philosophien oder eine Kunstform wie in der Dichtung ist, um eine vielfältige *Theorie des Lebens.* Alle Theorien und Deutungen bleiben in der Formulierung von Stevens experimentell. Denn auch Theorien verlangen wie *Dichtung fortwährend eine neue Beziehung. Wirklichkeit ist nicht das, was sie ist. Sie besteht aus vielen Wirklichkeiten, in die sie verwandelt werden kann.*

Es lohnt an dieser Stelle, noch einmal auf Stevens' Gedicht *Vom reinen Sein* zurückzukommen. In diesem Gedicht ging es Stevens darum, das zu erfassen, was er die erste Realität oder erste Idee nannte: das, was zwar auf der anderen Seite der Fiktion liegt, aber nur durch sie erfasst werden kann. Diese erste Realität – die *Palme*, das *reine Sein* – zu erkennen, ist, wenn überhaupt, nur möglich, wenn alle Möglichkeiten der Vernunft ausgeschöpft sind. Man kann hoffen, ihr, wenn überhaupt, am Ende aller Vorstellungen von Raum und Zeit zu begegnen. Dies ist mit der *Palme am Ende des Geistes*, d. h.

am Ende aller normalen geistigen Prozesse, gemeint. Doch dann gelingt es, der Realität – den Pragmata – neu zu begegnen: befreit von den Dogmata, leer und damit fähig, den Gesang eines bunten Vogels mit flammendem Gefieder in der Palme zu hören, der *ohne Menschensinn ein fremdes Lied* singt. Diese *supreme fiction*, von der Stevens an vielen Stellen spricht, bleibt zwar wie alles Denken, alle Kunst und Wissenschaft, eine menschliche Erfindung und Hoffnung – aber sie führt ins Zentrum unseres Lebens. Sie wirkt erlösend, so wie einst vielleicht der Glaube an Götter oder einen Gott. Wer dichtet, der denkt, so Stevens. Und wer denkt, legt die Elemente des Scheins frei. Er macht den Raum bis zum Rand transparent, befreit ihn vom Nebel der Illusionen und falschen Vorstellungen, die wir uns von der Wirklichkeit – dem Lied des Vogels und der Palme – machen.

Paradoxerweise ist es also nicht die Fiktion, d. h. die Dichtung, die die Dinge vernebelt und in Begriffsdunkel taucht, sondern umgekehrt: Dichtung und Fiktion helfen, der Wirklichkeit zu begegnen und sie neu formuliert besser zu erfassen. Wenn *die flammenden Federn des Vogels herabhängen* und *seine Federn glänzen* – dann deutet sich damit die Vielfalt der Wirklichkeiten an, die es gibt. Das Universum ist, mit William James gesagt, pluralistisch und vital. Unsere Imagination hat die Aufgabe, diese Vitalität und Vielfalt gegen die herrschenden Konventionen zu erfassen. Deshalb und nur deshalb ist ein guter *Abendgedanke wie ein Tag mit klarem Wetter*. In einem solchen Gedanken zeigt sich die Wirklichkeit im Licht eines weiten, wolkenlosen Himmels, der alles erleuchtet und noch zu vorgerückter Stunde, im Rückblick am Abend, alles, was am Tag geschah, klar erscheinen lässt. Was bleibt ist die Einsicht, dass es keine Einsicht ohne Imagination, ohne Fiktion gibt. Das menschliche Leben ist immer auch ein Leben im Fiktiven. Allerdings kommt es darauf an, sich mit dieser

Fiktion nicht selbst zu täuschen, hängenzubleiben und zu verwirren. Das Ziel ist es, im Sinne Epiktets, zu den Dingen zu finden und in den Pragmata zu sein, um auf diese Weise ohne die Verwirrung durch Dogmata in der Realität anzukommen.

TEPPICH UND REALITÄT

… und lasse mich dort, wo ich bin,
auf den roten, blau geblümten Teppich fallen.

Mathias Enard, Kompass (2016)

Wir reden also über Muster im Lebensteppich.

Ludwig Wittgenstein (1949)

Eine im August 2016 veröffentlichte Studie zeigt auf beeindruckende Weise, wie sich Dogmata und Pragmata miteinander verbinden. In dieser Studie wurde versucht, Konsumverhalten, Überzeugungen und Wertvorstellungen, Neurowissenschaften und Psychologie zusammenzubringen. Es ging um die Frage, inwieweit Vorstellungen – durch Alltagserfahrung bewährte Fiktionen – die Wirklichkeit verändern. Genauer gesagt: die Wahrnehmung dieser Wirklichkeit. Das schöne an diesem Beispiel ist, dass es der Alltagswelt entnommen ist, zugleich aber eine hoch differenzierte Unterscheidung der Realitätsebenen ermöglicht. Das Experiment ist angesiedelt zwischen einer Ebene der (kollektiv verankerten, auf bestimmte Werte bezogenen) Vorstellung von Realität, einer Ebene der tatsächlichen sinnlichen (neurophysiologisch messbaren) Wahrnehmung und der Realität selbst, die man früher vielleicht als die »wahre Realität« hinter den Erscheinungen bezeichnet hätte und die den absoluten Bezugspunkt darstellt, um den das Experiment kreist. Die Wissenschaftler des Center for Applied Brain and Cognitive Science der Tufts University und des Department of Psychology der Northeastern University sowie der Harvard Medical School hatten untersucht, wie sich Überzeugung beim Essen auswirkt. Die meisten Menschen werden darin übereinstimmen, dass es einen tatsächlichen, objektiven Unterschied macht, ob man Fleisch von Rindern isst, die ein den Tieren adäquates, gutes Leben führten, oder Fleisch von solchen, die aus Massenzuchtbetrieben stammen und unter elenden Bedingungen gelebt haben. Wie wirken sich diese Überzeugungen aus, wenn man Fleisch isst?

Um herauszufinden, wie Überzeugungen – die ja keine überprüfte »objektive« Wirklichkeit widerspiegeln, sondern subjektive Vorstellungen, Annahmen und Fiktionen darstellen – auf die messbare sinnliche Wahrnehmung wirkten, wurden mehrere Versuche durchgeführt. Im ersten Versuch baten die Wissenschaftler die Testpersonen, zwei völlig identische Stücke Dörrfleisch zu probieren. Ihnen wurde gesagt, dass das eine Rind unter besten Bedingungen auf der Weide gelebt habe, das andere aber aus Massentierhaltung und einem Käfig stamme. Das Ergebnis war eindeutig: Das Fleisch des gut gehaltenen Tieres schmeckte besser, sah besser aus und roch besser. Die Testpersonen waren außerdem bereit, für dieses Fleisch einen etwa 22 Prozent höheren Preis zu zahlen. Bei weiteren Versuchen stellte sich heraus, dass der entscheidende Faktor bei der Besserbewertung des »Bio-Rindes« weniger das (vermeintlich) bessere Leben des Tieres war, sondern das Leid des nicht artgerecht gehaltenen Rindes, das den Genuss buchstäblich vermieste. Die Probanden schmeckten dabei *deutliche Unterschiede, wenn sie von den Forschern um eine detaillierte Beschreibung des Geschmacks gebeten wurden – obwohl ja eigentlich gar keine vorhanden waren. Dennoch kam ihnen die Note des Fleischs aus der wenig artgerechten Haltung salziger, fettiger und weniger frisch vor … Feldman Barrett und ihr Team werten ihre Ergebnisse als erneuten Beweis dafür, wie stark unser eigener Glaube den Genuss von Lebensmitteln beeinflussen kann. So ist etwa bereits gut belegt, dass Wein uns schmackhafter vorkommt, wenn wir denken, dass er besonders teuer ist.*

Das Resümee der Forscher? Die sinnliche Wahrnehmung der Welt, die subjektiv als objektive Wahrnehmung der Realität erlebt wird, verändert sich massiv durch den Einfluss von Vorstellungen, Geschichten und Fiktionen. Sie beeinflussen die Wahrnehmung erheblich. Dies gilt, wie die Forscher zeigen konnten, auch für derart lebensnahe und biologische Vorgänge wie essen. Die Ergebnisse des Experimentes zeigen, wie stark Wahrnehmungen (das Gefühl, sicheren Boden unter den Füßen zu haben oder sich der Realität mit Hilfe objektiver Urteile zu nähern) nicht nur von physischen Gegebenheiten, sondern auch von Anschauungen über die Realität verändert und beeinflusst werden.

Die Forscher halten in ihren Schlussfolgerungen aus mehreren Experimenten ausdrücklich fest, dass starke Überzeugungen (die Epiktet Dogmata nennen würde) – der Umstand, dass man durch Geschichten die mit ihnen verbundenen Reinheitsgebote oder moralische Vorstellungen verletzen kann – die Wahrnehmungen von Essen und darüber hinaus die Gesamtwahrnehmung der Realität prägen. Sie folgern daraus, dass es in der Verantwortung von Filmemachern, Autoren, Designern und anderen Personen liege, darauf zu achten, wie die durch ihre Fiktionen erzeugten Vorstellungen und Überzeugungen (*beliefs*) die Wirklichkeit von Menschen sowohl in Bezug auf das Wahrnehmen wie auch auf die sich daraus ergebenden Handlungsoptionen verändern.

Im Fall des Experiments war die Handlungsoption, das eine Fleisch zu essen und das andere nicht bzw. für das *bessere* Fleisch mehr zu zahlen, vergleichsweise harmlos. Allerdings sind die möglichen Auswirkungen nicht nur auf dem Fleischmarkt erschreckend, weil deutlich wird, welchen Einfluss Werbung haben könnte. Ähnliches gilt für die Fiktionen, die mit Versprechen von immensen, aber virtuellen Geldtransfers an der Börse einhergehen oder mit dem militärischen Einsatz in Kriegen. Beides hat enorme Folgen. Den Krieg im Irak ermöglichte eine Fiktion, die sich, wie wir heute wissen, als Lüge der amerikanischen Regierung erwies, die zur bewussten Beeinflussung der UN eingesetzt wurde. Die Folgen des Krieges wirken bis heute, nicht zuletzt in Libyen und Syrien.

Es ist eindeutig, dass der sogenannte Top-Down-Einfluss, der von affektiv aufgeladenen Fiktionen ausgeht, eine zentrale Rolle beim Gestalten von individuellen Erfahrungen spielt (shaping experience). Die Wahrnehmung der Wirklichkeit beruht auf bestimmten Denkweisen, Erwartungen und Gewohnheiten, kurz: auf habituierten Gedanken. Und doch gibt es darüber hinaus eine andere, weitgehend unbeobachtete und vernachlässigte Welt. Es gibt sie nicht nur im sozialen Bereich (die Welt der Obdachlosen, die Welt der Super-Reichen), sondern überall im Alltag. The hidden world – das ist die Welt, die wir nicht sehen, in der wir aber dennoch leben. Diese verborgene Welt, die wir ebenso wenig wie die Welt der Quanten sehen, gehört dennoch zu dem, was ist (denn andere, mit denen wir uns verständigen können, sehen sie). Sie ist, im Sinne der notwendigen Fiktionen und aufgrund der Vorstellungen, denen wir den Vorzug geben, real. Tatsächlich neigen wir dazu, die Erfahrungen, die wir machen, weil uns der fliegende Teppich gerade besonders bewusst ist, für außergewöhnlich zu halten. Dazu gehören auch Wahrnehmungen, die möglich werden, weil uns eine Substanz auf chemischen Flügeln die Welt aus kosmischer Perspektive erfahren lässt, oder mystische Erfahrungen, die ebenfalls einen anderen Zugang zur Welt eröffnen können. Weil sie außergewöhnlich sind *und* dem gewohnten Denken widersprechen, halten wir sie für weniger verlässlich, weniger wahr und sogar für weniger wirklich. Erschwerend kommt hinzu, dass sich derartige Erfahrungen nur unter Mühen, wenn überhaupt, in einer Terminologie erzählen lassen, die sich den gewohnten dualistischen Unterscheidungen (tertium non datur) einpassen lässt. Wir nehmen derartige Erfahrungen lange nicht ernst: Und doch sind sie real und wirken.

Zu den berühmten Erfahrungen dieser Art, die in der Literatur beschrieben wurden, gehören neben vielen Texten der Mystiker aller Kulturen und Zeiten auch modernere Werke wie Aldous Huxleys *Die Pforten der Wahrnehmung*, Ernst Jüngers und Albert Hoffmanns Erfahrungen mit Amphetaminen und LSD, aber auch Marcel Prousts Madeleine-Erfahrung (nicht die einzige dieser Art in *Auf der Suche nach der verlorenen Zeit*) oder Robert Musils Erfahrungen einer taghellen Mystik in *Der Mann ohne Eigenschaften*. Gerade Kunst schafft einen ästhetischen Rahmen, in dem tiefe emotionale Erfahrungen beschrieben und mitgeteilt werden können. Aristoteles verwendet für derartige Erfahrungen den medizinischen Begriff der Katharsis oder Reinigung, ohne ihn in seiner *Poetik* näher zu erklären. Die realitätsverändernde Erfahrung, die mit Metaphern wie *anderer Zustand* oder *wiedergefundene Zeit* verbunden sein können, schildert der Orientalist und Schriftsteller Mathias Enard in seinem Roman *Kompass*, für den er 2015 mit dem Prix Goncourt ausgezeichnet wurde. Seine Hauptfigur, der Wiener Musikwissenschaftler Franz Ritter, verbringt im Opiumrausch nach einer alarmierenden medizinischen Diagnose eine schlaflose Nacht. In der Erinnerung begibt er sich, darin ein moderner Nachfahre von Marcel Proust, noch einmal an die Orte seiner Forschungsreisen: Istanbul, Damaskus, Aleppo, Palmyra. Diese Städte sind, und darum kreist das Buch, untrennbar verbunden mit seiner großen Liebe Sarah, einer berühmten Orientalistin. In gewisser Weise aber tragen die Erfahrungen, die Ritter macht, über diese Liebe hinaus. Sie führen zu einer Verbindung von Orient und Okzident, deren Verbindungstor die Stadt Wien ist. Enard lässt seinen Held Ritter in Istanbul tief in einen anderen Zustand eintauchen – einer Erleuchtungserfahrung nicht unähnlich. Eines Morgens betritt Ritter die für Süleyman den Prächtigen erbaute Süleymaniye-Moschee: *an einem Morgen von intensivem Blau, wenn die Luft noch vor Kälte knisterte und die Minarette des alten Stambul mit ihren Lanzen, ihren Bleistiften am Himmel kratzten, um den hundertsten Namen Gottes in dessen reine, wolkenlose Tiefe zu schreiben … Ich gehe durch den Innenhof aus buntem Marmor, zwischen den Porphyrsäulen flattern ein paar Möwen umher, die Bodenplatten glänzen, als hätte es geregnet. Ich*

habe zuvor schon andere Moscheen besucht, die Hagia Sophia, die
Blaue Moschee, und werde danach noch weitere in Damaskus, in
Aleppo, sogar in Isfahan sehen, doch keine wird diese unmittelbare
Wirkung auf mich haben: Nachdem ich meine Schuhe in ein Fach
des Holzregals gestellt und den Gebetsraum betreten habe, schnürt
es mir die Brust ein, ich verliere die Orientierung, versuche vergeblich
weiterzugehen und lasse mich dort, wo ich bin, auf den roten, blau
geblümten Teppich fallen, wobei ich versuche, mich wieder zu fassen.
Ich stelle fest, dass ich allein in dem Bauwerk bin, allein in dem Licht
bade, allein in diesem Raum mit seinen verwirrenden Proportionen;
mit dem einladenden Rund der riesigen Kuppel und dem Licht der
vielen hundert Fenster, das mich umhüllt – ich setze mich im Schnei-
dersitz hin. Ich könnte weinen, so bewegt bin ich, doch ich weine
nicht, ich fühle mich, als schwebte ich über dem Erdboden, und lasse
meinen Blick über die Inschriften der Iznik-Fliesen und die dekora-
tiven Wandmalereien wandern, alles flimmert, dann steigt eine große
Ruhe in mir auf, eine markerschütternde Ruhe, ein flüchtig erlebter
Höhepunkt, doch die Schönheit entzieht sich mir schnell wieder und
stößt mich ab – langsam komme ich wieder zu mir; was meine Augen
jetzt wahrnehmen, erscheint mir gewiss herrlich, aber es hat nichts
mit den Empfindungen zu tun, die ich kurz zuvor hatte ... Als
eine Gruppe von Touristen die Moschee betritt, versuche ich, mich
aufzurichten, doch meine Beine, vom zweistündigen Sitzen steif ge-
worden, lassen mich taumeln; ich verlasse die Süleymaniye-Moschee
wie ein Betrunkener, ein Mann, der zwischen Freude und Tränen
schwankt.

Eine Fiktion ist nie nur abhängig vom Betrachter, sondern immer auch von seinem Kontext und der Welt, die er
betrachtet. Denn auch ein scheinbar passiver Betrachter lebt,
wie jeder Hersteller von fliegenden Teppichen – in der Welt
und in den Dingen, den Pragmata. Als biologische Lebewesen leben wir mitten in Dingen, tief eingetaucht in sie.
Auch wenn uns, metaphysisch gesprochen, kein absolutes,

erstes Fundament der Welt zugänglich ist: So ist die Welt, in der wir leben, dennoch alles andere als postfaktisch: sie *ist*. Aus der Position des *Fiktiven Realismus* heraus besteht ein wesentlicher Teil der kritischen Arbeit, die wir im Denken, in den Wissenschaften und im Alltag leisten müssen, darin, die Grenzen zwischen Fiktion und Realität bzw. Elementen der Konstruktion und der Wirklichkeit zu unterscheiden und sie – die Fiktionen und die Wirklichkeit – gegebenenfalls in eine wünschenswerte Richtung zu verändern.

Genau das kennzeichnet das uralte Geschäft der Reflexion: im Denken über Gedanken und ihre Beziehung zur Wirklichkeit nachzudenken. Ein Ergebnis dieses Nachdenkens ist, in der Formulierung des Philosophen Markus Gabriel, dass es die Welt nicht gibt. Wenn man unter Welt *annäherungsweise den Bereich versteht, in dem alles vorkommt, was es* gibt, dann gibt es *diese* Welt nicht – außer als Fiktion. Denn der gesamte Bereich selbst, *die* Welt, bleibt unsichtbar. Im Grunde ist der fiktive Realismus also eine Form eines sich selbst reflektierenden Pragmatismus. Allerdings nicht im Sinne eines Arguments der Nützlichkeit, sondern eher als Anerkenntnis der Unhintergehbarkeit des Lebens, d. h. der Anerkenntnis einer (gemeinsamen) Lebenspraxis. Unhintergehbar ist das Handeln, das am Grunde unserer Überzeugungen liegt. Dieses Handeln kann sich verändern. Was sich jedoch nicht verändert, ist, dass es sich am Ende um eine Anerkenntnis in unserem Denken und Vorstellen handelt: und nicht um eine letzte Begründung. Wissen und Erfahrung, Denken und Leben sind möglich ohne eine solche letzte Begründung: nämlich immer dann, wenn man sich, mit Wittgenstein formuliert, *auf etwas verlässt*. *(Ich habe nicht gesagt ›auf etwas verlassen kann‹)*. Was den fiktiven Realismus auszeichnet, ist, mit Wittgenstein, die Behauptung, dass tatsächlich am Grunde eines jeden Zweifels wie auch eines jeden begründeten Glaubens ein unbegründeter Glaube liegt. Man kann einen solchen Glauben nicht aus der eigenen Perspektive heraus weiter begründen und absolut standfest machen. Wohl aber kann man einen begründeten Glauben von einer anderen Perspektive aus durchaus in Zweifel ziehen und kritisch beurteilen.

Das Besondere des fiktiven Realismus ist daher ein Pragmatismus, der sich seiner Grundlosigkeit bewusst ist. Die Bodenlosigkeit oder Grundlosigkeit des Lebens ist gerade die Energie, aus der sich dialektisch eine offene und kritische Haltung speist: die Notwendigkeit, immer noch bessere und schönere Teppiche zu weben. Die Horizonte, die sich dabei eröffnen, sind bleibend unterschiedliche Sinnhorizonte. Denn es ist nicht möglich, sich mit *einer* Form von Wissen auf *alles* bzw. auf *die eine* Welt zu beziehen. Am Ende ergibt sich, wenn überhaupt, eine komplexe Verwobenheit aller Perspektiven. Ob sie je erfasst werden kann, muss zumindest im Moment offenbleiben. Zu glauben, ein Teppich, der ein Muster der Welt abbilde, zeige das Muster der Welt, ist ein ebenso naheliegender wie folgenschwerer Irrtum. Der Finger, der auf den Mond zeigt, ist nicht der Mond. Ein Flugzeug, das fliegt, ist kein Vogel, sondern ein Flugzeug.

Die Position, die der fiktive Realismus einnimmt, verbleibt zwischen Pragmata und Dogmata und damit *zwischen* den bekannten Positionen. Es handelt sich, wie Rico Gutschmidt schreibt, *weder um eine skeptische Position, da man innerhalb einer konkreten Praxis die jeweiligen Angelsätze tatsächlich nicht sinnvoll bezweifeln kann, noch um eine Widerlegung des Skeptizismus, da wir die Praxis als Ganzes nicht noch einmal von außen absichern können.* Stattdessen zeigt sich, *dass wir auf ein grundloses Vertrauen angewiesen sind und daran aber nicht verzweifeln müssen, da die Praxis mit ihren Angeln schließlich funktioniert und grundlos schwebt. Mit diesem Praxisverweis wird die skeptische Frage daher nicht einfach sinnlos, sondern macht uns auf unsere endliche Situation aufmerksam. Wir sind Teil von unbegründeten Lebensformen, die man durchaus kritisieren kann, derer wir uns aber nicht im Modus des Wissens vergewissern können.*

Ob die Teppiche, die wir konstruieren, Bestand haben, bleibt abzuwarten. Jede einzelne Fiktion kann verändert werden. Wann – muss sich zeigen. Eine Fiktion muss sich, wie eine Hypothese, bewähren. Es ist äußerst realistisch, damit zu rechnen, dass jede einzelne unserer Überzeugungen und jeder einzelne Satz unseres Wissens falsch sein kann. Aber es wäre falsch, davon auszugehen, dass *alle* Sätze *zugleich* falsch sind. Vielmehr bewegen wir uns mit unseren Sätzen wie eine Nähmaschine zwischen den beiden Stoffen der Realität und der Fiktion hin und her. Die fliegenden Teppiche, die so entstehen, gehören einem Dazwischen mit gleichsam gebrochenen, fraktalen Dimensionen. Die Grenzen zwischen Fiktionen und Gegenständen verlaufen ähnlich unscharf wie die zwischen Land und Meer. Wer eine Küstenlinie genau beschreiben möchte, bewegt sich zwischen den Dimensionen des Punktes und denen der Fläche. Fliegende Teppiche sind Gegenstände, die sich in einer solchen Grenzdimension befinden zwischen dem, was ist (aber letztlich nicht erfasst werden kann), und dem, was sich nur mit Hilfe von Fiktionen und naturwissenschaftlichen Theorien darstellen lässt. Dabei muss man genau unterscheiden, mit welcher Form von Theorie man es zu tun hat. Es ist etwas anderes, sich einem Film als Film zu nähern, oder zu versuchen, den Film aus seiner physischen Basis zu erklären. *Wenn wir uns anstatt auf eine Filmszene auf ihre physikalische Realität beziehen, etwa als auf einen Schwarm zitternder Strings in einem mehrdimensionalen Raum, beziehen wir uns nicht mehr auf die Filmszene. Wir haben nicht etwa gezeigt, daß alle Gegenstände im selben Gegenstandsbereich existieren, sondern wir haben den Gegenstandsbereich gewechselt,* schreibt Markus Gabriel. Wenn der Physikalismus also behauptet, alle Dinge würden im Raum der Physik existieren – ähnlich wie alle Dinge im Kino auf der Leinwand existieren –, dann müsste er auch in der Lage sein, die Beziehungen zwischen allen Dingen zu klären, die wie Bewusstsein oder eine Gesellschaft außerhalb des unmittelbaren *physikalischen* Gegenstandsbereiches liegen. Kein einziger nichtphysikalischer Gegenstand darf ausgenommen bleiben, wenn die Welt der Naturwissenschaften intakt bleiben soll. Ein hartgesottener Naturalist könnte argumentieren, dass manche Dinge wie fliegende Teppiche zwar akzeptiert werden könnten – man aber nicht ernsthaft davon sprechen könne, dass sie so wie ein Tisch oder Atom existieren. Wie Markus Gabriel gezeigt hat, geht das Argument nach hinten los: Der Naturalist braucht den *Gegensatz* zwischen seinem Gegenstandsbereich und einem anderen, um überhaupt einen wirklichen Teppich von einem imaginierten unterscheiden zu können. Die Frage ist, ob sich mit der Theorie, die den *wirklichen* Teppich zu beschreiben in der Lage ist, auch die Imagination erklären lässt. Es spricht vieles dafür, dass ein realer und ein imaginierter Teppich sich nicht mit demselben Typus von Theorie beschreiben lassen: Was aber der Fall sein müsste, wenn der Physikalismus (oder alternativ der Idealismus) eine hinreichende Erklärung der Wirklichkeit bieten würde. Man kann bereits berechtigte Zweifel haben, ob sich ein *Teppich* ernsthaft als Partikelhaufen beschreiben lässt. Denn wenn man sich auf die Partikelmenge bezieht, bezieht man sich auf Teilchen, die der Existenz des Teppichs zugrunde liegen, nicht aber auf Teppiche. Es braucht die Fiktion, den Begriff des Teppichs, um den Teppich zu beschreiben, der wie Teilchen ein Gegenstand der Welt ist – und vielleicht sogar ein klarerer, deutlicherer als sie selbst. Alles, was es am Ende gibt, sind unterschiedliche Sinnfelder, die wir *kognitiv bewohnen.* Und es ist durchaus möglich, dass uns einige dieser Felder verschlossen bleiben. Wittgenstein formuliert den Zusammenhang so: *Das Wissen gründet sich am Schluß auf der Anerkennung. Mein* Leben *besteht darin, daß ich mich mit manchem zufriedengebe.*

KAPITEL 5
LEBEN IM FIKTIVEN

*Weil aber keiner ganz er selber ist, so bleibt immer ein kleines
»Eigentlich« übrig, auf das er sich, bei Bedarf, zurückziehen kann.*

Kurt Tucholsky (1928)

EIGENTLICH ...
DAS LEBEN MIT METAPHERN IM DEFAULT MODE

Auf die Frage, welche Beziehung zwischen fiktionalem Realismus und Alltagswelt besteht, gibt es eine einfache Antwort: verschiedene sehr direkte Beziehungen. Zum einen werden wir im Alltag immer wieder vor die Frage gestellt, was stimmt und tatsächlich der Fall ist. Wir müssen also das, was wir von anderen erfahren haben und erzählt bekommen, abgleichen, d. h. unterscheiden von dem, was wirklich der Fall ist. Tatsachen sind, insbesondere in Zeiten von Verschwörungstheorien und Populismus, nicht immer auf den ersten Blick zu erkennen. Dies gilt beispielsweise für eine Reihe von sogenannten Urban Legends, die sich hartnäckig halten, wie z. B. die Behauptung, die Landung auf dem Mond hätte nie stattgefunden. Man muss wissen, dass man mit guten Fernrohren die Landefähre Eagle auf dem Mond *sehen* kann. Man kann sich also selber überzeugen. Wäre die Mondlandung ein Fake – und viele glauben tatsächlich, dass sie in Wahrheit nie stattgefunden und von Stanley Kubrick in den Studios von Hollywood inszeniert wurde –, könnte man die Eagle nur dann sehen, wenn jedes einzelne Fernrohr präpariert und gefälscht wäre. Generell gilt, dass man gut daran tut, sich im Alltag immer wieder zu fragen, welche Anteile dessen, was man für wahr oder gegeben hält, tatsächlich gegeben sind (z. B. mehrfacher Prüfung standhält) und welche auf der Reproduktion von Geschichten und Fiktionen beruhen. Diese Unterscheidung zu treffen ist ein gutes Mittel der Diagnose, um die eigenen Überzeugungen, aber auch die Meinungen anderer zumindest prima facie richtig einzuschätzen.

Viel wichtiger aber ist ein zweiter, sehr direkter und lebenspraktischer Zusammenhang, der zwischen fiktivem Realismus und Alltag besteht. Wenn wir einen Spaziergang in der Innenstadt machen und überlegen, wie wir den Sommerurlaub planen könnten, dann sind wir einerseits durchaus in der Stadt. Wir können Bekannte begrüßen, auf den Straßenverkehr achten und sogar wahrnehmen, dass es beim Lebensmittelhändler eine Apfelsorte im Angebot gibt, auf die wir länger schon gewartet haben. Gleichzeitig aber sind wir auf eine gewisse Weise nicht da: Wir sind mitten in der Vorstellung eines Urlaubs am Strand oder überlegen, wo man die besten Gewürze für ein gutes Currygericht bekommen kann. (Was gehörte da noch mal alles rein?) Denn ein Teil unserer Aufmerksamkeit gilt nicht dem, was man Realität nennt, sondern inneren Vorstellungen und Gedanken, von denen sich in der Regel der eine an den nächsten reiht. Auch diese Gedanken und Vorstellungen sind real – doch auf eine ähnliche Art und Weise, wie Erlebnisse im Kino real sind. Wir leben nicht nur im Wirklichen, sondern einen erheblichen Teil unserer Zeit immer auch im Fiktiven.

Das Vermögen, im Fiktiven zu leben, muss erlernt werden. Es wird für viele zu einer Angewohnheit, bei bestimmten Tätigkeiten wie etwa dem Autofahren oder Putzen abzuschalten und vom »Wirklichkeitsmodus« auf den »Fiktionalmodus« umzuschalten. Die Eigenschaft von Menschen, nie oder höchst selten ausschließlich in der Wirklichkeit zu leben, stellt eine anthropologische Konstante dar, deren Erforschung noch viele Rätsel für die Psychologie und die Neurowissenschaften darstellen. Sobald wir eine Aufgabe gelöst und eine Aktivität beendet haben, wird das sogenannte default mode network (DMN) aktiv. Es wird ebenfalls in Pausen aktiviert oder dann, wenn unser Geist umherwandert, während wir etwas tun und in der Wirklichkeit unterwegs sind. Dieses Wandern des Geistes – manche sagen auch Tagträumen dazu – beinhaltet in der Regel Gedanken über andere (Theory of Mind), moralische Überlegungen, soziale Bewertungen, aber auch die Beschäftigung mit autobiographischen Informationen, Erinnerungen, der Vorstellung von zukünftigen Taten und selbstreferentielle Gedanken jeder Art. Elektrokortikale Studien haben gezeigt, dass das DMN innerhalb von Bruchteilen einer Sekunde aktiviert werden kann – und ebenso einem anderen Gehirnmuster weicht, wenn es gilt, sich einer Aufgabe zuzuwenden, zu planen oder zu handeln. Das System involviert eine Reihe unterschiedlicher Subsysteme wie die functional hubs (etwa PCC, mPFC), das dorsale mediale oder das medial-temporale Subsystem. Ohne weiter in die Details zu gehen, die zum Teil erstaunlich gut, zum Teil auch noch unerforscht sind, genügt an dieser Stelle zu wissen, dass der Tätigkeit des »fiktionalen Lebens«, d. h. des Vorstellens, Nachdenkens oder Tagträumens, ein eindeutig zu identifizierender Zustand des Gehirns entspricht. Wenn wir im Fiktiven leben, dann ist dies nicht nur vorgestellt, sondern wirklich so: und dass es wirklich so ist, lässt sich mit Hilfe geeigneter Methoden nachprüfen.

Ohne zu behaupten, dass das DMN identisch sei mit dem gesamten Bereich des Lebens in Fiktionen und Vorstellungen – diese Behauptung wäre sicher in dieser Form falsch –, kann man dennoch sagen, dass die Vorstellungsaktivität des Menschen eine andere ist als die der Wahrnehmung dessen, was als wirklich gilt. Unsere Wahrnehmung der Welt beruht, ebenso wie unser Handeln, das sich auf unsere Entscheidungen gründet, nicht nur auf Wahrnehmungen über die Welt, sondern zu einem großen Teil auch auf Vermutungen und Vorstellungen, die zum Teil nichts mit dem zu tun haben, was wir gerade im Augenblick erleben. Was wir wahrnehmen, besteht daher, vereinfacht gesagt, aus (scheinbar direkter) Wirklichkeitsverarbeitung und Fiktionen. Man könnte auch sagen: Das, was wir wahrnehmen, beruht zum einen auf Fiktionen, zum anderen aber auch auf fiktionsreduzierten, eher an der Empirie als an der eigenen Imagination orientierten Vorstellungen. Solche Beschreibungen sind nicht streng naturwissenschaftlich, stellen aber korrekte alltagstaugliche Übersetzungen dar.

Der britische Neurowissenschaftler Karl Friston ist einer der Pioniere, der versucht hat, unsere Fähigkeit, sogenannte generative Modelle der Welt herzustellen und Schlussfolgerungen zu ziehen (inferential brain), auf der Ebene der Aktivitäten des Gehirns zu untersuchen. Eines der Ergebnisse seiner Forschung ist, dass das Gehirn ein Organ ist, das uns dabei hilft, Voraussagen zu treffen, um auf das, was kommt, gut vorbereitet zu sein. Diese überlebensnotwendige Strategie führt immer wieder zum Abgleichen der Voraussagen mit der Wirklichkeit. Zuweilen aber bleibt es bei der Voraussage, weil kaum Zeit ist, einen ausführlichen Abgleich zu ermöglichen. In gewisser Weise bleibt das Gehirn dann im Modus seiner eigenen Voraussagen und Modelle von Vergangenheit, Gegenwart und Zukunft stecken. Friston spricht vom *prophetischen Gehirn*. Die neurowissenschaftliche Forschung der letzten Jahrzehnte konnte nämlich zeigen, dass das Gehirn nicht nur Informationen etwa der Sinne filtert und bearbeitet, sondern auch wie eine *inference machine*, eine Maschine arbeitet, die bestimmte Schlussfolgerungen aus Daten ableitet. Eine solche Schlussfolgerung wäre auch, Herz, Kreislauf und Muskeln zu aktivieren, weil vor einem ein hungriger Säbelzahntiger steht. Auf diese Weise werden nicht nur Muster, die in der Welt sind, übersetzt in Muster, die durch Gehirnaktivitäten repräsentiert sind: Das Gehirn ist auch in der Lage, bei Bedarf bestimmte eigene, von ihm selbst erzeugte Muster abzurufen. Zwei Geräusche, die physikalisch sehr ähnlich klingen, können im Wald den Eindruck hervorrufen, einen Vogel zu hören, im Konzertsaal dagegen eine Klarinette. Wir machen, in Abhängigkeit von einer Reihe von Sinnesdaten und Wahrnehmungen, Prognosen darüber, wo wir uns befinden und was uns begegnen wird. Es ist unwahrscheinlich (aber nicht unmöglich), dass das Geräusch, das man im Wald hört, von einem Instrument stammt, auf dem jemand gerade spielt.

Ohne weiter auf die Entdeckungen von Karl Friston und anderen Forschern einzugehen, lässt sich sagen, dass wir aus neurophysiologischer Sicht sehr hartnäckig daran arbeiten, unserer durch die Sinne wahrgenommenen Welt eine zweite, mit Hilfe von Erwartungen, Vorstellungen und Fiktionen entwickelte Welt hinzuzufügen. Man könnte es sich ein wenig vorstellen wie die *augmented reality*, eine künstlich angereicherte Realität, wie man sie etwa durch eine VR-Brille wahrnimmt. Durch solche Brillen kann man einerseits »normale« Wirklichkeit sehen, andererseits aber auch die auf die Brillenoberfläche eingespielten Projektionen eines Computerprogramms, das zusätzliche Informationen liefert. Unser Geist ähnelt einer solchen VR-Brille – nur dass die zusätzlichen Informationen von uns, unserem Gehirn und seiner internen Informationsverarbeitung stammen. Unser Gehirn macht seit Zehntausenden von Jahren von einem ähnlichen Prinzip Gebrauch, indem es das, was wir wahrnehmen, darüber hinaus anreichert mit unserem Wissen, unserer Erinnerung und Erfahrung. Das, was wir als wirklich sehen, wird zusätzlich durch Eindrücke erweitert, die wir zwar nicht unmittelbar sehen, die aber aus dem Repertoire unserer Erfahrungen und den Hintergrundinformationen abgerufen werden. Diese Eindrücke können beispielsweise dazu beitragen, innerhalb von Sekundenbruchteilen eine bestimmte Situation, in die wir ungewollt im Büro geraten, als handfesten Flirt zu identifizieren, bei dem wir offensichtlich gerade stören.

Eine Fiktion im Sinne einer solchen erweiterten Realität liefert uns also eine zusätzliche Möglichkeit, Bedeutungen von etwas zu ermitteln, die durch reine Sinneswahrnehmung nicht erschlossen werden können. Der DMN unseres Gehirns schafft die Bedingungen dafür – wobei es weitere Möglichkeiten gibt. Fiktionen greifen auf Erinnerungen, auf Geschichten oder Wissen zurück, das wir erworben haben, spielen uns aber auch neue Möglichkeiten von Weltzuständen zu, die uns vorbereiten auf etwas, das kommen könnte. Insofern darf der Begriff *fiktional* (wie im fiktionalen Realismus) oder *Fiktion* nicht ausschließlich im Sinne einer Erfindung in der Literatur oder Kunst verstanden werden. Im Sinne von Friston und anderen Forschern ist Fiktion ein anderer Begriff für Modell oder kognitives Muster. Mit ihrer Hilfe erschließen wir uns die Wirklichkeit. Fiktionen sind vor allem sprachliche Teppiche – mentale Hilfsmittel, die uns weiter in die Zukunft tragen, hinein in den offenen Bereich dessen, was möglicherweise passieren wird. Derartige Fiktionen nehmen daher oft die Form von Prognosen an. Bestimmte kognitive Inhalte können auf diese Weise sowohl im Sinne von Erwartungen stabilisiert, aber auch verzerrt werden, weil sich die Aufmerksamkeit auf andere, wichtigere Muster richtet. Solche Muster können Wahrnehmungen der äußeren Welt (Pragmata) sein, aber auch innere Wahrnehmungen von Gefühlen oder komplexeren kognitiven Abläufen (Dogmata), die sich einstellen, weil man etwas sieht und dabei an etwas Schönes oder, im Gegenteil, an Gewalt denkt. Insofern sind Fiktionen Modelle der Welt, die wir ständig neu berechnen: harmlose Erfindungen, die uns das Leben ein wenig erleichtern. Fiktionen können aber auch die Gestalt von hartnäckigen kognitiven Vorurteilen (*cognitive bias*) annehmen, die dann erhebliche Auswirkungen haben auf das, was wir wahrnehmen und tun. Solche Vorurteile schaffen regelrechte

Wahrnehmungsblasen, in denen wir leben. Insofern helfen uns Fiktionen nicht nur, besser mit der Realität umzugehen – sie können auch dazu führen, dass wir sehr stark *im* Fiktiven leben und Realität verleugnen.

Der Begriff *Leben im Fiktiven* meint also das Vermögen von Menschen, ihre Welt durch Fiktionen anzureichern. Mit *Wirklichkeit* ist dabei die einfache Tatsache gemeint, dass man beispielsweise U-Bahn fährt. Das Leben im Fiktiven beginnt da, wo man während dieser Fahrt die Fahrt selbst, die unmittelbare Realität um einen herum (und in einem selbst) ausblendet, weil man ein Buch liest, eine Nachricht schreibt, Musik hört, nachdenkt oder sich vorstellt, in diesem Moment am Strand zu liegen. Klingt das Rauschen der Bahn durch das geöffnete Fenster nicht tatsächlich ein wenig wie das Rauschen einer starken Brandung am Meer? Und ist die Luft im Schacht der U-Bahn nicht ähnlich warm wie ein Sommerwind am Mittelmeer? Ist man nicht eigentlich an ebendiesem Strand, während man gerade mit der U5 Richtung Willy-Brandt-Platz fährt?

1928 nahm Kurt Tucholsky dieses Phänomen unter die Lupe, für das wir gerne den Begriff *eigentlich* verwenden. Tucholsky hatte festgestellt, dass viele Menschen nie nur in der Wirklichkeit leben, sondern immer auch woanders. *Da leben die Leute in ihren Vierzimmerwohnungen und verdienen elfhundertundsiebenunddreißig Mark im Monat und haben eine Frau und zwei Kinder (oder umgekehrt) und fahren jeden Tag mit der Untergrundbahn ... aber »eigentlich« sind sie ganz etwas anders. ... Es wimmelt von verkappten Königen, die inkognito leben ... Und eigentlich sind wir ja dem Arbeitgeber, der uns bedrückt, tausendfach überlegen, und wir spotten seiner und sind so feine Herren ... Eigentlich bin ich ja ein Freidenker, aber wenn meine Schwiegermutter will, daß wir uns kirchlich trauen lassen ...? eigentlich sind wir überhaupt ganz anders, als man glauben könnte, wenn man uns so leben sieht. Und so leben eigentlich viele Leute mit dem Kopf in den höheren Schichten und spielen sich ein Dasein vor, das sie gar nicht führen, obgleich sie es führen ... es ist ein schöner und gefährlicher deutscher Traum, die Realität zu ignorieren, und im Wunschland zu leben, wo es nichts kostet und wo alles glatt und hemmungsfrei zugeht. So fliehen sie – und bleiben auf derselben Stelle ...* Diese Stelle, auf der man tritt, ist Opium für die einen, für die anderen ihr wichtigster Rückzugsort, und für wieder andere Anlass, sich endlich zu bewegen und etwas zu verändern.

FIKTIONEN, METAPHERN, REALITÄT

*Das Bewußtwerden ist vor allem geknüpft an die Wahrnehmungen, die
unsere Sinnesorgane von der Außenwelt gewinnen. Wir erhalten allerdings
auch bewußte Nachrichten aus dem Körperinneren, die Gefühle, die sogar
unser Seelenleben gebieterischer beeinflussen als die äußeren Wahrnehmungen ... Bewußte Vorgänge an der Peripherie des Ichs, alle anderen im Ich
unbewußt, das wäre der einfachste Sachverhalt, den wir anzunehmen hätten. So mag es sich auch wirklich bei den Tieren verhalten, beim Menschen
kommt eine Komplikation hinzu, durch welche auch innere Vorgänge im
Ich Qualität des Bewußtseins erwerben können. Dies ist das Werk der
Sprachfunktion, die Inhalte des Ichs mit Erinnerungsresten der visuellen,
besonders aber akustischen Wahrnehmung in feste Verbindung bringt ...
innere Vorgänge wie Vorstellungsabläufe und Denkvorgänge können
bewußt werden, und es bedarf einer besonderen Vorrichtung, die zwischen
beiden Möglichkeiten unterscheidet, der sogenannten Realitätsprüfung.*

Sigmund Freud (1939)

Das Fiktive tritt mit Hilfe von Mythen und Geschichten, Romanen, Filmen, Gedichten, Werbeslogans, Gesprächen und sogar mit ganzen Theorien ins persönliche und kollektive Leben. Helden und Vorbilder, Rollenerwartungen und Codes, wie sie etwa für eine romantische Liebe typisch sind, prägen unsere Vorstellungswelt. Aber auch einzelne Wörter und Begriffe können erstaunliche Wirkungen haben. Wörter wie *gut, böse, Gott, Schuld* und andere können Abkürzungen für ganze Sinn- und Handlungszusammenhänge sein. Was sich ereignet, wenn sie einem in den Sinn kommen, ist ebenso erstaunlich wie befremdlich. Denn Metaphern kommen *auf leisen Sohlen ins Gehirn* – so die These des amerikanischen Linguisten und Philosophen George Lakoff.

Wir alle begreifen die Welt zu einem großen Teil in Form von Metaphern – und sind uns dessen nicht bewusst. Hinter diesem Satz stehen umfangreiche empirische Studien und eine Theorie der *embodied cognition*. Erkenntnisse und Gefühle bestehen nie nur isoliert für sich – so wie es scheinbar mit den platonischen Ideen zu sein scheint, die angeblich in einem abstrakten Raum des Denkens existieren können. Vielmehr ist jede Vorstellung, jede Abstraktion, jeder Begriff immer auch körperlich und emotional markiert. Die mentalen Vorgänge tragen die Spuren des Körpers. Es ist Lakoff und anderen Forschern vor allem im Bereich der an der Biologie orientierten *embodied artificial intelligence* zu verdanken (ein Bereich der Künstlichen-Intelligenz-Forschung und Robotik, der sich mit biologienahen Systemen befasst und versucht, Kognition an einen künstlichen Körper mit Sinneswahrnehmung zu binden, ähnlich wie in lebenden Systemen), dass entscheidende neue Erkenntnisse über das Zusammenspiel von Kognition, Körper und mentalen Zuständen gewonnen wurden. Neben Linguisten waren vor allem Neurowissenschaftler, Computer- und Informationswissenschaftler, Psychologen und Sozialpsychologen, Politikwissenschaftler oder Künstler an der Entwicklung von verkörperlichten Systemen beteiligt. Heute gibt es bereits autonome, selbständig agierende und lauffähige Roboter, die z. B. Insekten ähneln und in der Kanalreinigung, aber auch beim Militär als Waffen eingesetzt werden können. Die Quintessenz der Forschung ist: Was als Bewusstsein erscheint, ist immer ein *embodied mind* – ein inkorporierter, verkörperlichter Geist, der Wahrnehmungen und Gefühle mit einschließt. Menschen sind körperliche Wesen in realen physischen, aber auch sozialen Umgebungen, die Raum für Kognitionen und innere Welten schaffen.

Die notwendige Bindung des Bewusstseins an den »Input« des Körpers als Mittel der Erfahrung von Wirklichkeit verbietet es, den Geist als eine Art körperlose Essenz zu verstehen, die gleichsam entkernt und aus dem Körper extrahiert werden kann. Die Vorstellung, der Geist sei eine dem Körper entnehmbare Software, die dann beliebig in einen anderen Gegenstand oder Körper verpflanzt werden könne, ist zwar ein beliebtes Thema von Science-Fiction-Filmen und Diskussionsforen im sogenannten Transhumanismus. Bislang aber spricht alles eher für das Gegenteil: kein Bewusstsein ohne Körper. Die mentale Welt ist, in der Formulierung des Philosophen Alva Noë, immer *thought in experience* – in Erfahrungen und Handlungen eingebettetes Denken. Kein Begriff und kein Wort, das nicht auf irgendeine Weise markiert wäre. Gerade das macht es möglich, dass Metaphern auch in die umgekehrte Richtung wirken können. Weil Wörter mit Körperwahrnehmungen »markiert« sind und sie innerhalb der Wirklichkeit des biologischen Lebens ihre Bedeutung gefunden haben, können Metaphern umgekehrt Gefühle auslösen, kognitive Prozesse und Handlungen steuern. Das gilt für das Privatleben ebenso wie für den Bereich des Sozialen, etwa die Politik. Die Markierungen von Wörtern laden diese mit

Emotionen auf, die dann auch, vermittelt über die Sprache, auf andere Menschen wirken können. Metaphern sind nicht selten mit sozialen Bedeutungen angereichert, die ebenfalls beim Handeln in der Welt wichtige Funktionen erfüllen. George Lakoff spricht von einer *philosophy in the flesh*. In seinem gleichnamigen Buch zeigt er, welche Auswirkungen die Verkörperung des Bewusstseins im Menschen auf sein Weltbild hat. Unter anderem macht er darauf aufmerksam, dass auch die Mathematik, mit deren Hilfe wir Entscheidungsfindungen in sogenannten Rational-Choice-Szenarien durchspielen, nur funktioniert, wenn man die formale Sprache, die mit wahrscheinlichkeitstheoretischen Überlegungen verbunden wird, auch mit weiteren Metaphern an die Welt koppelt. Dies ist notwendig, weil mathematische Theorien einer anderen Ordnung entstammen als die Dinge, die sich tatsächlich in der Welt befinden.

Lakoff untersuchte Alltagsmetaphern, aber auch die Wirkungen von politischen Metaphern, die vor allem im amerikanischen Wahlkampf Verwendung finden. So ist beispielsweise die Metapher, dass die Liebe eine Reise sei, weitverbreitet: Wir sagen, man wäre zusammen weit gekommen, sprechen von einer Beziehung am Scheideweg oder in der Sackgasse, von Leerlauf, den es im Moment gibt, einer Ehe, die auf Grund gelaufen sei oder im Begriff unterzugehen. Dabei sind vor allem Metaphern, *die auf einfachen physischen Konzepten – oben-unten, innen-außen, Objekt, Substanz usw. – beruhen, grundlegend* in unserem Konzeptsystem. Ohne solche Metaphern – Lakoff nennt sie Strukturmetaphern – können wir nicht kommunizieren. Strukturmetaphern knüpfen systematische Korrelationen innerhalb unserer Erfahrung – sie bilden einen Begriffsteppich, der die verschiedenen »Ecken« unserer Erfahrungswelt miteinander verbindet. Über den Teppich dieser Begriffe können wir innerhalb unseres Erfahrungsraumes von einer Bedeutung, einem kognitiven Raum in einen anderen gelangen. Um die Risiken einer physischen Auseinandersetzung, der wir als biologische Lebewesen nur bedingt aus dem Weg gehen können, zu minimieren, haben wir nicht nur soziale Institutionen erfunden, die Konflikte puffern, sondern auch verbale Teppiche, auf denen wir unsere Interessen ausbreiten und argumentative Auseinandersetzungen austragen, anstatt gewalttätig zu werden.

Es gibt eine Reihe von Strukturmetaphern, die nicht nur unsere soziale Welt prägen, sondern auch unsere Gefühle und Bewusstseinszustände markieren, sie binden und gewissermaßen festschreiben. Metaphern und Begriffe bestimmen entscheidend mit, wie wir etwas sehen. Hat man es wirklich mit einer Flüchtlingsschwemme zu tun (man sagt nicht: Menschenschwemme) oder überhaupt mit Flüchtlingen statt mit Menschen auf der Flucht? Allein die Silbe »ling« lässt den Flüchtling wie einen Pilz klingen (Zwergröhrling oder gar Scheinröhrling) und ist eine Verkleinerungsform, deren Sinn es anscheinend ist, die Menschen, um die es sich handelt, kleiner erscheinen zu lassen. Michel Friedman machte unlängst in einem Symposium über zukünftige Entwicklungen auf die Bedeutung solcher Metaphern in der politischen Rede aufmerksam. Es ist beispielsweise etwas anderes zu sagen, *das Boot ist voll*, als den Ausdruck *das Schiff ist voll* zu verwenden. Beides hat eine völlig andere Bedeutung: Während Boote klein und nicht geeignet sind, um mit ihnen in stürmische See aufzubrechen und viele Menschen zu transportieren (Ruderboot), sind Schiffe wie Containerschiffe oder Kreuzfahrtschiffe wie die MS Europa dazu bestens geeignet. Mit einem solchen Schiff kann jeder fahren, der zahlt. Immer wieder zeigt sich, wie Metaphern und fiktionale Elemente die Wirklichkeit bestimmen, prägen und dazu beitragen, unbewusst Wirklichkeiten zu deuten. Allein aus diesem Grund ist es wichtig, immer wieder dem Rat Freuds zu folgen und eine Realitätsprüfung vorzunehmen. Denn *innere Vorgänge wie Vorstellungsabläufe und Denkvorgänge können bewußt werden, und es bedarf einer besonderen Vorrichtung, die zwischen beiden Möglichkeiten unterscheidet, der sogenannten Realitätsprüfung.*

Ende der 1960er Jahre beklagten die Psychoanalytiker Margarete und Alexander Mitscherlich in ihrem Klassiker *Die Unfähigkeit zu trauern. Grundlagen kollektiven Verhaltens, die konstante Orientierung am Unwirklichen,* unter der Menschen leiden. Die beiden Analytiker stellten eine kollektive Inflation des Selbstgefühls fest und eine damit verbundene, immer wieder aufgeschobene Prüfung der Lebenswirklichkeit durch das Realitätsprinzip. Die Neigung zur Orientierung am Unwirklichen ist geradezu eine anthropologische Konstante und keine Pathologie einzelner Individuen. Was in der Politik oder in der Ökonomie der Finanz- und Börsensysteme geschieht, ist kollektiv verankert und hat kollektive Ursachen. Deshalb waren *alle Versuche der Aufklärung von Erwachsenen zu Erwachsenen bisher zum Scheitern verurteilt, weil wir uns nicht den inneren Wahngehalten, die wechselseitig projiziert wurden, nähern konnten.*

Wer gegen den Wahn kämpft, muss, so Alexander und Margarete Mitscherlich, den unzugänglichsten Bereich des Menschen ausloten – das Unbewusste. Diese Form der Aufklärung unterscheidet sich daher von der reinen, abstrakteren Lesart Kants, für den Aufklärung den bewussten Ausgang aus der selbstverschuldeten Unmündigkeit bezeichnet. Kant wollte den Weg dorthin mit Hilfe von Vernunft und kritischem Durchdenken der bewussten Inhalte weisen. Doch das Realitätsprinzip hat viele Formen. Es ist verführerisch, das Konzept der Aufklärung und damit *das Wort Kultur selbstidealisierend zu verwenden. Doch die Umwege, auf denen destruktive Phantasien das Verhalten des Menschen zu lenken vermögen, kön-*

nen weit sein. Der fiktive Realismus ist ein Weg der Analyse der Gegenwart. Indem er zwischen Fiktion und Realität zu unterscheiden sucht, bringt er das Realitätsprinzip mit Blick auf die Überschneidungen der inneren und äußeren Wirklichkeiten zur Anwendung. Der fiktive Realismus betont, dass Wörter und Metaphern, kurz: Fiktionen (Dogmata) und all das, was wir verstehen und als Verstandenes weitergeben können, sich immer auf der Grenze zwischen reiner Vorstellung (Fiktion) und körperlich-sinnlicher Wirklichkeit (Realität) bewegen. Es sind die Metaphern, die ankündigen, wo jemand die Grenze ziehen und Differenzen markieren möchte. Begriffe markieren relevante Unterschiede – relevant nicht nur für das Denken und Argumentieren, sondern auch für das Handeln. Sprache ist ebenso wenig wie die Wahrnehmung der Welt in Zeichen, Gesten oder Geräuschen ein rein abstraktes Gerüst oder Schema, das sich über die Dinge legt. In ihr *steckt etwas,* betont Elisabeth Wehling. Um Metaphern *zu begreifen, aktiviert unser Gehirn ganze Vorratslager abgespeicherten Wissens: Gefühle, Gerüche, visuelle Erinnerungen. Worte transportieren also viel mehr Informationen, als wir glauben, und sie treiben uns politisch nach links oder rechts, ohne dass wir uns dessen bewusst sind.* Kein Wort kann daher außerhalb eines mit Körper und Gehirn verbundenen Deutungsmusters – Frame in der Fachsprache – gedacht, geäußert, mitgeteilt oder erfunden werden. Wann immer man ein Wort hört, wird der entsprechende Deutungskontext – der gesamte Frame – aktiviert. Viele dieser Prozesse, die im Detail innerhalb von Millisekunden nach der Aufnahme eines Lautes ablaufen, sind noch nicht bis in alle Details verstanden. Insbesondere ist die Frage offen, wie es, ausgehend von der Biochemie von Nervenzellen, die miteinander Ladungen austauschen und sich zu Clustern und größeren Einheiten zusammenschließen, zu komplexen Formen des Bewusstseins kommt. Wie kann eine Welt entstehen, in der es nicht nur Dinge, sondern auch Bedeutungen und ein Leben im Fiktiven gibt? Während die einen behaupten, diese Welt sei nur möglich geworden, weil es einen Geist in der Materie gebe, sagen die anderen, dass die Materie ebendiesen Geist geschaffen habe. Beide Positionen, die idealistische und die materialistische, halten daran fest, dass Realität nur eine Konstruktion sei – entweder die eines Geistes, der in die materielle Welt gekommen ist, oder umgekehrt die eines Organs, des Gehirns, das es irgendwie in die Welt des Geistes geschafft hat. Wie genau das geschehen ist, können beide Theorien nicht abschließend sagen. Beide haben keine wirklichen Antworten auf entscheidende Fragen – bis heute nicht. Ich ziehe daher die pragmatische Lösung vor. Wir leben in der Welt, so wie sie sich im Alltag darstellt. Man muss eben essen und Wäsche waschen. Und damit müssen wir zurechtkommen.

REALITYSMUS, ONLIFE
UND DIE DIGITALISIERTE MADELEINE

The universe is made of stories, not atoms.

Muriel Rukeyser (1968)

Not atoms? Of course it is made of atoms. That's one of our important stories. What other stories make our world?

David Loy (2010)

Denn es ist eine Auswirkung der Liebe, die die Dichter in uns erwecken … In jedem Bild, das sie uns zeigen, scheinen sie uns nur einen flüchtigen Anblick einer wunderbaren, sich von der übrigen Welt unterscheidenden Landschaft zu geben, in deren Herz wir mit ihrer Hilfe eindringen möchten … Was sie uns anders und schöner als die übrige Welt erscheinen läßt, ist der Widerschein ihrer Phantasie. Dieses Aufscheinen, mit dem sie uns bezaubern und enttäuschen und über den wir hinausgelangen möchten, ist das eigentliche Wesen dieser gewissermaßen keine Dichte besitzenden Sache – eine auf einer Leinwand festgehaltene Fata Morgana.

Marcel Proust, Tage des Lesen (1905)

Die Welt ist aus Atomen gemacht, die wir nicht sehen. Wenn wir im Kino auf die Projektionsfläche schauen, dann sehen wir reale Dinge und das fiktive Leben, aber nicht die Wand. Fliegende Teppiche sind wie diese Wände. Sie geben unseren Fiktionen die Möglichkeit, in der Wirklichkeit zu erscheinen. Wenn wir uns ihnen überlassen, ist es wie im Kino oder beim Lesen: Wir versinken in eine andere Welt und sind nicht mehr da, wo wir wirklich sind. Diese fliegenden Teppiche tragen uns weg. Für Momente vergessen wir, wer und wo wir sind. Wir sind anders geworden und führen ein anderes Leben. Dieses Leben im Fiktiven ist nicht ungefährlich. Denn die Fiktion kann die Absicht hervorrufen, die Realität zu verändern. Das ist der Grund, warum Künstler, Schriftsteller und Journalisten neben der politischen Opposition die Ersten sind, die in den Gefängnissen und Folterkellern verschwinden. Was Kunst so gefährlich macht, ist die Zweischneidigkeit ihrer scharfen Klinge, mit der sie die Wirklichkeit zerteilt. Kunst kann Menschen betäuben und lähmen; sie kann, wie Religion, zu einer Droge werden, die duldsam und gefügig macht. Solche Kunst im Dienst der Unfreiheit hört jedoch auf, Kunst zu sein. Sie wird zur platten Propaganda; ihre Klinge wird stumpf. Gefährlich ist es für die Opiumdealer, wenn man in die andere Richtung schneidet. Denn Kunst und Fiktionen können wie Waffen eingesetzt werden, wenn sie Fakten erst richtig sichtbar machen. Sie schneiden den Kuchen der Wirklichkeit frisch an und zeigen, woraus sie gemacht ist. Geschichten können enthüllen, woraus die neuen scheindemokratischen Kleider der Zaren und Kaiser in Russland, China, der Türkei und vielen anderen Ländern wirklich gemacht sind. Deshalb müssen Künstler und Journalisten verschwinden. Über die Folterkeller im eigenen Land wissen seine Bewohner oft am wenigsten Bescheid – es sei denn, sie wurden gefoltert oder foltern selbst. Um Angst zu erzeugen genügt es wie im Mittelalter zur Zeit der Inquisition, zu wissen, dass es Kerker und Foltermeister gibt.

Wenn Kunst wie in der Malerei, im Kino oder in einem Buch gelingt, dann bleibt die Leinwand, das Papier oder das Display, das rohe Medium, unsichtbar. Kunst bezaubert meist durch Schönheit, in die sie die alltägliche Welt kleidet. In *Tage des Lesens* beschreibt Marcel Proust *das eigentliche Wesen dieser gewissermaßen keine Dichte besitzenden Sache – eine auf Leinwand festgehaltene Fata Morgana.* Was er beschreibt, ist der fliegende Teppich, der zum Kunstwerk geworden ist. Im Falle einer literarischen oder poetischen Fiktion wirkt seine Schönheit durch die *Sprache, in der sie geschrieben wurde, wie ein Spiegel des Lebens.* Problematisch werden kann das nur insofern, als Lesen beispielsweise *in der Weise eines Anreizes wirkt, der in nichts unsere persönliche Tätigkeit ersetzen kann.* Die Fiktion ersetzt dann das eigene Tun. Man ist angekommen. Umso schwerer wird das Zurückfinden von der Fiktion bzw. vom Virtuellen in die Realität. Man kann plötzlich aufwachen und aus dem Schlaf der Vernunft gerissen werden. Vielleicht ist man frisch und wach. Man kann aber auch wehmütig werden, unfähig, sich in der wirklichen Welt zurechtzufinden. Gerade in der Pubertät, in der die Wahrnehmung der Welt sich völlig ungefragt verändert, können fiktive Welten – Filme, Videos, Bücher und insbesondere Spiele – einen Sog entwickeln, der alle Vernunft absaugt.

Proust hat als Künstler eine andere Vision als die, die Vernunft einzuschläfern. Für ihn wie für seine Leser ist Kunst ein fliegender Teppich, der mit Hilfe von Analogien etwas transparent und sichtbar macht, das verloren geglaubt schien. Als Proust in Combray auf zwei unebene Pflastersteine tritt, erinnert er sich an Venedig und zwei ungleiche Bodenplatten im Baptisterium von San Marco. So findet er in der Erinnerung die verloren geglaubte Zeit wieder – ebenso wie beim Eintauchen der Madeleine in Lindenblütentee. Auch in diesem Moment findet er durch den Geschmack im Mund eine Verbindung zwischen einem *gegenwärtigen Augenblick und einem entfernten Augenblick und zwar in einem Maße, daß die Vergangenheit auf die Gegenwart übergriff und ich nicht mehr mit Bestimmtheit wußte, in welcher von beiden ich mich befand.* Wieder beschreibt Proust das Erlebnis mit einem fliegenden Teppich, der in einem einzigen Augenblick weit auseinanderliegende Zeiten überbrückt. Es ist, als läge die Vergangenheit eingeschlossen *in der Unebenheit zweier Bodenplatten.* Ein kleiner Stoß, eine Berührung mit der Wirklichkeit: und der ersehnte Zugang zur Vergangenheit kann wiedergefunden werden. Es ist also durchaus wahrscheinlich, dass einen die Berührung eines Menschen, den man liebt, zuweilen aber auch der neue Kontakt mit etwas völlig Unbekanntem zu einer Wirklichkeit zurückkehren lässt, die anders ist als das, was man auf den ersten Blick sieht. Darin zeigt sich die Kraft der Kunst und der Fiktion. Überall sind solche fliegenden Teppiche zu finden, die einen unerwartet wegtragen – ein Geschehen scheinbar *außerhalb der Zeit.*

Obwohl fliegende Teppiche nicht das Gewicht der Welt haben, weil sie aus leichteren Fäden gewebt sind als diejenigen der Dinge, sind sie als Gewebe stabil und tragfähig. Was sie ausmacht, ist das, was Proust das Wunder der Analogie nennt und Musil den anderen Zustand, in dem *irgendeine gewohnheitsmäßige Verwehung in uns zerreißt. Die Einzelheiten besitzen nicht mehr ihren Egoismus, durch den sie unsere Aufmerksamkeit in Anspruch nehmen, sondern sind geschwisterlich und im wörtlichen Sinn ›innig‹ untereinander verbunden. Und natürlich ist auch keine ›Bildfläche‹ mehr da, sondern irgendwie geht alles grenzenlos in dich über.* Proust beschreibt, ähnlich wie viele Schriftsteller und Mystiker vor und nach ihm, diesen Vorgang so: Der Geschmack der kleinen Madeleine habe ausgereicht, ihn zu einem Wesen zu machen, das *von der Essenz der Dinge lebte; diese aber konnte es in der Gegenwart nicht erfassen, in der die Imagination nicht zum Zuge kommt … es ist das Wunder einer Analogie, die mich der Gegenwart enthob* und auf diese Weise hineinträgt in eine erfüllte andere Gegenwart.

Bislang wurden solche Erlebnisse entweder von den Literaturwissenschaften untersucht oder, zur weiteren Verwendung, gerne von Theologen und Philosophen in die Schublade *mystische Erlebnisse* gesteckt. Erst in jüngster Zeit haben sich die Neurowissenschaften und die Psychologie die Mühe gemacht, solche Madeleine-Erlebnisse ernst zu nehmen und zu untersuchen. Dabei hat sich gezeigt, dass das veränderte Erlebnis von Zeit und Raum sowie die gerade Ichlose Verbundenheit mit der Umgebung einen wesentlichen Schlüssel zu solchen Erfahrungen darstellt. Es gibt nur wenige Forscher, die solchen Erfahrungen außerhalb der Geisteswissenschaften und Kunst empirisch nachgehen. Drei von ihnen sind der Psychologe und Humanbiologe Marc Wittmann, der am Institut für Grenzgebiete der Psychologie und Psychohygiene in Freiburg vor allem Phänomene veränderter Zeitwahrnehmung und Bewusstseinszustände erforscht; der Psychiater und Neuropsychopharmakologe Franz X. Vollenweider, der in Zürich vor allem die Wirkung bewusstseinsverändernder Drogen untersucht, sowie Nicolas Langlitz, der Anthropologe und Wissenschaftshistoriker mit Schwerpunkt Medizin ist und unter anderem an der New School of Social Research in New York arbeitet. Sie alle erforschen Zustände des Fliegens mit Teppichen: Drogenerfahrungen, Zustände erweiterten Bewusstseins, aber auch Meditationserfahrungen. Bislang liefern die biologischen, pharmakologischen und neurowissenschaftlichen Befunde kein völlig schlüssiges Bild. Auch dafür ist der fliegende Teppich eine Metapher: für die noch unverstandenen Wechselwirkungen von Realität und Fiktion, Welterfahrung und Gehirn, Körper und Bewusstsein – und all das im Zusammenspiel mit höchst unterschiedlichen Techniken, zu denen die Einnahme bewusstseinserweiternder Drogen ebenso gehört wie Experimente in Isolationstanks, mit Virtueller Realität, Meditation oder mit Kunst. Und Religion?

Die Hinterwelt, die aus dem Alltag heraus über die Hintertreppe forcierter Vorstellung führt, mündet traditionell ins Jenseits. Nützlich wird diese Verschiebung durch die Entlastung, die sie bietet. Noch nützlicher wird sie, wenn sie nicht mehr phantastisch wirkt, sondern realer als die Realität. Für Aufklärer wie Marx steht Religion jedoch vor allem für das Element des Illusorischen, das auch Freud in *Die Zukunft einer Illusion* aufgreift. Was real ist, das ist eben genau jenes Leid und Elend, das überhaupt erst die Ursache dafür ist, über die Hinterwelt in ein Jenseits zu fliehen. Nicht real sind auch die falschen Tröstungen, die von Institutionen verkauft werden in der Absicht, ruhig zu stellen und sich mit den miserablen Zuständen abzufinden, die oft nicht einmal denen nutzen, die eben noch davon profitierten. In der Einleitung seines Buches *Zur Kritik der Hegelschen Rechtsphilosophie* bemerkt Marx: *Das religiöse Elend ist in einem der Ausdruck des wirklichen Elendes und in einem die Protestation gegen das wirkliche Elend. Die Religion ist der Seufzer der bedrängten Kreatur, das Gemüth einer herzlosen Welt, wie sie der Geist geistloser Zustände ist. Sie ist das Opium des Volks. Die Aufhebung der Religion als des illusorischen Glücks des Volkes ist die Forderung seines wirklichen Glücks. Die Forderung, die Illusionen über seinen Zustand aufzugeben, ist die Forderung, einen Zustand aufzugeben, der der Illusionen bedarf.* Man würde Marx missverstehen, wenn man vergisst, wie sehr es ihm um reales Leid, um reale Armut und miserable Arbeitsbedingungen ging. Dass Opium ins Spiel kommt, ist kein Zufall. Opium ist nicht nur ein über Jahrhunderte in der Medizin eingesetztes Schmerzmittel, sondern neben Alkohol auch der am meisten genutzte chemische fliegende Teppich, auf dem Menschen abheben, die es nicht mehr ertragen, genau dort zu sein, wo sie sind. In Popsprache mit den Pet Shop Boys formuliert: Drogen sind die chemischen Flügel; sie sind das Mittel, das eine graue Welt bunt und farbig macht – farbechter als jede wirkliche Farbe je sein könnte.

Forget what the future brings
Surrounded by bright young things

Sometimes a party's
a port in a storm
No one is weary
or lost and forlorn

Listen, a nightingale sings
in Berkeley Square the bright young things
are flying on chemical wings
intent on their one-last-flings tonight.

Chemische Flügel gibt es, wie andere fliegende Teppiche, viele. Ihre Wirkung wird noch verstärkt dadurch, dass die chemischen Enhancements zum modernen Leben gehören. Wer nicht mehr gehen kann, benutzt eine Krücke oder einen Rollator. Wer fliegen will, benutzt den Flieger oder Drogen. Chemische Flügel haben die Wachsflügel des Ikarus ersetzt. Wenn es auch nicht immer um das Seufzen der bedrängten Kreatur geht, sondern eher um Fun, Party und Spaß – Marx' Warnung vor der Herzlosigkeit, der Armut und Überforderung hat weiterhin Bestand. Richtig ist nach wie vor auch sein Hinweis auf das Illusorische und, im doppelten Wortsinn, Phantastische solchen Glücks.

So unterschiedlich die Techniken der Bewusstseinsver-
änderung auch sein mögen – sie alle beziehen sich auf die
Erfahrung des anderen Zustandes. Prousts *Wunder der Analogie* führt dazu, sich wie auf einem fliegenden Teppich durch
Raum und Zeit zu bewegen. Vielleicht ist der zentrale Wirk-
mechanismus eines fliegenden Teppichs tatsächlich die Wirkung von Analogien – ein listiges Phänomen des Transfers
und Über-Setzens, das bereits in der mittelalterlichen Theologie als *analogia entis* die zentrale Rolle in der Metaphysik
und Ontologie, der Lehre vom Sein, spielte. Der fliegende
Teppich lässt sich deuten als Erfahrung des Durchbruchs einer
(scheinbar) anderen Realität. Wer einen fliegenden Teppich
nutzt, macht eine Erfahrung, die sich als wichtig und lebens-
relevant erweist. Sie ähnelt darin einer beglückenden Erfahrung von Kunst, aber auch den Erlebnissen, von denen
buddhistische Mönche und Mystiker anderer Kulturen berichten. Es geht, und das stellt das Gravitationszentrum aller
Untersuchungen und Beschreibungsversuche dar, im Kern
immer um eine *Wirklichkeit*, die jedoch anders als zuvor erlebt
und beschrieben wird – vor allem weil sie keine Unterscheidungen zwischen Ich und Welt mehr aufweist und zutiefst
nichtdualistisch ist. Es ist, als sei das Ich aus der Welt verschwunden; mit einem Mal erstrahlt die Wirklichkeit in ihrem eigenen Licht, das keine Unterscheidungen mehr zulässt,
die das Ich in die Wirklichkeit hineinbringt. Es geht dabei
nicht um den Mythos eines naiven Realismus, so als sei nun
auf einmal die Welt unvermittelt und direkt da. Die Welt ist
nach wie vor, wie sie ist. Und auch das Ich bleibt das Ich – es
wäre naiv anzunehmen, es sei plötzlich weg. Was jedoch auf-
hört, ist die übliche Projektion von Unterscheidungen in die
Realität. Es ist dieser Prozess kontinuierlichen Unterschei-
dens, des Auf- und Einteilens der Realität, der zum Schwei-
gen kommt. Die Welt ist nach wie vor die Welt; das Ich ist

nach wie vor das Ich. Und doch ist die alltägliche Welt anders, weil sie – vielleicht zum ersten Mal – ohne dualistische Unterscheidungen wahrgenommen wird. Es ist, als habe man sich selbst aus der Wirklichkeit herausgenommen – und wäre gerade deshalb auf eine bislang nicht gekannte Weise in ihr angekommen.

Was aber ist diese Realität? Was macht sie aus? Offensichtlich ist das, was im Alltag *wirklich* genannt wird, von einer Reihe von Faktoren abhängig. Zu einem großen Teil besteht die gewohnte Wirklichkeit aus gegenwärtigen Wahrnehmungen und habituierten Gedanken. Wir sind es eben gewohnt, bestimmte Dinge zu übernehmen, die meist auch von anderen Menschen geteilt (gelikt) werden. Von dieser Wirklichkeit, die ein Mix von Pragmata und Dogmata darstellt, sind wir so überzeugt, dass wir sie für *die* Wirklichkeit halten. Und doch beruht diese Wirklichkeit auf einer bestimmten Denkweise, körperlichen Zuständen, bestimmten Erwartungen und Gewohnheiten. Das, was wir nicht sehen – man könnte von einer real verborgenen Wirklichkeit sprechen –, haben wir zwar vor unseren Augen, sehen es aber dennoch nicht. Dabei kann gerade das, was wir nicht (kommen) sehen, ebenso real sein wie das, was wir sehen. Sind Atome real? Bleibt man beim Bild des fliegenden Teppichs, dann ist es entscheidend, dem Teppich physikalischer Theorien zu vertrauen, um sich dieser (scheinbar) anderen Wirklichkeit zu nähern. In Wahrheit ist diese Wirklichkeit jedoch nicht anders – so als befände sie sich in einem anderen Raum oder einer anderen Zeit –, sondern Teil dessen, was ist: Auch wenn gerade *das* seltsam erscheinen mag. Wer diesen Zustand kultivieren will, muss zu einem der oben aufgeführten bewusstseinserweiternden Mittel greifen – oder wie ein Physiker oder Scheherazade in *1001 Nacht* kontinuierlich Tag und Nacht weitererzählen, um den Prozess des Kontaktes von Fiktion und Realität nicht zu unterbrechen. Aber heißt das nicht, die Realität zu konstruieren?

Im Streit um den sogenannten *neuen Realismus* geht es um die Frage der Konstruktion der Wirklichkeit. Statt mit der Realität so umzugehen, wie sie erscheint, halten Konstruktivisten sie für eine reine Erfindung – entweder des Gehirns oder des Geistes. Dadurch wird die Realität entobjektiviert, ironisiert und entsublimiert, behauptet der italienische Philosoph Maurizio Ferraris. Die Realität verkomme zu einer Art von Soap, einer geskripteten, erfundenen Realität, wie man sie im Reality-TV sehen kann. Diese Tendenz des Umgangs mit der Wirklichkeit nennt Ferraris *Realitysmus. Jede Autorität des Realen wird aufgehoben, und an seiner Stelle errichtet man eine Quasiwirklichkeit mit stark märchenhaften Elementen.* Die Realität gibt damit ihre Vorherrschaft als tatsächliche und *erste* Realität ab – denn sie ist nur ein Spiel, eine Art sekundäre Projektion des Systems, das sie konstruiert. Damit erscheint alles ein virtuelles Spiel – so, als hätte es die Zehntausenden von Jahren nie gegeben, die nötig waren, um dieses Spiel überhaupt entstehen zu lassen. Die Menschen fühlen sich kollektiv wie in einem Simulationsspiel mit märchenhaften Zügen; so, als seien sie Teil der *Matrix.* Genau diese Auflösung der Wirklichkeit in Simulation legten einige französischen Denker des Poststrukturalisums nahe. Dummerweise ist die Wirklichkeit immer anders, als man sie sich ausdenkt: Sie ist unvorstellbar. Vor allem aber ist sie mehr als eine virtuelle Bewegung in einer *Matrix* – so wie das Ich mehr ist als sein Gehirn (Markus Gabriel). *Der Untergrund des Denkens* (Philipp Hübl) existiert *tatsächlich* – aber weder in einem Computer noch in einer Matrix, die von Außerirdischen, dem Geheimdienst oder wem auch immer gesteuert wird. Am Ende ist nur das tragfähig, was sich als tragfähig erweist, weil es auf Wirklichkeiten baut. Sie ist und bleibt das Maß, echte und falsche fliegende Teppiche, Kunst und Illusion, Wahrheit und Ideologie voneinander zu unterscheiden – auch wenn diese Unterscheidung ein äußerst langwieriger und schmerzhafter Prozess sein mag. Jede Erkenntnis von Wirklichkeit beruht auf Techniken, denen man vertrauen muss. Nur indem man sie anwendet, findet man heraus, was wirklich und was fiktiv ist. Wenn etwas am Ende wirklich märchenhaft ist, dann nicht die Märchen, sondern die Erkenntnis, *dass* überhaupt etwas ist; und es so ist, wie es ist.

Dennoch ist das Virtuelle zur Essenz der modernen Wirklichkeit geworden. Gemeint ist damit nicht das unsichtbare Virtuelle der Theorien und der Phantasie, sondern das sichtbare Virtuelle, das aus den Bildschirmen der Fernseher, Computer und Handydisplays kommt. So wie Reality-TV zur Essenz des Fernsehens geworden ist, wird Realitysmus zur herrschenden Doktrin im Umgang mit dem Wirklichen. Forscher wie Luciano Floridi sprechen von einem *Onlife*-Leben. Es bedeutet, sich selbst und die Welt als eine Art App zu verstehen. Wie beim fliegenden Teppich Raum und Zeit schwinden, so entmaterialisiert sich Onlife das eigene Leben zu einem Strom von Information, die man dann, problemlos und nahezu mit Lichtgeschwindigkeit, entmaterialisiert von A nach B schicken kann. Onlife – das ist die Auflösung des Unterschieds zwischen Online und Offline, zwischen Virtuellem und Leben dadurch, dass alles zu einem informationellen Muster wird, zu einer Matrix, die sich dann, wie in einem Kinofilm, manipulieren lässt: Vorausgesetzt man kennt die Gesetze und hat sich an das Leben in der Matrix gewöhnt. Wer Onlife lebt, kann, wie Neo, zaubern: oder glaubt es zumindest. Heutzutage sind Prousts Tee und Gebäck, *unsere Madeleines digital* geworden. Wie bei einer App, so scheint auch die Möglichkeit umfassender Erfahrungen überall vorhanden zu sein, wo es einen Internetanschluss gibt. Der moderne

Mensch des Westens lebt Onlife in einem Zustand der Enthobenheit von Raum und Zeit (während die überwiegende Anzahl von Menschen eher in Armut lebt und gravierende Probleme hat). Er ist *hypergeschichtlich*, wie Floridi sagt. Er lebt *in Gesellschaften und Lebenswelten, wo Informations- und Kommunikationstechnologien und ihre Möglichkeiten der Datenverarbeitung nicht bloß wichtige, sondern essentielle Voraussetzungen für die Erhaltung und weitere Förderung des Wohlstands aller und jedes Einzelnen sowie der gedeihlichen Entwicklung insgesamt sind.* Onlife bedeutet, in einer Schein-Wirklichkeit zu leben, der wir allein durch den täglich wiederholten Gebrauch unserer Apps Festigkeit verleihen. Apps sind die fliegenden Teppiche der Moderne; und sie sind, für die meisten ihrer User, keine Märchen aus *1001 Nacht*, sondern wirklich, wie ein Computerprogramm eben wirklich ist. Nicht das Medium, das Programm ist längst zur eigentlichen Message und Wirklichkeit geworden. Wirklich ist das, was ein Programm macht. Und viele sind geneigt, sich selbst für ein solches Programm zu halten, das, wenn die Versprechungen aus dem Silicon Valley eingelöst werden, irgendwann auf ein anderes Medium und einen anderen Körper überspielt werden soll. Wohin überspielt wird – egal. Wirklich ist nur das Programm. Paradoxerweise ist es wirklich, obwohl man es (oder gerade weil) man es nicht sehen kann. Selbst die aufgeschriebenen Codes sind noch nicht das eigentliche Programm, sondern noch letzte Relikte aus der Gutenberg-Galaxie. Erst wenn die Programmzeilen ganz in Energie- und Informationsströme verwandelt werden, geschieht die Wandlung. Aus Buchstaben wird Leben, so wie aus DNA angeblich ein Mensch (wozu, wie man inzwischen weiß, weitaus mehr gehört als nur eine DNA in einem Reagenzglas) und aus Wasser Wein wird.

Das Ergebnis der Virtualisierung ist, dass die Welt glatt wird wie das digital Schöne. Die neue Welt ist nicht nur schöner und sorgenfreier – sie überwindet auch die Negativität der alten Wirklichkeit. Onlife ist das eigentliche, das bessere Leben. Wie in der Unterhaltungsindustrie merzt dabei das digital Schöne alles aus, was Ekel erregen könnte, wie Byung-Chul Han in seinem Buch *Die Errettung des Schönen* zeigt. Denn das Ekelhafte ist nicht konsumierbar – ebenso wenig wie echter Schmerz. Es muss daher wie alles andere, wie der Riss und Fall der Welt überhaupt, ausgeschlossen werden. Die Industrie macht dabei gerne mit. Sie eliminiert, was ihr Weitermachen zu Fall bringen könnte. Real ist nur das, was sich zu Geld machen lässt. Wie *InsideClimate News* und *Scientific American* 2015 nach monatelanger Recherche berichteten, wusste Exxon seit 1977 viele Jahre vor der Weltöffentlichkeit, dass es massive Anzeichen für einen Klimawandel gab, der durch das Verbrennen fossiler Energieträger entsteht und zu einer fatalen Erhöhung der globalen Durchschnittstemperatur um zwei bis drei Grad führt. Das alles referierte James Black, ein führender Mitarbeiter der Forschungsabteilung von *ExxonMobil,* vor der versammelten Unternehmensleitung. Als NASA-Wissenschaftler mehr als zehn Jahre später vor der einsetzenden Erderwärmung warnten, sprach *Exxon-Mobil* ähnlich wie der amerikanische Präsident Trump im Wahlkampf von gezielter Desinformation, deren eigentlicher Urheber jedoch die *Global Climate Coalition* war, der neben ExxonMobil, Royal Dutch Shell, BP und Texaco auch die amerikanischen Autohersteller Ford, General Motors und DaimlerChrysler angehörten.

Eine Fiktion, die den Blick auf die Wirklichkeit verstellt und Menschen hindert, an einer *wirklichen* Verbesserung ihrer Zustände zu arbeiten, ist Opium: ein Mittel, das gefangen hält statt zu befreien. Statt Lebensenergie freizusetzen, betäubt es und macht lethargisch. Diese Verleugnung und Flucht vor der Wirklichkeit ist, mit Proust gesprochen, das

Gegenteil *der Liebe, die die Dichter in uns erwecken*. Kunst ruft im Sinne Prousts zu einem neuen, liebevolleren Kontakt mit der Wirklichkeit auf. Es geht darum, zu erwachen und die Welt neu zu sehen. Dieser Vorgang ist keine Fata Morgana. Es ist aufklärerische Arbeit, auch wenn sie nur mit Hilfe einer Fiktion gelingt. Je länger man die Opiumträume gewohnt war, desto länger und schmerzhafter ist das Erwachen. Eine große Zahl von Romanen und Filmen handelt von einem solchen Erwachen. Die falschen Träume: Das ist die Welt, die der Held oder die Heldin verlässt, um sich auf den Weg zu machen. Dieser Weg führt nach der Überwindung der Krise tiefer in die Wirklichkeit hinein. Und er ist, sowohl in fiktiven wie in der realen Geschichte, nicht einfach zu gehen. Zum Glück gibt es Hilfsmittel wie den fliegenden Teppich.

SEDIMENTE:
HALT AUS DEM NICHTS

Wenn wir uns auf einen materiellen Gegenstand konzentrieren, wo auch immer er sich befindet, so kann der bloße Akt der Aufmerksamkeit dazu führen, dass wir unwillkürlich in die Geschichte dieses Gegenstandes versinken. Novizen müssen lernen, über die Materie dahinzugleiten, wollen sie, dass die Materie genau auf der Höhe des Augenblicks bleibt. Durchsichtige Dinge, durch welche die Vergangenheit schimmert ... Ein dünnes Furnier unmittelbarer Realität ist über die natürliche und künstliche Materie gebreitet, und wer in der Gegenwart, bei der Gegenwart, auf der Gegenwart zu bleiben wünscht, der sollte ihre Spannungsschicht besser nicht beschädigen. Sonst nämlich wird der unerfahrene Wundermann feststellen, dass er nicht länger auf dem Wasser wandelt, sondern aufrecht inmitten starrender Fische versinkt. Gleich mehr.

Vladimir Nabokov (1972)

If men define situations as real, they are real in their consequences.

Dorothy Swaine und Isaac Thomas (1928)

Fliegende Teppiche sind, wie Fiktionen, scheinbar schwerelos. Sie haben, als Produkte der Phantasie, kein Gewicht. Und doch entwickeln Metaphern und Vorstellungen große Schwere. Eine Geschichte kann eine derartige Macht entfesseln, dass sie die Welt mit der Kraft einer einzigen Vorstellung verändert, Gewehre und Kanonen niederzwingt und am Ende, weil sie Millionen von Menschen in ihren Bann gezogen hat, stärker ist als jede Unterdrückung, jede ungerechte Gewalt. Oder umgekehrt: Wie kann es sein, dass eine Idee von Nation und Heldentum Millionen Menschen in den Krieg treibt, den bei Licht besehen außer ein paar Verrückten niemand wirklich schön finden kann? Wie ist das möglich? Wie kann es, allgemein gefragt, überhaupt geschehen, dass eine komplexe Struktur, die unsichtbar ist und schwerelos, die nichts von einem tragfähigen, verlässlichen Ding an sich hat, dennoch das Leben trägt? Diese Frage muss unbedingt geklärt werden, wenn man verstehen will, worum es dem fiktiven Realismus geht und was es heißt, im Fiktiven zu leben. Der amerikanische Philosoph John Searle spricht von der *unsichtbaren Struktur der gesellschaftlichen Wirklichkeit*. Vielleicht wäre es richtiger, von der unsichtbaren Struktur des Lebens überhaupt zu sprechen. Alles, was wir beobachten, sind Prozesse – nicht *das Leben*. Alles, was wir um uns herum sehen, sind Dinge, die bleiben oder sich verändern. Es sind Dinge wie eine Badewanne oder ein Weinglas. Woher wissen wir etwas über sie – wissen, wozu sie gut sind? Was sind diese unsichtbaren Fäden, die uns alle mit den Dingen verbinden und uns sagen, was sie sind? Die Dinge selbst tragen keine Namen, keine Schilder und Beschriftungen. Sie sind nackt wie der leere Raum, der ebenfalls unsichtbar ist. Die Welt hat, bei aller Sichtbarkeit, eine unsichtbare Struktur, die es dennoch gibt – was uns bis heute ein Rätsel aufgibt. Es ist für uns selbstverständlich im Alltag, dass unser Leben auf eine bestimmte Weise organisiert ist und wir es immer wieder mit institutionellen Realitäten zu tun haben. Entstehen diese nur durch Sprache und sprachliche Repräsentationen? John Searle formulierte die entscheidende Frage so: *Wie gelingt es (sofern es überhaupt möglich ist), eine gewisse Auffassung von der physikalisch, chemisch und im Sinne der übrigen Basiswissenschaften beschriebenen Welt mit den Dingen in Einklang zu bringen, die wir über uns selbst als Menschen wissen oder zu wissen glauben? Wie ist die Existenz von so etwas wie Bewußtsein, Willensfreiheit, Sprache, Gesellschaft, Ethik, Ästhetik und politischen Pflichten möglich, wenn das Universum aus nichts weiter besteht als physikalischen Teilchen in Kraftfeldern?* Es gibt bis heute keine einzige geschlossene Theorie, die die Existenz einer einfachen Teetasse von ihrer Entstehung über die Herstellung bis hin zu meiner Wahrnehmung der Teetasse als Teetasse (statt als weißes Ding) erklären könnte. Ist das alles – Teetasse, Herstellung der Teetasse, Wahrnehmung der Teetasse – wirklich geschlossen von vorne bis hinten als Teilchenmeeting erklärbar? Die Idee von den Teilchen ist so real, dass wir sie häufig mit den wirklichen Dingen verwechseln oder es sogar vorziehen, weiter in einer Fiktion zu verharren, weil wir so das eigentliche Leben finden, die eigentliche Wirklichkeit, wirklicher, uns näher und schöner als alles andere?

Ich will in drei verschiedenen Anläufen versuchen, die seltsam unsichtbare Struktur des Lebens und der Gesellschaft zu erklären. Es ist unser alltägliches Leben im Fiktiven, das mehr als nur ein *dünnes Furnier unmittelbarer Realität über die natürliche und künstliche Materie* ausbreitet. Erst wenn wir das Furnier sehen, kann deutlich werden, dass jede Fiktion so wie jede öffentliche, zu Sprache gewordene Vorstellung eine wirkliche, nicht konstruierte, nicht fiktionale und nicht vorgestellte Welt voraussetzt. Die Dogmata können eine ungeheure Wirkung entfalten. Und doch sind die Dogmata Fiktionen,

Vorstellungen – und keine Pragmata. Als Menschen leben wir in beidem, im Fiktiven und im Realen. Dabei verwischen die Unterschiede. Es ist unsere Aufgabe, diese Unterschiede klar herauszuarbeiten und zu unterscheiden, was eine Fiktion und was Realität ist – so schwer und so schmerzhaft das im Einzelfall auch sein mag. Eine postfaktische Gesellschaft ist, so treffend der Ausdruck auch sein mag, nicht überlebensfähig. Die Welt ist weder das, was wir uns vorstellen, noch das, was wir fühlen. Sie ist weitaus mehr und weitaus komplexer. Vor allem aber ist sie real und kümmert sich wenig um unsere Vorstellungen von ihr.

SEDIMENTE AUS DEM NICHTS

Im ersten Anlauf werde ich die Verdichtung und das Schwer-Werden von unsichtbaren und schwerelosen Fiktionen mit der Entstehung von Kreidefelsen vergleichen. Ich nenne diesen Vorgang Sedimentierung aus dem Nichts. Der zweite Anlauf bietet eine evolutionsgeschichtliche Deutung. Die Kraft von Vorstellungen ergibt sich aus ihrer Funktion, unsere Rollen in der realen Welt festzulegen und auf diese Weise dazu beizutragen, dass wir miteinander kooperieren können. Der dritte Anlauf schließlich erklärt, wie Fiktionen zu Realitäten werden durch den bekannten Werther-Effekt.

Beginnen wir mit dem Kalkstein. Er ist nicht immer, aber überwiegend biologischen Ursprungs und entstanden, weil unterschiedliche Lebewesen nach ihrem Tod auf den Meeresboden sanken und sich dort in zunehmend dickeren Schichten ablagerten. Wenn man heute die Kalk- und Kreidefelsen sieht, die weithin sichtbar aus dem Wasser ragen, erscheint es unglaubwürdig, dass es sich dabei um die Reste verstorbe-

Abb. 8: Die Seven Sisters an der südenglischen Kreideküste.

ner Kleinstlebewesen handelt. Aber der sogenannte biogene Kalkstein wurde tatsächlich überwiegend von Mikroorganismen und gesteinsbildenden Korallen gebildet, aber auch von winzigen Schnecken, Muscheln und sogar von Schwämmen, deren Innenskelette noch heute aus Calciumcarbonat bestehen: einer Verbindung, die sich ablagern kann. In bestimmten Kalkgesteinen findet man deutlich sichtbare Spuren von Fossilien und spricht in solchen Fällen von Fossilkalken.

Die meisten der fossilen Kleinstlebewesen, von denen es Tausende von Unterarten gibt, gehören zum sogenannten Nanoplankton. Sie haben eine Größe von etwa 20 μm. Viele der kalkabscheidenden Algen und Bakterien sind daher mit dem bloßen Auge nicht zu sehen. Und doch haben sie die imposanten Gesteinsformationen gebildet, die bis heute existieren. Von außen betrachtet, scheinen sie sich über Jahrtausende hinweg wie aus einem (scheinbaren) Nichts heraus gebildet zu haben. Die Details der Entstehung von Kalkgestein auf dem Meeresboden sind bei genauerem Hinsehen weitaus komplizierter, als es zunächst den Anschein hat. Einer der Gründe dafür ist, dass sich Calciumcarbonat in großen Tiefen aufgrund des enormen Wasserdruckes vollständig auflöst. Es ist ein wenig so wie mit Fiktionen und fliegenden Teppichen: Wenn man sie aus der Nähe betrachten will und Druck macht, lösen sie sich auf. Es bedarf weiterer komplexer Mechanismen der Verfestigung von Schlamm und Kristalllösungen, bis all das schließlich ein haltbares Gestein ergibt. Auch Strukturen des Fiktiven entstehen, bildhaft gesprochen, durch das Zusammenspiel einer enorm hohen Zahl einzelner kaum sichtbarer Elemente, die sich im Laufe der Zeit mehr und mehr verdichten. Für die meisten Menschen sind die Fiktionen, deren sie sich im Alltag bedienen, ebenso unsichtbar und schwerelos wie die Nanolebewesen in den frühen Ozeanen. Sie scheinen nicht zu existieren. Bis sich die Bedingungen ändern, das scheinbar Unsichtbare sich unter Druck verfestigt und aus den zunächst unsichtbaren Elementen – den Wörtern, Ideen und dem Austausch von Gedanken – etwas Reales wird. Mit Hilfe von Wörtern und Gedanken können Regeln formuliert und festgehalten werden, die ihrerseits zur Entstehung von Institutionen beitragen. Das ist stark vereinfacht – gibt aber im Grunde den wesentlichen Mechanismus wieder, auch wenn er im Detail sehr komplex ist. Die Stoffe, aus denen die fliegenden Teppiche unserer Fiktionen entstanden sind, sind kondensierte, zusammengepresste Formen der Dinge, die, wie Erzählungen, kein Gewicht haben. Und doch entfalten sie *reale* Wirkungen. In gewisser Weise ist es das Bewusstsein, das einen Druck erzeugt, der aus den Fiktionen realer Lebewesen, aus dem Stoff, aus dem ihre Träume sind, Kalkfelsen entstehen lässt. Die Welt entsteht durch ein Verknüpfen und Verdichten auf dem Webstuhl von Raum, Zeit und sozialem Leben. Der Astrophysiker Brian Greene sprach mit Blick auf das Universum vom *Fabric of the Cosmos* und von Raum und Zeit als *Texture of Reality*. Solche Begriffe sind zweifellos Metaphern. Doch der gesamte Prozess der Imagination, bei dem die wahrgenommene Welt zu einer Vorstellung verknüpft wird, die schließlich zu Handlungen in der Welt (und nicht nur zu Vorstellungen von Handlungen in der inneren Welt) führen kann, ist höchst real. Das Material, aus dem die Teppiche der Imagination geknüpft werden, entstammt der wirklichen Welt. Allmählich verfestigen sich die Muster. Und dann können wir auf ihnen stehen – so wie wir heute auf den Kreidefelsen stehen und ins Meer blicken können, aus dem sie hervorgegangen sind.

1952 stellte der geniale Mathematiker, Informatiker und Computerpionier Alan Turing eine allgemeine Theorie der Musterentstehung vor, den sogenannten Turing-Mechanismus. Turings Theorie der Morphogenese erklärt auf eine sehr allgemeine Weise, wie es zur Verfestigung von Strukturen und Prozessen kommt: bei Embryonen genauso wie bei den beeindruckenden Mustern von Meeresschnecken, Finanzkrisen, Wirbelstürmen oder Computerprogrammen. Turings Theorie war die erste Theorie der Entstehung von komplexen Mustern und stabilen dynamischen Strukturen an der Grenze zum Chaos. Sie beschreibt, wie sich gleichsam aus dem Nichts Muster durch Selbstorganisation bilden können. Inzwischen gibt es eine ganze Anzahl von Theorien, die die Entstehung von komplexen Mustern beschreiben. Sie lassen sich durchaus auch auf Prozesse des Bewusstseins anwenden und zur Erklärung der Musterbildung von Vorstellungen und Geschichten heranziehen: Muster, die sich scheinbar durch Sedimentierung aus dem Nichts bilden. Was sie schwer macht, ist der ganze Kontext der Bedeutung – bildhaft gesprochen das Meer unserer Lebensform, in dem Millionen von Menschen schwimmen. Allmählich lagern sich ihre Handlungen ab. Sie sedimentieren – und wir können erkennen, was sich getan hat und woraus es zusammengesetzt ist. Das, was ich den fliegenden Teppich nenne, ist ein solches Gewebe von Sedimenten mit erstaunlicher Stabilität.

DAS INTERDEPENDENZPRINZIP

Auch der zweite Mechanismus hat mit Rückkopplungen zu tun, ist aber wesentlich weniger abstrakt und bezieht sich viel direkter auf unsere Alltagswelt mit all ihren sozialen Interaktionen. Der Experimentalpsychologe, Anthropologe und Evolutionsforscher Michael Tomasello spricht vom Interdependenzprinzip. Tomasello hat faszinierende Experimente u. a. mit Kleinkindern und Menschenaffen durchgeführt, um herauszufinden, was unsere direkten evolutionären Vorfahren von uns unterscheidet. Tomasello interessierte dabei weniger die genetische als vielmehr die soziale, kognitive und psychologische Ebene. Stark vereinfacht, ist Tomasellos Ansatz folgender: Menschenaffen sind, wie alle Säugetiere, darunter insbesondere Menschen, aufgrund ihrer biologischen Entwicklung von Anfang an auf Kooperation angewiesen. Im Unterschied zu vielen Tieren reift das menschliche Gehirn jedoch erst über Jahre hinweg in einer langen Lernphase nach der Geburt. Daher brauchen Nachkommen von Menschen extrem viel Fürsorge. Sie müssen beispielsweise das Laufen, anders als Kühe oder Affen, erst langsam lernen. Kinder sind extrem hilfsbedürftig. Eine Mutter, die mit ihrem Kind nicht kooperiert, wird es ebenso verlieren, wie ein Kind stirbt, das nicht mit seinen Eltern kooperiert. Doch Kooperation alleine reicht noch nicht, um das zu erklären, was Denken und das Erfinden von Geschichten ausmacht. Der Schlüssel zur Entstehung kognitiver Kompetenz ist eine neuartige Form der Zusammenarbeit. Tomasello spricht von einer *kooperativen*

Wende, die Menschenaffen und Menschen unterscheidet, weil Menschen auf eine besondere Art und Weise aufeinander reagieren und sich etwa bei der Nahrungssuche oder bei der Jagd sozial koordinieren. Ohne auf die Einzelheiten der vielen empirischen Untersuchungen Tomasellos einzugehen, *entwickelten Menschen zusätzlich* zu den bislang von Menschenaffen entwickelten Fertigkeiten *raffiniertere Prozesse* gemeinsamer *Internationalität, die* gemeinsame *Ziele und* gemeinsame *Aufmerksamkeit einschließt und für die soziale Koordination konstruiert wurden. Beispielsweise beteiligen sich Menschen im Unterschied zu Menschenaffen an kooperativer Kinderbetreuung. Menschen beteiligen sich im Unterschied zu Menschenaffen an kooperativer Kommunikation, bei der sie sich gegenseitig mit Informationen versorgen, von denen sie annehmen, dass sie für den Empfänger nützlich sind.*

Menschen sind, anders als Menschenaffen, dazu in der Lage, ihre Absichten einander mitzuteilen. Das erscheint uns heute selbstverständlich – war aber vielleicht der entscheidende Schritt in der Evolution, der viele weitere wie die Sprachentwicklung und die anatomisch besonders auffällige Entwicklung des Neokortex – des Kooperationsorgans – nach sich zog. Geteilte Absichten (sogenannte Intentionalität) waren notwendig, um erfolgreich andere Tiere zu jagen, die nicht nur größer, sondern auch gefährlicher waren als man selbst. Kooperation bot den entscheidenden Faktor bei der Jagd. Damit Menschen erfolgreich miteinander kooperieren war es wichtig, dass all jene, die an einer Jagd teilnahmen, sich und anderen definierte Rollen zuwiesen. Nur so ist klar, wer wann was zu tun hat. Statt unkoordiniert aufzutreten und am Ende das Tier nicht nur zu verjagen, sondern sich selbst in Gefahr zu bringen, gelang über enge soziale Kommunikation eine neue Form der Kooperation. Nur wer seine Rolle versteht *und* kooperiert, kann einen erfolgreichen gemeinsamen Plan entwickeln – eine Vorstellung, einen fliegenden

Teppich, der alle ans Ziel bringt. Entscheidend dabei ist das Grundprinzip der *Interdependenz*. Es setzt eine geteilte und gemeinsame Intentionalität voraus: die Fähigkeit von Partnern in einem Spiel, gemeinsame Ziele zu setzen und sich darüber zu verständigen. Ein solches Einander-Verstehen beinhaltet, dass man weiß, welche Rolle man selbst in den unterschiedlichen Handlungen und Spielen einnimmt. Auch dieser Schritt ist sehr entscheidend: Denn die Ausbildung von Rollen bedeutet zu verstehen, welchen Regeln man selbst und die anderen folgen. Auf die Einhaltung dieser Regeln muss Verlass sein. Seine Rolle zu kennen bedeutet, sich selbst in eine Struktur einzupassen und sich ihre Entwicklung vorstellen zu können. Wer eine Rolle versteht, kann eine Geschichte über sich und andere erzählen und die Welt in ein Gewebe von Bezügen einordnen. Das Wenn-Dann beispielsweise gibt die zeitliche Ordnung von Abfolgen wieder. Die Evolution von Denken und Kooperation ist daher engstens mit der Entwicklung von Rollen und Narrativen verbunden. Bis heute formen solche Narrative Abläufe in der Politik, den Medien und anderen Teilsystemen der Gesellschaft. Der Schritt zur geteilten Aufmerksamkeit und Kooperation hat möglicherweise einen weitaus größeren Effekt auf die Veränderung des menschlichen Gehirns gehabt als die bekannte Hand-Auge-Kopplung, d. h. die systematische Benutzung von Werkzeugen, die bereits bei Menschenaffen beobachtet wurde. Rollenbewusstsein und Wir-Gefühl sind die Grundelemente des Zusammenlebens. Aus ihnen ergibt sich die Fähigkeit, zwischen richtigen und falschen Handlungsweisen unterscheiden zu können und sich dann für die richtigen zu entscheiden. Moral, Fairness und Pflicht werden zu immer ausgefeilteren Elementen des kooperativen Handelns, das darauf basiert, dass alle miteinander leben und voneinander abhängig sind.

Allerdings erklärt nach Tomasello die Tatsache, dass wir miteinander kooperieren und nach Grundsätzen der Reziprozität handeln (Grundsätze der Gegenseitigkeit im Austausch wie das Wie-du-mir-so-ich-dir-Verhalten), noch nicht ausreichend die Entstehung komplexer menschlicher Vorstellungen wie eine menschliche Moralpsychologie. Etwas weiteres muss hinzukommen: das Verständnis nicht nur der Rollen, sondern auch der jeweiligen *Abhängigkeiten* aller Handelnden voneinander. Sich diese Abhängigkeiten genau vorzustellen – d. h. eine Imagination zu entwickeln von dem, was man selbst und was andere tun und wie all das miteinander verwoben ist –, war ein weiterer entscheidender Faktor bei der Entstehung von Denken, Moral und der dominanten Rolle von Fiktionen. Erst wenn die eigenen und fremden Rollen *und* die Interdependenz, die radikale wechselseitige Abhängigkeit, verstanden sind, wird es möglich, in einer gefährlichen Situation einander zu helfen oder auch die Rollen zu tauschen, d. h. für jemand anderen einzuspringen – was nur möglich ist, wenn man dessen Rolle genau kennt. All das beinhaltet die Fähigkeit zur *Konzeptualisierung einer gemeinschaftlichen oder kulturellen Aktivität.* Eine der Voraussetzungen dafür ist der unparteiische Blick. Menschen sind in der Lage, eine *Vogelperspektive* zu entwickeln, aus der heraus sie sich und andere betrachten und Vorstellungen von Objektivität und fairen sozialen Strategien entwickeln können. Warum fair? Weil Trittbrettfahrer und Schmarotzer im Laufe der Zeit zu einer zu starken Belastung für eine kleine Gruppe von Menschen würden, in der jeder auf jeden angewiesen ist, um zu überleben. Rolle, Regeln und Moral hängen eng zusammen. Um diesen Zusammenhang zu erkennen wird es nötig, einen Blick auf die Welt zu entwickeln, der völlig *akteursunabhängig* ist – *wie von einem perspektivlosen ›Nirgendwo‹ aus.* Nur weil es möglich ist, sich selbst und andere und die

Beziehungen aller zueinander und zur Welt von einer Vogelperspektive aus zu sehen (wozu Menschenaffen nachweislich
nicht in der Lage sind), kann es gelingen, die Vielfalt der
Menschen und sogar ihre pluralen Sichtweisen zusammenzubringen. Diese Fähigkeit, von der moderne und postmoderne
Theoretiker so gerne sprechen, ist biologisch angelegt. Die
Pluralität des Menschen war eine der Grundbedingungen für
die Entwicklung des Denkens. Denn Denken hilft, reale Unterschiede zu verstehen, sie zu verbinden und dadurch besser
zu kooperieren. Kleine Kinder sind dazu, anders als Menschenaffen, bereits sehr früh in der Lage. Der *Blick von Nirgendwo*, wie ihn der amerikanische Philosoph Thomas Nagel
nennt, markiert die entscheidende Differenz in der Bezie-
hungsstruktur von Menschen und anderen Säugetieren. Der
Blick von Nirgendwo, die Fähigkeit, einen unabhängigen,
in gewisser Weise universalen Standpunkt einzunehmen, war
die entscheidende Grundlage für die Entwicklung eines *objektiven* Blicks. Die Fähigkeit, sich selbst aus einer Situation
herauszunehmen und einen Blick von oben einzunehmen,
der jenseits aller eigenen und aller Gruppeninteressen liegen
kann, ist genau das, was einen fliegenden Teppich ausmacht.
Es ist ein fiktiver Standpunkt: aber ein extrem hilfreicher und
einer, der faktisch das Überleben gesichert hat. Der fliegende
Teppich war das notwendige Werkzeug, mit dessen Hilfe es
immer wieder gelang, sich in beliebige andere Exemplare der
eigenen Gattung, aber auch in Bezüge der Welt zu uns hin-
einzuversetzen und die Plätze zu tauschen. Mit dem Teppich
zu fliegen bedeutet, den Stausee unter sich zu sehen und sich
die Frage zu stellen, was passieren wird, wenn die nächste
Schneeschmelze kommt. Es bedeutet, die Realität in Bezug
auf menschliches Leben wahrnehmen zu können. Diese Fähigkeit zum objektiven Blick, zu einer Art von Super-Sehen
von Strukturen, die als solche nicht direkt sichtbar sind, hat

entscheidend zur Evolution und Anpassungsfähigkeit des Menschen beigetragen. In Experimenten konnte Tomasello zeigen, dass selbst Kleinkinder in der Lage und willens sind, extrem kooperativ zu handeln und miteinander zu teilen – lange bevor sie Konzepte von Moral überhaupt erlernt haben. Das gemeinsame Tun erwies sich als der entscheidende Grund für das altruistische Teilen. Die Basis ist das (gemeinsame) Handeln. Dieses gelingt, wie verschiedene Experimente klar belegen, unabhängig von späteren Belohnungsstrukturen, wie sie in Moralsystemen entfaltet werden. In den Augen von Tomasello ist der *Homo sapiens ein ultrakooperativer Primat*, der sich gerade in seinem vielfältigen Kooperationsverhalten entscheidend von seinen nächsten Primatenverwandten unterscheidet. Es gehört zur Welt der Menschen, zusammen Dinge zu tun und zusammen über diese Dinge zu sprechen, sie zu verstehen, darzustellen, sie anderen mitzuteilen oder allgemein über sie nachzudenken. Anders formuliert: Es gehört zum Menschen, Fiktionen zu entwickeln. Ohne sie wäre er nicht überlebensfähig. Jeder Mensch trägt ein unbewusstes Wir, einen gemeinsamen kooperativen Teppich mit sich herum, der erstaunlich tragfähig ist und Dinge ermöglicht, die ohne ihn niemals möglich wären. Einen fliegenden Teppich zu haben war der entscheidende Evolutionsschritt, der zu einem Leben *jenseits der Menschenaffen* führte.

Deshalb sind gemeinsame Fiktionen in Form von Mythen, Geschichten und Filmen so wichtig: Sie knüpfen Verbindungen, stellen Gemeinsamkeiten und Beziehungen her. Fliegende Teppiche bestätigen durch ihre Tragfähigkeit, dass Beziehungen halten und Geschichten sich als wahr erweisen können. Sie sind aber zugleich auch Mittel, die Beziehungen zueinander zu verändern. Auf welche Teppiche wir setzen, hat entscheidenden Einfluss auf eine Gemeinschaft und die Bildung von Werten. Die Teppiche, gewebt aus dem unsichtbaren Stoff der Erzählungen und Vorstellungen, bilden und verstärken auch so wichtige emotionale Strukturen wie Sympathie, Empathie, Kooperation und kognitive Fähigkeiten, die dazu führen, fair, gerecht und moralisch zu handeln. Insofern berücksichtigt Sartres berühmter Satz, dass die anderen die Hölle seien, nur einen Teil der Wahrheit. Die anderen können auch eine große, durch nichts zu ersetzende Hilfe und zuweilen geradezu der Himmel sein. Nichts stärkt Menschen nach einer Katastrophe so sehr wie die liebevolle Zuwendung anderer Menschen. Resilienz – die Fähigkeit, nach schweren Lebensereignissen widerstandsfähig und lebensfroh zu sein – hängt entscheidend von der Fähigkeit ab, gute Beziehungen einzugehen. Durch starke Bindungen fühlt sich der Mensch nicht nur eingeengt, sondern im Gegenteil auch getragen.

Dieser starke Einfluss von Imagination und Fiktionen kann jedoch auch äußerst negativ sein. Damit beschäftigt sich das sogenannte Thomas-Theorem. Eine der besonders untersuchten Effekte ist der Werther-Effekt. Dies ist der dritte Aspekt, der die Umwandlung unsichtbarer Strukturen in gesellschaftliche Realitäten erklärt.

THOMAS-THEOREM UND WERTHER-EFFEKT

Das Thomas-Theorem lautet: *Wenn die Menschen Situationen als wirklich definieren, sind sie in ihren Konsequenzen wirklich.* Es wurde von den beiden amerikanischen Soziologen Dorothy Swaine Thomas (1899–1977; sie war die erste Frau, die Präsidentin der American Sociological Association wurde) und William Isaac Thomas (1863–1947, ihrem späteren Mann) entwickelt. Es handelt sich dabei um eine Variation der Einsicht von Epiktet. Wenn Menschen es schaffen, ihre Meinungen über die Dinge (Dogmata) geschickt als Wirklichkeiten (Pragmata) zu verkaufen, dann werden sie auch als Wirklichkeiten behandelt – sie erscheinen real. Dass Sprache gezielt Wirklichkeiten schaffen kann, ist bekannt aus der Untersuchung sogenannter performativer illokutionärer Sprechakte. Gemeint ist, dass ich mit meiner Antwort *Ja ich will* auf die Frage des Standesbeamten bekunde, dass ich *tatsächlich* jemanden heiraten will. Der juristische Akt geschieht also, indem ich *sage*: »Ja ich will.« Ähnliches gilt für Äußerungen wie *ich verzeihe dir* oder *ich liebe dich*, in denen (im Idealfall) genau das getan wird und geschieht, wovon die Rede ist. Die Performanz – das Tun – deckt sich mit dem Sagen. Ein Beispiel für das Thomas-Theorem ist der Prozess der Familie des Medienunternehmers Leo Kirch gegen die Deutsche Bank. Der ehemalige Vorstandssprecher der Deutschen Bank, Rolf-E. Breuer, sagte damals in einem Interview, dass es doch bekannt sei, dass Leo Kirch für sein Medienunternehmen keine Kredite mehr bekomme. Tatsächlich musste die Kirch-Gruppe bald darauf einen Insolvenzantrag stellen. Noch im selben Jahr verklagte Kirch die Deutsche Bank mit der Begründung, erst diese Aussage von Breuer, Kirch sei insolvent (eine Aussage, die Breuer so nie formuliert hätte, weil er um deren juristische Konsequenzen wusste), habe das Desaster eingeleitet. Was folgte, war ein jahrelanges juristisches Tauziehen, das erst am 20. Februar 2014 mit einem Vergleich endete. Die Deutsche Bank musste den Erben von Leo Kirch insgesamt 775 Millionen Euro plus Zinsen und einige weitere Kosten zahlen. Indem Breuer etwas aussprach, das zum damaligen Zeitpunkt stimmen mochte oder nicht, bewirkte er unabhängig von den tatsächlichen Gegebenheiten allein durch seine Aussage bei anderen Bankern und Kreditgebern genau das Verhalten, das schließlich zur Insolvenz der Kirch-Gruppe führte. Solche Prozesse wiederholen sich beinahe tagtäglich an den Börsen, die auf Gerüchte hochsensibel reagieren. Das

Prinzip der selbsterfüllenden Prophezeiung besagt, dass eine erwartete Wirklichkeit oder ein erwartetes Verhalten (Kirch ist insolvent) erst durch die Äußerung eintritt. Die Prophezeiung führt also zu ihrer eigenen Verwirklichung: Sie macht wahr, wovon sie spricht.

Ein klassisches Beispiel für die Wirkung von Vorhersagen und Erwartungen, die sich erst dann erfüllen, findet man in der Diskussion über Rassismus in den USA. Die Behauptung, »schwarze« amerikanische Staatsbürger wären weniger intelligent als »weiße« Amerikaner, führt zu einer unterschiedlichen Behandlung etwa in den Schulen, in Behörden, Universitäten oder durch die Polizei. Bereits 1948 konnte der Soziologe Robert K. Merton zeigen, dass eine beliebige Prognose, die sozial und medial verbreitet und daher von vielen zur Kenntnis genommen wird, die entscheidende Ursache dafür sein kann, dass sich diese Prognose bewahrheitet. Ein gutes Beispiel dafür, im Guten wie im Negativen, sind Wahlen die Abstimmung über den Brexit. Die überaus falschen Wahlprognosen haben zusammen mit falschen Behauptungen zu einer Veränderung des Verhaltens der Wähler geführt. Dem liegt der alte Gedanke von Epiktet zugrunde: Es sind die erfolgreich kommunizierten Meinungen, die die Menschen verwirren. Und weil die Meinungen in der Lage sind, Verwirrung anzustiften, führen sie zu einer Veränderung des Verhaltens. Ein sehr spezieller Effekt, der mit der engen Kopplung und den Wechselwirkungen von Fiktionen und Realitäten zusammenhängt, ist der sogenannte Werther-Effekt.

1974 veröffentlichte der amerikanische Soziologe David Phillips die einflussreiche Untersuchung *The Influence of Suggestion on Suicide: Substantive and Theoretical Implications of the Werther Effect*. Seine Studie beruht auf einer Verknüpfung des medialen und zeitlichen Auftretens von Selbsttötungen. Phillips verglich Berichte über Selbsttötungen auf dem Titelblatt der New York Times in den Jahren 1947–1967. Dabei entdeckte er einen seltsamen, bis dahin unbemerkt gebliebenen Zusammenhang zwischen *Berichten* über Suizide und einem Anstieg weiterer Suizide, die mit einer kleinen Verzögerung auf die Berichte folgten. Paradigmatisch war der Suizid von Marilyn Monroe, der Phillips' Studie zufolge in einer darauf folgenden Zeit von zwei Wochen 303 Suizide in den USA und 60 in England und Wales zur Folge hatte: ein Anstieg, der weit über das übliche Maß hinausging. Ein ähnlicher Fall war der von Stephen Ward, dem britischen Osteopathen, der in die Profumo-Affäre verstrickt war. Beide Fälle zeigten in der Folge den höchsten Anstieg an Selbsttötungen im untersuchten Zeitraum. Phillips fand heraus, dass der Anstieg der Suizidrate nach einem Bericht über Selbsttötung nicht nur mit der Tatsache eines Berichtes, sondern auch mit der Dauer und der Intensität der Berichterstattung (ein-, zwei- oder dreitägig) zusammenhängt. Er nannte dies, in direkter Anspielung auf den 1774 erschienenen Roman von Johann Wolfgang von Goethe, den *Werther-Effekt*.

Bereits kurz nach Erscheinen seines Briefromans *Die Leiden des jungen Werther* – einer Form der Literatur, die man heute Dokufiktion nennen würde – war Goethe mit den Auswirkungen seines Romans konfrontiert: Es kam wiederholt zu Selbsttötungen, die eindeutig mit dem Werther-Buch in Zusammenhang standen (etwa weil man den Roman in der Tasche der Getöteten fand, oder sie sich so wie Werther kleideten). Goethe selbst wies die Kritik zunächst von sich. Vorbeugend hatte er bereits in seinem Vorwort geschrieben: *Und du gute Seele, die du eben den Drang fühlst wie er, schöpfe Trost aus seinem Leiden, und laß das Büchlein deinen Freund sein, wenn du aus Geschick oder eigener Schuld keinen näheren finden kannst.* Die Fiktion war jedoch stärker als Goethes Wunsch, dass das Buch *wirklichen* Trost in einer *real* als leidvoll erfahrenen Lebenssituation spenden sollte. Das Gegenteil war der Fall: Viele verstanden das Buch, das mit der Selbsttötung Werthers endet, als Einladung, der Geschichte durch eigene Tat zu *entsprechen*. Dies ist ein wesentliches Grundprinzip des Verhältnisses von Realität und Fiktion: die Entsprechung von Geschichte und Geschichte. Indem eine Geschichte (d. h. eine reine Fiktion oder Erzählung) zum Modell für das eigene Handeln wird, wird sie Geschichte im Sinne einer realen Handlung und eines tatsächlichen Ereignisses. Das Prinzip war nicht neu. Goethe kannte es aus dem religiösen Kontext, in dem aufgefordert wird, der Geschichte Jesu nachzufolgen. Der Geschichte deshalb, weil dem historischen Jesus nur seine Zeitgenossen nachfolgen konnten. Nach seinem Tod folgte man nicht mehr einer historischen Person, sondern seiner auf vielerlei Weise tradierten Geschichte. Der Imperativ lautet: Gehet hin und tuet mehr desgleichen! Denen, die der Botschaft über ein bloßes *Bekenntnis* (Dogmata) hinaus folgen und der Geschichte durch ihr eigenes, tatsächliches *Handeln* (Pragmata) nach Maßgabe der Fiktion entsprechen, wird Heil versprochen. Aus Dogmata können Pragmata werden – die dann als reales Geschehen von Zeichen (und Wundern) verstanden und mit Hilfe von Geschichten gedeutet werden. Wenn die ursprüngliche Geschichte und der Einfluss der Fiktion verblassen, wird der Verlust häufig durch ein Übermaß an Dogmatik bzw. Theoriebildung kompensiert. Diese Kompensation ist einer der Entstehungsmechanismen von fundamentalistischen Weltbildern. Aber auch Romane galten lange Zeit als gefährliche Medien, weil durch sie liberales und aufklärerisches Gedankengut verbreitet und antireligiöse und emanzipatorische Einstellungen (Frauenrechte) verstärkt werden konnten. Man sprach im 18. Jahrhundert warnend von *Lesesucht* und bezeichnete damit die fatalen Auswirkungen, die wiederholtes Lesen moderner, nichtreligiöser Schriften haben konnte. Heute hat die religiöse Nachfolge ihren digitalen Niederschlag in den *like-* und *follow*-Buttons von Facebook & Co gefunden.

Goethes Briefroman war nach Einschätzung vieler Literaturwissenschaftler einer der ersten wirklich europäischen Bestseller. Der Gestus der Briefe sorgte für eine dokumentarische und damit überzeugende Note. In der zweiten Auflage von 1775 sah Goethe sich bereits genötigt, dem zweiten Buch einen Vers voranzustellen:

Du beweinst, du liebst ihn, liebe Seele,
Rettest sein Gedächtnis von der Schmach;
Sieh, dir winkt sein Geist aus seiner Höhle;
Sei ein Mann und folge mir nicht nach.

Ein wirklicher Mann tötet sich nicht, weil er ein Buch gelesen hat. Es wirkt wie eine frühe Form von fiktivem Realismus, wenn Phillips in seiner Studie Goethe mit den Worten zitiert: *Meine Freunde — es ist so, dass sie Dichtung in Realität transformieren müssen, einen Roman wie diesen im wirklichen Leben imitieren und sich selbst erschießen; und all das geschah zunächst nur an einigen wenigen Orten und später in der großen* Öffentlichkeit. Bis heute beobachtet die Forschung die *Auswirkungen von Suizidberichten in zwei Hauptsträngen: Ein Strang beobachtet den Werther-Effekt, also die Nachahmung von Suiziden als Folge medialer Suiziddarstellungen, der andere Strang untersucht den Papageno-Effekt, wonach eine angemessene Berichterstattung über Suizide diese verhindert — so 2015 das Urteil zweier moderner Forscher.* Scherr und Steinleitner wiesen in ihren Untersuchungen darauf hin, dass bislang kaum die Frage gestellt worden sei, *wodurch sich diejenigen Befunde genau auszeichnen, die weder für die eine noch für die andere Wirkung sprechen.* Laut WHO begehen weltweit etwa eine Million Menschen Suizid, wobei die zehn- bis zwanzigfache Menge von Suiziden scheitert oder verhindert werden kann. Alleine in Deutschland sterben pro Jahr mehr als 10 000 Menschen durch Suizid – etwa drei pro Tag. *In der Altersgruppe der 15- bis 20-Jährigen sind Suizide seit Jahren die zweithäufigste Todesursache.* Viele dieser Selbstmorde sind nachweislich medial gekoppelt: Die Realität der Selbsttötung ist gebunden an die medial vermittelte Vorstellung von der Selbsttötung eines anderen. Daher ist bei den Berichten über Selbsttötungen heute ein strenger Verhaltenskodex einzuhalten, um diese Wirkung zu unterbinden. Deutsche Psychologen wie Armin Schmidtke und Heinz Häfner wiesen darauf hin, dass auch fiktive Geschichten – etwa Dramen oder Kriminalfilme mit fiktiven Suizidinhalten – zu einem Anstieg von Suiziden führen können. Andere Forscher schließen, dass heute *kein begründeter Zweifel mehr daran besteht, dass Medien zu Selbstmorden beitragen können.*

Aus dieser negativen Wirkung des Werther-Effekts schlagen Medien jedoch umgekehrt auch einen Profit. Zwar hat die enge Wechselwirkung bzw. Rückkopplung zwischen medialer Darstellung und realem Geschehen im Fall von Suiziden erhebliche ethische Relevanz – sie kann aber auch zu ökonomischen Vorteilen führen. Einer der Erklärungsansätze der sozialen Lerntheorie besagt, dass ein Mensch insbesondere durch die Nachahmung eines Modells lernt, *wobei das Nachahmen nicht ein mechanisches Kopieren, sondern ein kognitiv gesteuertes Handeln ist.* Ein solches kognitives Modell für die Nachahmung kann rein fiktiver Natur sein und lässt sich durch emotionale Mechanismen weiter verstärken. Fiktionen, die als Modelle für das eigene Verhalten anerkannt werden, können daher in Analogie zum Werther-Effekt eine Vielzahl von Verhaltensweisen, Einstellungen und Urteilsweisen beeinflussen. Bereits erworbene Denkmuster lassen sich überschreiben und verändern, bereits vorhandene Verhaltensmuster hemmen oder im Gegenteil enthemmen. Unterstützt wird die Wirksamkeit solcher Veränderungsprozesse durch Fiktionen, etwa YouTube-Videos oder Blogs mit Hilfe einer Reihe von Modellierungsfaktoren wie Coolness, Peer Group und Freunde, die ebenfalls etwas liken, sowie durch Familie oder wirtschaftliche und soziale Träume, die den Wunsch wachrufen, ihnen zu folgen. Gerade die von der Industrie heute intensiv genutzte Wirkung von Bloggern basiert auf dem Prinzip der parasozialen Meinungsführerschaft. Doch nicht nur Modeblogs, die gelikt werden und Follower erzeugen (die dann das Produkt kaufen, von dem ein Meinungsführer überzeugt ist): Auch Computergames oder Filme können über den Einstieg in andere, alternative Wirklichkeiten und den Umstieg im Verhalten beeinflussen und steuern. Natürlich setzt ein solcher Prozess voraus, dass ein parasozialer Meinungsführer – eine Person, die man schätzt und achtet und die dabei wie eine reale Person gesehen wird, obwohl nie eine direkte Interaktion besteht – genügend geschätzt wird und es wert ist, ihr zu folgen. Doch wenn das Rollenmodell erst über soziale Medien verankert ist, fliegt der Teppich. Die Grenzen zwischen Fiktion und Realität verschwimmen und werden neu definiert. Die Cloud der Fiktion schiebt sich – ähnlich wie beim Spiel *Pokémon Go* – über die Wirklichkeit. Man besucht ein Café, weil es dort ein ganz besonderes Pokémon, einen virtuellen Bedeutungsträger mit realem (ökonomischen) Wert zu fangen gibt. Wenn Marcel Proust schrieb, Gemälde seien wie *eine auf Leinwand festgehaltene Fata Morgana*, dann gilt das erst recht für die Displays der Smartphones und Computer. Sie sind die fliegenden Teppiche und virtuellen Leinwände des Internetzeitalters. Digitale Produkte lassen sich auf ganz andere Weise konsumieren, als das beim Lesen der Fall ist. Nach Proust wirkt das Lesen *in der Weise eines Anreizes, der in nichts unsere persönliche Tätigkeit ersetzen kann.* Ist die persönliche Tätigkeit – pathetisch formuliert: die Arbeit am Text – jedoch in Gang gesetzt, dann bringt uns das Verstehen in *Berührung mit anderen Geistern* und dem *geistigen Leben.* Die Sprache ist dann, nicht zuletzt durch die poetische Qualität und ästhetische Schönheit, *in der sie geschrieben wurde, wie ein Spiegel des Lebens.* Was man in diesem Spiegel sieht, kann wirklich werden. Es kann zu einem tiefen Fall in die Welt der Spiegel führen wie beim Werther-Effekt, aber auch zu einem immer weiteren Spiel mit neuen Spiegeln, neuen Programmen und neuen Konsumartikeln. All das ist ein wirklicher fliegender Teppich, auf den sich die Wirtschaft gerne setzt. Die These ist nicht abwegig, dass dem Finanzmarkt am Ende Produkte der Phantasie lieber sind als das angeblich so harte Geld – denn die Phantasie ist, im Unterschied zum Geld, in ihrer Unerschöpflichkeit resistent gegen Inflation. Sie lässt sich formen. Aus ihr lässt sich am Ende mehr Gewinn ziehen als aus einem geringen Zins. Und sie fördert den Konsum.

KONSUM+ –
DAS ÖKONOMISCHE LEBEN IM FIKTIVEN

»Hör auf, Trübsal zu blasen! Sieh doch die Harlekine!«
»Was für Harlekine? Wo?«
»Na überall. Rings um dich herum. Bäume sind Harlekine, Wörter sind
Harlekine, Situationen und Summen sind's. Zähl zwei Sachen zusam-
men – Späße, Bilder –, und du hast einen Dreifachharlekin. Los doch!
Spiel! Erfinde die Welt! Erfinde die Wirklichkeit!«

Vladimir Nabokov (1974)

Wer Trübsal bläst, soll sich die Harlekine anschauen – bunte, phantastische, schräge Vögel, die Lust auf mehr machen. Sie sind anarchisch und gelegentlich obszön – zweideutige Nachfahren der Schamanen und Trickster, Betrüger mit Charme. In der italienischen Commedia dell'arte verkörperte der Arlecchino sowohl den Clown wie den Aufklärer – jemand, der Lügner entlarvt, zugleich aber auch unmögliche Dinge sagt, seinen Spaß treibt und hinter den Kulissen die Fäden zieht, ohne dass die anderen es merken. Insofern ist der Harlekin mit seinem *Los doch! Erfinde die Welt* der Schutzpatron aller Marketing- und PR-Experten. Die Welt soll bunt werden. Man sollte nichts ernst nehmen, vor allem wenn es darum geht, Spaß zu haben und Geld zu verdienen. Erfinde dir die Wirklichkeit nach Bedarf zurecht. Lüg sie um, wenn es sein muss. Achte nicht auf die Fakten. *Spiel*!

Tatsächlich geht es beim Kaufen und Konsumieren von Dingen nie nur um die Dinge, die man kauft. Die meisten dieser Dinge oder sehr ähnliche haben wir bereits, manche mehrfach. Wie viele Uhren haben Sie? Wie viele Handys? Anzüge, Kleider, Autos, Wohnungen, Urlaube? Zwar lebt auch der Einkauf von Essen vom Wiederholungszwang – aber der Konsum von Nahrungsmitteln hat etwas bedauerlich Physisches. Diese Notwendigkeit reduziert den Spaß des Konsums (von Ausnahmen abgesehen). Vielleicht ist deshalb auch Werbung in diesem Sektor so zahlreich. Überhaupt ist Werbung ein entscheidender Punkt. Sie ist wie ein fliegender Teppich: der Traum von einem anderen, besseren Leben, aber in greifbarer Nähe, hier und jetzt. Man muss nur kaufen und zugreifen. Doch die Werbung ist ebenso bodenlos und vage wie der Traum. Nur weil sie so intensiv auf uns einwirkt und so geschickt und mit Aufwand produziert ist, vermuten wir Größe und Glanz dahinter und sind bereit zu glauben, dass es all das, was so grundlos, aber glänzend versprochen wird, wirklich gibt. Der seltsame Zaubermann, der beim Putzen hilft und sich als properer Saubermann entpuppt, findet heute weniger Aufmerksamkeit als die modernen Zaubermittel wie Smartphones und Tablets, Fernseher und andere elektronische Artikel, mit denen man mehr kann, mehr erlebt, mehr ist (und noch mehr bestellen kann). Auf die Antwort, was Werbung macht, in der Politik wie in der Konsumgüterbranche, gibt es eine einfache Antwort: Sie erzeugt Stimmungen. Und diese sind, wie der Soziologe Heinz Bude zeigt, *Arten und Weisen des Daseins in der Welt*. Stimmungen sind ebenso grundlos wie bodenlos. Nur selten kann man sie kontrollieren. Aber sie färben unser In-der-Welt-Sein ein, verändern unsere Einstellung zur Welt und damit diese selbst. Stimmungen sind wie Konsum nicht diskursiv. Sie haben nicht deshalb Erfolg, weil sie argumentieren – sondern weil sie da sind oder, wie im Wahlkampf, erzeugt werden. Stimmungen formen mehr noch als Argumente das gesamte Erleben. Im Grunde ist der vielfach beschworene Idealzustand der Objektivität eine mühsam antrainierte Haltung ohne Stimmung: eine Enthaltsamkeit im Versuch, konstant temperiert oder unterkühlt zu bleiben. Stimmungen sind, gerade wenn sie durch Konsum erzeugt werden, fliegende Teppiche, die Aufwind versprechen und uns höher und mit schnellerem Puls durch die Welt gleiten lassen.

Die Frage ist, wie Konsum und die Werbung für Konsum wirken. Im Grunde ist das Verfahren denkbar einfach: Das Versprechen, das kommuniziert wird, besagt, dass derjenige, der X kauft, glücklicher sein wird, als wenn er bleiben würde, wie er ist. Das eigentliche Geschäft besteht also darin, eine an ein Produkt gebundene Idee zu verkaufen: die Idee, dass man etwas braucht, um sich glücklich zu fühlen. Erst dann wird es gekauft (es sei denn, es ist ein Artikel des unmittelbaren Lebensbedarfs – denn diese Artikel gehen wie Toilettenpapier immer). Der Trick besteht darin, Glück isoliert von allem anderen zu betrachten. Als käme es wirklich nur darauf an, etwas zu kaufen: und das Glück tritt ein. Entscheidend ist der Glaube, *dass* es *tatsächlich* so ist. Im Laufe der Zeit entwickelt man Gewohnheiten und habituierte Gedanken. Man sehnt sich besonders nach etwas, das man nicht hat, aber haben muss, um sich (wieder) glücklich zu fühlen. Dieser Zusammenhang erscheint natürlich, geradezu wie ein Naturgesetz: *Dies* zu haben macht glücklich. Auch wenn ich schon ein iPad habe: Das nächste wartet, denn das nächste ist noch besser, noch schneller, noch feiner in der Auflösung, noch intuitiver, kurz – noch besser geeignet, mich glücklich zu machen. Der Trick besteht darin, Massenware und Massenprodukte zu individualisieren. Ein iPad ist nicht nur ein Gegenstand – es ist *mein* iPad.

Der Grund, warum wir Gier scheinbar so schwer kontrollieren können, hängt weniger mit der Gier selbst als vielmehr mit der *Überzeugung* und der *Vorstellung* zusammen, dass es eine natürliche, kausale Beziehung gibt zwischen »dies haben« und »glücklich sein«. Der Grund, warum diese Überzeugung da ist? Sie hat sich im Laufe unzähliger Werbungen, unzähliger Gespräche und Filme, durch Leuchttafeln, Lockangebote, Sprüche und Productplacement – kurz: durch Fiktionen – in unserem Vorstellungsraum breitgemacht. Die erzeugten Stimmungen sind nicht Ergebnis von logischen Argumenten und Kognition, sondern von Wiederholungen und Einübungen. Dass wir uns besser fühlen, mag der Gnade des Kaufs und der überwältigenden Kraft des Produkts zu verdanken sein: am meisten aber der grundlosen Überzeugung, dass wir genau dieses Produkt haben müssen, um uns besser zu fühlen. Was wir haben wollen, muss nicht notwendig ein Ding sein. Es kommt ohnehin viel mehr auf das Erlebnis an als auf das Ding, zu dem wir, dummerweise, nur durch das Ritual des Kaufs Zugang erhalten.

Es gibt milliardenschwere Industrien, deren Ziel nur ein einziges ist: uns klarzumachen, dass unser Leben besser und glücklicher ist mit ihrem Produkt. Das Problem ist nicht in erster Linie Gier und Habsucht, sondern *dass wir glauben, dass wir dann, wenn wir alles bekommen was wir wollen, endlich glücklich sein werden.* Wenn wir alles hätten – wir wären, darauf weist die empirische Glücksforschung immer wieder hin, nicht glücklicher. Unser Problem ist, dass wir nicht wissen, was uns glücklich macht. Und deshalb sind wir anfällig für Menschen, die es zu wissen scheinen. Die Alternative? Für die meisten besteht sie darin, so weiterzumachen wie bisher. Wer nicht weiß, was er wirklich braucht, wählt das, was er sich wünscht. Genau darauf ist Konsum spezialisiert. Wir glauben, dass wir konsumieren müssen, weil wir etwas brauchen – finden aber nicht das, was wir brauchen, sondern nur das, was wir uns gewünscht haben. Diese Wünsche werden, zumindest für einen Moment, durch Konsum befriedigt. Von da an wirkt der klassische Wiederholungszwang. Solange unklar ist, welches Trauma – analog: welches Verlangen nach dem, was uns wirklich fehlt – am Werk ist, wird dieselbe Situation immer wieder hergestellt, um sich an ihr abzuarbeiten. Die Produktion von Wünschen ist ein lukratives Dauergeschäft. Wer hätte ein Interesse daran, sie aufzuarbeiten – so wie in einer Therapie der Wiederholungszwang dadurch aufgearbeitet wird, dass er in einer geschützten Situation auf den Therapeuten bzw. die Therapeutin übertragen und mit seiner oder ihrer Hilfe verstanden und bearbeitet werden kann. Erst in der Übertragung erfährt man, warum man bestimmte Dinge immer wieder heraufholt. Diesen Mechanismus muss man durchschauen, um ihn aufzulösen. Die Industrie, die auf Konsum setzt, kann daran nicht interessiert sein. Statt unter kontrollierten Bedingungen zu verstehen, was uns wirklich fehlt, wird jedes Mal, in der Terminologie Freuds, *ein Stück*

reales Leben heraufbeschworen – und das kann darum nicht in allen
Fällen harmlos und unbedenklich sein.

Um den Mechanismus weiter anzukurbeln, wecken Fiktionen immer wieder neu die Wünsche, deren Ursache nicht verstandene Bedürfnisse sind. Man kann eine Uhr kaufen, weil man eine Uhr braucht. Aber auch, weil man sie sammelt, mit ihr angeben und sozialen Status markieren will. Das eigentliche Bedürfnis wäre dann Anerkennung – und der Wunsch, die Uhr zu besitzen, ist nur seine spärliche Verkleidung. *Das* Versprechen der Werbeindustrie ist das persönliche, private Glück – das allgemeinste aller Versprechen. Man muss nur an der Lampe seiner Kreditkarte reiben – und schon hat man einen fliegenden Teppich, der einem hilft, jeden Punkt der Erde in Sekundenschnelle zu erreichen und jeden noch so fernen Wunsch zu erfüllen. Konsum ist das Produkt aus einem erworbenen Ding und dem, was es verspricht. Konsum ist daher immer beides: das Ding auf dem fliegenden Teppich – und der Ort, an den man will. Aus diesem Grunde ist Konsum isoliert für sich betrachtet nur die Oberfläche des Phänomens. Das Problem reicht tiefer. Was Konsum ausmacht ist das, was es durch das Konsumieren über den Konsum hinaus gewährt. Konsum ist immer Konsum+. Deshalb gilt die Formel

$$\text{KONSUM} \times [\text{GLÜCK}] = \text{KONSUM}+$$

Glück ist dabei die vielschichtige Konstante, deren Wert sich mit dem Lebensalter und den Umständen verändert und immer von der Zeit abhängig ist. Sie können dafür einsetzen, was Sie im jeweiligen Moment glücklich zu machen scheint.

Die Dinge, die wir kaufen und erworben haben, multiplizieren sich mit dem Effekt, den der fliegende Teppich, das immaterielle Mehr, in die Rechnung einbringt: das entscheidende Mehr, das exponentiell steigt. Es wird umso höher, je mehr Fiktion daran beteiligt ist. Wirklicher Konsum ist immer Konsum+: KonsumPlus. Konsum ist ein im rein Materiellen steckengebliebenes Bedürfnis nach mehr – ein Bedürfnis nach Transzendenz –, ein Gefühl des Überschreitens der Begrenzungen des Jetzt, das nicht notwendigerweise religiös sein muss. Und es ist Glück. Dadurch, dass man ein Ding erwirbt, hofft man darauf, ein Mehr, das mit dem Ding verbunden ist, zu finden und durch den Kauf behalten zu können. Leicht wird dabei der Zeitfaktor vergessen, der die gesamte Rechnung verändert. Das Mehr der Dinge verblasst schnell, weil es nicht *in* den Dingen selbst steckt: nicht aus ihnen kommt, sondern aus uns selbst. Wir leben daher im Konsum etwas aus, das wir suchen – aber nie dort finden werden, weil es kein Bestandteil von Dingen ist, die man durch Kauf erwerben kann. Gerade deshalb begehren wir immer wieder aufs Neue und kommen mit dem Konsum an kein Ende. Die Suche nach etwas, das wir zwar im Bereich der Dinge vermuten, das es aber im Konsum selbst nicht gibt, muss der Logik des Wiederholungszwangs folgen (denn wir sind überzeugt: Es *muss* doch *da* sein: Probieren wir es noch einmal). Konsum lebt von diesem Wiederholungszwang. Wir stellen uns vor, dass dieser Anzug, dieses Kleid, dieses Parfüm, oder größer gedacht und gekauft, dieses Auto, dieses Haus oder, ein wenig immaterieller, dieser Haarschnitt, dieser Erlebnisurlaub, dieses Training uns endlich zu einem anderen, neuen, über sich selbst hinauswachsenden *glücklichen* Menschen macht.

Wir kaufen also nicht nur Dinge: Wir kaufen vor allem mit Sinn und Bedeutung aufgeladene Dinge. Kurz: Wir kaufen über das Notwendige hinaus, weil wir Sinn und Bedeutung kaufen wollen. Insofern kaufen wir Fiktionen. Und sind bereit, viel für diese Fiktion zu zahlen. Gerade mit den teuren Marken-Dingen glauben wir, einen besonderen Zugewinn an Bedeutung und Sinn, Image und Bewunderung zu kaufen und auf uns selbst übertragen zu können. Teuer sind die Luxusartikel nicht in erster Linie, weil sie so viel *real* wertvoller sind (gerade Luxusmarken lassen gerne in Bangladesch fertigen). Teuer sind sie, weil wir die *Fiktion* bezahlen: die scheinbar unwiderstehliche Aura, die die Dinge zu einem Medium für ein Plus an Glück macht. Paradoxerweise ist am Ende das, was wir kaufen, die von uns selbst erzeugte Fiktion. Indem wir konsumieren, kaufen wir anderen unsere eigenen Träume ab. Und wir machen es immer und immer wieder, weil wir in den Dingen nicht das finden, was wir erwartet haben. »+« ist die Fiktion, die wir in die Dinge hineinprojizieren. Sie ist der fiktionale Mehrwert, den es außer in der Fiktion nicht gibt; und nur weil es ihn nicht gibt, immer wieder in einen ökonomischen Mehrwert verrechnet werden kann – ein Mehrwert nicht für den Käufer, sondern für die, denen es gelingt, ihre +Produkte besonders raffiniert zu verkaufen.

Eine wesentliche Einsicht von Michael Tomasello war, dass wir als soziale Wesen in hohem Maße interdependent, d.h. voneinander abhängig sind. Ein ähnlicher Gedanke findet sich seit mehr als 3000 Jahren in der asiatischen Philosophie. Dort heißt er Pratītyasamutpāda und meint, dass alle Dinge nur in Abhängigkeit von anderen Dingen existieren. Weil das so ist, hat kein Ding Bestand – Substanz – in sich selbst. Es ist nur in Beziehung zu anderen. Nimmt man diese Beziehung weg, ist es leer. Tatsächlich ist jedes Ding, das wir konsumieren, immer nur aus anderen Dingen und Stoffen (Rohstoffen) gewonnen, die zum Teil aus allen Kontinenten stammen. Jedes Produkt ist nur durch die Arbeit vieler unterschiedlicher Menschen entstanden. Insofern ist das Produkt nie nur in sich – es ist verwoben in ein Netz der Erdstoffe und ihrer Verarbeitung und verstrickt in einen Zusammenhang von Beziehungen und Arbeit, Material und Lebenszeit. Wenn die

Interdependenz und Verbundenheit der Dinge, Stoffe und Menschen bewusst werden, kann dieses Bewusstsein das Verhältnis zur Ware verändern. Statt die Ware als vereinzeltes Ding zu betrachten, das nun meins wird – ich könnte schreien vor Glück! –, bringt mich die Ware in Kontakt mit einer vielgestaltigen Welt, mit Prozessen, die weit entfernt von mir und über meinen Horizont und mich hinaus stattgefunden haben. Sie sind das Ergebnis der Zusammenarbeit unterschiedlichster Menschen. Es gibt diejenigen, denen ich an der Kasse das Geld gebe, diejenigen, die den Laden führen, verwalten, die Güter transportieren und heranschaffen, ihre einzelnen Komponenten weit verteilt über den Globus fertigen und zusammensetzen – und es gibt die, die die Rohstoffe aus der Erde holen, sie verarbeiten und zugänglich machen. Die Frage ist daher nicht nur, ob man sich ein Handy, ein Kleidungsstück, Sportschuhe oder eine Uhr *leisten* kann – diese Frage ist für viele Menschen existentiell genug. Mindestens so wichtig ist die Frage, wie hoch die Kosten für den Planeten und für diejenigen sind, die dieses Produkt hergestellt haben. Was uns glücklich macht, können einfache Dinge sein. In der Regel ist das, was uns glücklich macht, etwas, das nicht nur von uns alleine abhängt, sondern uns mit anderen, mit dem Leben in einen intensiveren, besseren Kontakt bringt. Das Seltsame daran ist, dass das zuweilen nicht einmal etwas kostet. Es ist völlig umsonst und, besser noch: Es war und ist längst schon da. Seltsamerweise ist es das, wonach wir wirklich suchen.

Weiter beharrlich im Fiktiven leben zu wollen bedeutet in diesem Fall, die tatsächlichen Bedürfnisse zu verkennen und an der eigenen Realität vorbei zu leben.

NATIONALISMUS –
DAS POLITISCHE LEBEN IM FIKTIVEN

Absurdistan
Mal im Vertrauen: Was soll der Scheiß?
Wo doch wohl jeder die bitt're Wahrheit weiß.
Von Hungersnöten, von Inflation,
von Gotteskriegern, von Korruption.
Massenhaft Chancen gnadenlos vergeigt,
ewiges Eis schmilzt und es scheint so,
als ob der Meeresspiegel steigt.
Keiner weiß, wie lang die Deiche hahle
un ab wann mir Zins un Zinseszins bezahle.
Viel zu lange ha'm wir alle akzeptiert,
dass man Fakten einfach ignoriert.
Schulterzuckend, su als ob nix wöhr,
wegluhrt un verdrängk un resigniert.

Wolfgang Niedecken, Absurdistan (2016)

Soll nun der Philosoph das alles als fiktiv erklären, weil er aus anderer
Quelle weiß, daß Realismus und Wahrheitsidee illusorisch sind? Soll er
etwa die Erklärungen des Wahrnehmungsforschers als bloße Versuche inter-
pretieren, eine Ordnung der Sinnesdaten ohne jede reale Bedeutung zu
erreichen? Das alles ist natürlich grundsätzlich möglich. Aber es würde nur
bedeuten, daß man erkenntnistheoretische Thesen gegen die Resultate von
Forschungen immunisiert, deren Irrelevanz kaum plausibel zu machen sein
dürfte. Die Wahrnehmungen, die den Philosophen interessieren, sind eben
dieselben, die auch in der Wahrnehmungsforschung untersucht werden.

Hans Albert (1987)

Die Vernunft gibt es nicht; Vernunft hat immer eine Geschichte. Diese Einsicht, die viele der frühen Aufklärer nicht geteilt hätten, ist zum Markenzeichen der Moderne geworden. Erst mit der Anerkenntnis der historischen und damit zeitbedingten kulturellen Gestalt der Urteilskraft selbst beginnt das Zeitalter der radikalen Pluralität. Bis zur Unversöhnlichkeit prallen unterschiedliche und einander widersprechende Denkweisen, Lebensentwürfe, Theorien, Wahrheiten und politische Systeme aufeinander. Wenn Politiker dennoch von *einer* Stimme *der* Vernunft sprechen, appellieren sie zumindest im Westen an die grundlegende demokratische Vorstellung, dass gesellschaftliche Entscheidungen sich vor einem Volk legitimieren können müssen. Nur so ist Verantwortung in demokratischen Staaten möglich, auch wenn es weltweit zunehmend weniger Demokratien gibt. Macht ist eine große Versuchung. Daher sind mit den unterschiedlichen Verfahren der Legitimation eine Reihe von Problemen verbunden. Eines dieser Probleme besteht darin, im politischen Kampf Vorstellungen von Realitäten, Fiktionen von Fakten und Wünsche von Wirklichkeiten zu unterscheiden. Auch hier verschieben sich die Grenzen laufend. Daher sind demokratische Systeme Systeme des Dauerdiskurses und der Dauerverhandlung buchstäblich über alles. Hinzu kommt, dass das, was gestern noch als eine abenteuerliche und absurde Fiktion galt – etwa die Vorstellung, dass Homosexuelle und Lesben gleichberechtigt seien, dass sie sogar heiraten und ihren Besitz wie Eheleute vererben können –, heute ein juristisches Faktum ist. Fiktionen ändern sich ebenso wie Realitäten. Auch über sie wird hart gestritten. Was ist die *wirkliche* Lage von Kindern und Alleinerziehenden, die unter der Armutsgrenze leben, von Familien mit vielen Kindern? Was mit den Missständen im Bildungsbereich, an den Universitäten oder im dualen System? Und was mit zweifelhaften Kurzzeitverträgen in Unternehmen, Kungeleien oder Umweltmessdaten, die eine Erfindung der Chinesen sind, um unsere Wirtschaft zu zerstören? Wie sieht die tatsächliche Situation in der Altenpflege, bei der Rente oder bei den Bauern aus? All das sind Fragen, die Fakten betreffen. Doch was die einen für eine nüchterne und zutreffende Beschreibung der Wirklichkeit halten, gilt den anderen bereits als übertrieben und verzerrt, als Fiktion wenn nicht sogar als Lüge. Kompromisse im politischen Raum sind daher nie nur Kompromisse über Realitäten, sondern immer auch über Fiktionen, über die man sich verständigen muss, weil man mit ihrer Hilfe neue Regeln erstellt und auf diese Weise Zukunft nach Maßgabe der Fiktionen zu regeln versucht. Kompromisse beinhalten Fakten und ihre Deutung. Doch manchmal wird der Druck der Dinge, der Druck der Fakten so stark, dass es zu einem Erdbeben kommt. Sind derartige Erdbeben vermeidbar, wenn man vernünftig wäre und die Fakten anerkennte?

Mit Blick auf Nationen und die Kriege, die sie gegeneinander führen, argumentierte Kant im Sinne der Aufklärung für eine *Weltöffentlichkeit*, eine *Weltgesellschaft* und, wörtlich, eine *Weltrepublik*, in der das, was herkömmlich selbst in der EU immer noch als nationale Außenpolitik betrachtet wird, in Wahrheit zum Teil einer umfassenderen Weltinnenpolitik geworden ist. Wenn man aus der ausweglosen und leidvollen Lage, in die Kriege immer wieder führen, herauskommen will, müsse man, so Kant, in den sauren Apfel beißen und die *wilde, gesetzlose Freiheit* aufgeben zugunsten von öffentlichen Gesetzen. Diese Gesetze erscheinen vielen zugegebenermaßen als *Zwangsgesetze* – führen aber auf die Dauer zu einem *freilich immer wachsenden Völkerstaat*. Wie weit die *United States of Europe* davon entfernt sind, zeigt nicht nur das Problem der Flucht vor den Krisen, die Europa zum Teil mit verursacht. Das, was Flüchtlingskrise genannt wird, ist erst der Anfang einer großen Bewegung, wie es sie in der Geschichte der Menschheit vielfach schon gegeben hat.

Im Laufe der Geschichte sind Gesellschaft, Staat und Nation immer wieder synonym verwendet worden. Die Verschiebungen in der Begrifflichkeit zeigen nicht nur Verschiebungen in den Denkweisen an: Ihnen entsprechen veränderte Verhaltensweisen, Stimmungen und Gefühle. Ein Begriff, der in diesem Zusammenhang immer emotionale Wallung garantiert, ist der Rassebegriff. Selbst in der modernen Biologie hat er nur bedingte taxonomische Funktion. Im Bereich der Politik ist er eine Fiktion und Erfindung, die meist an die Stelle eines Glaubensbekenntnisses getreten ist, um in unübersichtlichen Zeiten eine neue Kategorie der Zugehörigkeit zu erfinden und eine faktisch multikulturelle Gesellschaft zunächst auf dem Weg der Naturalisierung von sichtbarer Zugehörigkeit zu ordnen und dann zu vereinheitlichen. Wie der Historiker Christian Geulen herausarbeitet, ist Rassismus insofern kein Phänomen radikaler Abweichung von modernen Entwicklungspfaden und stellt ebenso wenig einen Restbestand vormoderner Denkweisen oder einen Rückfall in diese dar. Vielmehr ist er eng an die Herausbildung moderner Gemeinschaften und die Formen ihrer politischen Regulierungen gebunden. Rassismus ist eine bewährte Strategie, um Veränderungen in den Griff zu bekommen und die Gemeinschaft auf ein neues Zentrum einzuschwören, das keiner politischen Begründungen bedarf, weil es ein viel älteres, angeblich unhintergehbares – nämlich biologisches – Zentrum gibt. Rassismus ist ein fiktives Welterklärungsprinzip, das geeignet ist, die Pfade vorzudenken, in denen Gewalt sich ereignen kann und darf. Die Arretierung und Festigung der Fiktion wird dadurch erreicht, dass man den immer engeren Kontakt mit der Realität vermeidet. Genau darin liegt die eigentliche Funktion des Rassismus: in der Eskalation von Gewalt und Massenvernichtung bis zur Mitte des

20. Jahrhunderts. Rassismus war weder Ursache noch Auslöser noch Motiv der Gewaltpraxis, aber er stellte die Möglichkeit bereit, jede nur denkbare Form und jedes nur denkbare Ausmaß der Gewalt in den Horizont eines naturgesetzlich ablaufenden Existenzkampfes zu stellen und so als notwendig und hinnehmbar erscheinen zu lassen.

Der Horizont, in dem der Begriff der Rasse oder der der Nation erscheint, ist weitgehend dem Spiel von Fiktionen ausgesetzt. *Wenn man die Wahrheit schon nicht mehr laut sagen darf ...: dann kann man sich doch wenigstens sein Teil denken. Oder etwa nicht? Wollen Sie das auch noch verbieten?* So oder so ähnlich läuft die Argumentation. Aber was ist die Wahrheit? Viele waschen sich gerne die Hände in Unschuld, wenn diese Frage gestellt wird: nicht nur Politiker. Die Fremdenfeindlichkeit ist gerade in den Gebieten der neuen Bundesländer am größten, in denen – neben einem hohen Maß an Beschäftigungslosigkeit – *keine* Migranten anzutreffen sind. Die einschlägigen Interviews mit Menschen, die sich über *die* Ausländer und *die* Flüchtlinge auslassen, ohne je eine oder einen zu Gesicht bekommen zu haben, waren in ihrer absurden Widersprüchlichkeit nicht nur in der Heute-Show-Renner. Der Ausweg scheint relativ klar zu sein. Der Soziologe Zygmunt Bauman formuliert die Lösung so: *Der einzige Weg aus den aktuellen Unannehmlichkeiten wie auch den zukünftigen Leiden führt über die Ablehnung der trügerischen Versuchung, sich abzuschotten. Statt uns zu verweigern, den Realitäten unserer Zeit ins Auge zu blicken, statt unsere Hände in Unschuld zu waschen und die störenden Unterschiede, Ungleichheiten sowie die selbst auferlegten Entfremdungen auszublenden, müssen wir nach Möglichkeiten suchen, in einen engen und immer engeren Kontakt mit den anderen zu gelangen.* Wenn sich die Fiktionen so über die Wirklichkeit legen, dass sie fühlbar das gemeinsame Leben belasten, muss man beginnen, das Prinzip der Realitätsprüfung anzuwenden. Dann ist, wenn man dem Gedanken der Aufklärung folgen will, das Ende der Fiktionen und Illusionen gekommen. Aber ist es gekommen?

Johannes Zuber vom Gießener Graduiertenzentrum Kulturwissenschaften und dem Institut für Politikwissenschaft der Justus-Liebig-Universität zieht in seiner Studie über gegenwärtigen Rassismus in Deutschland folgendes Resümee: *Das 18. Jahrhundert glaubte, den rassistischen Diskurs in die ›sicheren Bahnen der Wissenschaft gelenkt‹ zu haben. Das 19. Jahrhundert war das Jahrhundert der ersten Synthesen dieser Lehre. Und das 20. Jahrhundert kann für sich das traurige Privileg beanspruchen, die praktischen Konsequenzen aus diesen Thesen gezogen zu haben. Anders gesagt: Im gerade vergangenen Jahrhundert wurden die größten Verfolgungen und Deportationen, ja die Ausrottung von ganzen Völkern verübt, nur aus einem einzigen Grund: dem Hass auf den Anderen. Das 20. Jahrhundert wird als das Jahrhundert der großen Massaker in die Geschichte eingehen.*

Und das 21. Jahrhundert? Vielleicht werden die Geschichtsbücher der Zukunft vermerken, dass die ersten Jahrzehnte des 21. Jahrhunderts nicht nur eine verpasste Chance waren, die Klimakatastrophe noch abzuwenden (statt wie derzeit in Deutschland und in anderen Industrieländern, die aufgrund ihres technologischen Know-how auch anders könnten, weiter auf Kohle oder auf manipulierte Autos zu setzen). Die zukünftigen Historiker werden vor allem vermerken, dass der Beginn dieses Jahrhunderts sich durch eine Strategie der Ausrottung durch Passivität und Virtualität auszeichnete. Auch indem man nichts tut – außer vielleicht Grenzen zu verstärken, Zäune zu errichten und das Militär zu verstärken, aber eher passiv als Drohgeste verstanden, denn die aktive Arbeit erledigen autonom die Drohnen –, schafft man Fakten. Wie auch immer die Geschichtsbücher der Zukunft – und das bedeutet: unsere eigenen Nachfahren – urteilen werden: Schon heute steht fest, dass der Nationalismus des 21. Jahrhunderts – den es nicht nur in Europa gibt – ebenso wächst wie der offenkundige Wille, sich nicht mehr für Fakten zu interessieren.

Sind Fakten nicht nur etwas für die, die herrschen? Tatsächlich erwies es sich im amerikanischen Wahlkampf als Nachteil, dass die etablierte Politik und die Medien die Geschichte derer, die im Land der unbegrenzten Möglichkeiten keine Zukunft mehr haben, lange schon nicht mehr erzählt haben. Die Underdogs konnten bellen und beißen; aber zu Wort kamen sie nicht. Ihre Geschichten wurden außer als Kinodramen nicht mehr erzählt. Und wenn es schon um Sklaverei gehen muss, dann um die alte oscarträchtige Vergangenheit auf den Baumwollfeldern. Schon im Vorfeld der Wahlen kam es, trotz eines schwarzen Präsidenten Barack Obama, zu Unruhen, weil weiße Polizisten immer wieder brutal und hart gegen schwarze (angebliche) Straftäter vorgingen. Auch der Nationalismus europäischer Prägung hat eine tief rassistische Färbung – nicht nur in Frankreich und England, sondern auch in Deutschland. Länder wie Polen oder Ungarn und andere Länder Osteuropas stehen dem in nichts nach. Schaut man genauer hin, dann zeigt sich, dass der angeblich neue Nationalismus eine naive und alte, auf die Vergangenheit bezogene Antwort auf die Realität der Interdependenz ist. Diese war faktisch zwar der Ausgangspunkt unserer evolutionsbiologischen Entwicklung als Primaten und führte im Laufe der Geschichte dazu, dass die Menschheit immer erfolgreicher war und an Zahl und Vielfalt wuchs. Heute ist diese Pluralität eine Gegebenheit, die vielen missfällt. Wäre es nicht einfacher und angenehmer ohne die anderen? Während sich die Industrie erfolgreich globalisiert, scheitert nicht nur die europäische Politik immer mehr an der Aufgabe, dieser ökonomischen Globalisierung eines sehr anpassungsfähigen, geschmeidigen Milliardenkapitals mit einer ebenso globalen und wirksamen Politik zu begegnen. Der Nationalismus ist ein Weg, die Augen vor dieser globalen Herausforderung zu verschließen. Nationalismus ist der Appell, doch wenigstens die Heimat, deren Grenzen man zur Not durch einen Blick in die Karte ausmachen kann, unversehrt zu lassen. Die, die kommen, sollen zurückgehen. Oder da bleiben, wo sie landen: am Meer. Ein Mensch, der aufgrund von Krieg, Folter, Vergewaltigung und Tod über Tausende von Kilometern zu Fuß geflohen ist, soll gefälligst zurück in seine *Heimat*. Da gehört er einfach hin, auch wenn diese Heimat aufgehört hat zu existieren. Gleichzeitig dürfen Unternehmen wie Amazon, Apple, Starbucks, Ikea, Google und viele andere, die höchstens für den Konsum eine Heimat bieten und keineswegs aus *der* Heimat kommen, die doch verteidigt werden soll, ihre Milliardeneinkünfte, das gute deutsche Geld deutscher Kunden, in Offshore-Oasen fließen lassen, ohne auch nur einen nennenswerten Betrag in die gemeinsame Kasse der Nation(en) zu zahlen. Der Nationalismus-Trick funktioniert dennoch, wie Bauman schreibt: Denn *als Erzeuger der offiziellen Angst schüren die Machthaber unablässig die existentielle Unsicherheit, aus der dieses Gespenst [der Angst] hervorgegangen ist und immer wieder neu geboren wird.* Wer an dem Konstrukt rüttelt, säge angeblich an dem ökonomischen Ast, auf dem er sitzt. Immer wieder zeigt sich auch in der Rassismusforschung, dass die Angst vor dem Abstieg aller durch die Fremden vor allem ökonomische Motive hat. Hinter einem rassistischen (und klassenfeindlichen) Denken steckt meist ein treibender ökonomischer Diskurs, der sich gut zu tarnen weiß. Ist er ausgemacht und enttarnt, lässt sich Rassismus wesentlich besser bekämpfen. Es ist dann klar, dass es lediglich um die Interessen einer – in der Regel kleinen – Minderheit geht, die einer Mehrheit geschickt klarzumachen versteht, dass das, was sie will, immer nur im Interesse dieser Mehrheit sei. Das ist, mit Blick auf die immer weiter auseinandergehende Schere zwischen Arm und Reich in vielen Ländern der Welt, eine Fiktion, nicht aber ein Faktum. Gerade darum ist es wichtig, denen, die ökonomisch und sozial gefährdet sind, eine Stimme zu geben.

Noch aus einer anderen Perspektive lassen sich die Mechanismen des bedenklich anwachsenden, angeblich neuen Nationalismus und Rassismus in den meisten europäischen Ländern während der letzten fünf Jahre untersuchen. In nahezu allen Fällen geht es um den Umgang mit definierten Minderheiten. Eine solche Minderheit sind Juden. Aus den neueren Untersuchungen ragt methodisch ein Forschungsprojekt heraus, das auf neue Weise Judenfeindschaft in Deutschland untersuchte, die Statistiken zufolge kontinuierlich bei etwa 20 Prozent der Bevölkerung lag und liegt. Viele der bisherigen Untersuchungen krankten an dem Problem, dass sie sich auf Umfragen zum Thema *Judenfeindlichkeit* beziehen mussten, die im Auftrag einer Studie gemacht wurden. Das Problem mit den Äußerungen ist also, dass sie als aufgedrückt erlebt werden könnten, so dass die Antworten entsprechend geschönt und unauthentisch ausfallen müssen. Um dieses Problem zu umgehen, hat man beschlossen, stattdessen Tausende von E-Mails, Briefen, Postkarten, Faxen und elektronischen Nachrichten in sozialen Medien zu untersuchen, die völlig unaufgefordert und insofern freiwillig von Deutschen an den Zentralrat der Juden in Deutschland und die israelische Botschaft in Berlin gerichtet wurden. Bei den auf diese Weise im öffentlichen Kommunikationsraum gesammelten Daten handelt es sich keineswegs um *marginale Sonderformen, sondern um weitgehend habitualisierte Manifestationsmuster.* Tatsächlich kommen die Zuschriften nicht aus dem Nichts: Sie sind das Ergebnis eines kognitiven und emotionalen Prozesses, der zum Handeln führte. Eines der Ergebnisse der Untersuchungen ist, dass *Antisemitismus ein mentales Glaubens- und Weltdeutungssys-*

tem ist, das seit Jahrhunderten tradiert, aber den aktuellen Gegeben-
heiten jeweils angepasst und entsprechend modifiziert wird, ohne dass
sich die grundlegend konzeptionelle Konstante verändert, der zufolge
Juden prinzipiell als die anderen *fungieren.*

Um antisemitisch zu denken, bedarf es kognitiver Muster – Stereotypen, auf denen das Urteil beruht. Der Begriff
Stereotyp ist hier völlig wertneutral gemeint: Es geht um
Zusammenfassungen und geistige Konstruktionen, die keine
empirische Basis haben, *sondern reine Projektionen von Nicht-*
Juden über Juden sind. Die Stereotype suggerieren, dass sie eine
empirische Basis hätten (und dass sie eine haben, würden leider nicht nur Neonazis so sehen). Bei kritischer Nachprü-
fung zeigt sich jedoch, dass sie *tatsächlich* keine solche Basis
haben. Wenn man sagt *Alle Schwäne sind weiß,* dann hat diese
Aussage eine vielfach bestätigte empirische Basis. Sie ist in
gewisser Weise zwar ein Stereotyp über Schwäne – Motto:
diese Schwäne sind doch immer alle gleich und weiß. Doch
das Stereotyp lässt sich überprüfen und gilt so lange, bis man
einen schwarzen Schwan gefunden hat. Die Frage ist, was
dann geschieht. Werden das Stereotyp und die mit ihm verbundene Haltung geändert? Genau das geschieht *nicht* im Fall
nationalistischer Konstruktionen der Welt. Die Fiktion bleibt
stärker als die Realität, die ihr widerspricht. Wenn es – und
das ist typisch für viele der antisemitischen Mails – heißt, *Ver-*
schwindet endlich aus unserer Welt, ihr jüdischer Abschaum, dann
geht es nicht um einzelne (fiktive) Merkmale, über die man
reden könnte, beispielsweise das Stereotyp, dass Juden deshalb verschwinden sollten, weil sie (angeblich) alle reich sind
und sich ihr Reichtum der systematischen Ausbeutung guter
Deutscher verdankt. Es geht schon lange nicht mehr darum,
eine solche Fiktion an Fakten zu überprüfen. *Vielmehr ist es die*
jüdische Existenz an sich, die als Provokation, als Ärgernis, als Übel
in der Welt empfunden wird. Man verbleibt in der Phantasie und

hält lieber die Fiktion aufrecht, als sich mit der Wirklichkeit zu befassen. Denn das würde bedeuten: Kontakt, wirklichen Kontakt mit diesen anderen aufzunehmen und der Sache nachzugehen. Man braucht keine Phantasie, um ähnlich rassistische und antiethnische Szenarien mit den Schwarzen und Negern, den Schlitzaugen (Oettinger), den Spaghetti- und Froschschenkelfressern (vieles läuft über das Essen), den Yussufs, Muselmännern oder schlicht mit *dem* Russen oder *dem* Amerikaner durchzuspielen. Die grundsätzlichen Prozesse sind dieselben: Eine Fiktion, die sich im einfachen Stereotyp verdichtet, aber bei genauerem Hinsehen der komplexen Wirklichkeit nicht standhalten kann, schiebt sich immer wieder zäh und medial verstärkt über eine deutlich komplexere, vielschichtigere und vielfältigere Wirklichkeit. Es sind die überkommenen Denkmuster, die derart resistent und immun gegen Erfahrung und Kritik sind, dass es ohne Widerstand, Realitätssinn und Empathie – also ohne den Einsatz jedes Einzelnen – nicht gelingen wird, die Wolken der Fiktion, die sich über das Land gelegt haben, beiseitezufegen. Es ist diese Grenze zwischen Fiktion und Realität, die umkämpft ist und neu verhandelt werden muss. Eine endgültige Grenzziehung gibt es, allen Versprechen zum Trotz, nicht. Im Sinne des fiktionalen Realismus müssen die Anteile von Fiktion und Realität immer wieder neu herausgearbeitet, verglichen und bewertet werden. Das verantwortungsvoll zu tun ist eine der wesentlichen Aufgaben von Politik.

Es lohnt in diesem Zusammenhang, noch einmal auf Kants Schrift *Zum ewigen Frieden* zurückzukommen. Die Qualität politischer Fiktionen – denn auch die Schrift vom ewigen Frieden, der keineswegs bereits erreicht wäre, bleibt zunächst ein Argument – bemisst sich an ihrer Fähigkeit, zum Gegenstand qualifizierter Kritik werden zu können. Durch diese argumentative Zugänglichkeit unterscheidet sich Kants Konstruktion eines langwährenden Friedens von Ideologien und nationalistischen Konstruktionen. Seine Fiktion kann zum Gegenstand einer umfassenden Argumentation werden, die prinzipiell zu einer Widerlegung und Entkräftung der Vorstellung führen kann. Gerade das ist bei einer nationalistischen Ideologie nicht der Fall: deshalb auch die zwanghaften, teilweise unfreiwillig komischen Immunisierungsstrategien und Ad-hoc-Ausreden, die belegen wollen, dass alles, was man gegen sie ins Feld führt, nur Teil einer großen Verschwörung ist. Kant hingegen entfaltet in seiner Argumentation den Gedanken des Weltbürgerrechts. Dieser führt ihn sehr alltagspraktisch zur Gastfreundschaft oder Hospitalität. Ein Weltbürgerrecht impliziert für Kant, dass es keine grundsätzliche Einschränkung der Zulassung eines Menschen zur Diskussion oder eine Minderung der Geltung seiner vernünftigen Argumente geben kann, nur weil die Haut von jemandem schwarz, weiß oder anders gefärbt ist. Kant schreibt: *Es ist hier, wie in den vorigen Artikeln, nicht von Philanthropie, sondern vom Recht die Rede, und da bedeutet Hospitalität (Wirtbarkeit) das Recht eines Fremdlings, seiner Ankunft auf dem Boden eines andern wegen, von diesem nicht feindselig behandelt zu werden. Dieser kann ihn abweisen, wenn es ohne seinen Untergang geschehen kann; so lange er aber auf seinem Platz sich friedlich verhält, ihm nicht feindlich begegnen. Es ist kein Gastrecht, worauf dieser Anspruch machen kann, sondern ein Besuchsrecht, welches allen Menschen zusteht, sich zur Gesellschaft anzubieten, vermöge des Rechts des gemeinschaftlichen Besitzes der Oberfläche der Erde, auf der, als Kugelfläche, sie sich nicht ins Unendliche zerstreuen können, sondern endlich sich doch neben einander dulden zu müssen, ursprünglich aber niemand an einem Orte der Erde zu sein mehr Recht hat, als der andere.*

Kants Vorstellung ist eindeutig: Die Erde ist begrenzt. Folglich verfügen auch wir nur über begrenzte Ressourcen. An welchem Ort man geboren wird, ist ein reiner Zufall, der je nach Ort bestimmte Vor- und Nachteile mit sich bringt. Prinzipiell aber kann niemand behaupten, die Erde oder ein Teil der Erde gehörten ihm allein oder seiner Familie, seinem Clan, aufgrund eines Rechts. Über all diese Argumente kann und muss man nach Kant diskutieren. Vielleicht finden sich Gründe, die Vorstellung abzulehnen. Die Qualität von Kants Idee besteht in ihrer Fähigkeit, kritisch geprüft zu werden. Dies impliziert die Verpflichtung, einer Regel zu folgen, die besagt, dass eine Argumentation dann zurückzunehmen ist, wenn sich zeigt, dass sie in offensichtlichem Konflikt zur Realität steht oder logisch inkonsistent ist. Um die Fiktion dann noch weiter aufrechtzuerhalten, müsste man jede weitere Diskussion abbrechen und sich gegen alle weiteren kritischen Argumente immunisieren. Dies ist auch die Stroßrichtung des Zitats von Hans Albert zu Beginn des Kapitels.

Allgemein lassen sich, mit Blick auf eine Theorie des fiktiven Realismus, drei Aspekte der Fiktion *Nationalismus* herausarbeiten. *Erstens* beruht Nationalismus auf Konstruktionen; Nationalismen sind emotional hochwirksame Fiktionen, die Modelle für das Handeln von Gruppen beinhalten. Insofern lässt sich Nationalismus als ein Mittel zur Herstellung stabiler Stimmungen durch Denkmuster verstehen. *Zweitens* beruhen diese Fiktionen auf Stereotypen mit einem einfachen narrativen Grundprinzip – einer streng dualistischen Unterscheidung, die letztlich nur eine Unterscheidung von In- und Outgroup kennt. Wie wirksam diese Unterscheidung ist, hat eine Reihe neurophysiologischer Untersuchungen zeigen können. Wer diese In-Out-Group-Unterteilung der Welt aufbrechen will, muss ihre dialektische Wurzel und damit ihre Widersprüchlichkeit transparent machen: Das eine (das Gute) kann nicht ohne das andere (das Böse). Man braucht das jeweilige Gegenbild – den angeblichen Feind –, um sich selbst zu erklären. Damit zerlegt sich aber das einfache narrative Grundprinzip: Zwischen dem Reich des Guten und dem Reich des Bösen *gibt* es etwas Drittes, das nicht, wie immer wieder behauptet, ausgeschlossen ist. Was fehlt, sind allerdings meist gerade diejenigen Geschichten und Fiktionen, die von diesem ausgeschlossenen Dritten erzählen und es mit Leben füllen. Eine wichtige Arbeit im Kampf gegen den wachsenden Nationalismus ist es daher, diesem großen Bereich des Dazwischen Gesicht und Geschichte zu geben. Was zum *dritten* Punkt führt: Der Abbau von Nationalismus kann nur gelingen, wenn es ein Gegenüber, wenn es Kontakt mit dem anderen gibt. Die beiden letzten Punkte will ich kurz erläutern.

In seinem Buch *Die Erfindung der Nation* definiert der amerikanische Soziologe Benedict Anderson Nation als *vorgestellte politische Gemeinschaft – vorgestellt als begrenzt und souverän.* Vorgestellt *ist sie deswegen, weil die Mitglieder selbst der kleinsten Nation die meisten anderen niemals kennen, ihnen begegnen oder auch nur von ihnen hören werden, aber im Kopf eines jeden die Vorstellung ihrer Gemeinschaft existiert.* Eine Nation ist für Anderson eine *imagined community.* Menschen entdecken ihre Nationalität nicht, indem sie in sich schauen oder auf ihre Hautfarbe, sondern indem sie einer Geschichte folgen. Nationalität findet man nicht wie einen verlorenen Gegenstand. Vielmehr *erfindet man Nationen, wo es sie vorher nicht gab.* Damit ist nicht gemeint, dass alle *Gemeinschaften, die größer sind als die dörflichen mit ihren Face-to-face-Kontakten, vorgestellte Gemeinschaften sind.* Man hat keine Chance, sie in ihrem gesamten Umfang zu *erfahren;* man muss sie sich vorstellen. Auch in diesem Sinn wird nach Anderson *die Nation als* begrenzt *vorgestellt, weil selbst die größte von ihnen mit vielleicht einer Milliarde Menschen in genau bestimmten, wenn auch variablen Grenzen lebt, jenseits derer andere Nationen liegen. Selbst die glühendsten Nationalisten träumen nicht von dem Tag, da alle Mitglieder der menschlichen*

Rasse ihrer Nation angehören werden – anders als es in vergangenen Zeiten den Christen möglich war, von einem ganz und gar ›christlichen‹ Planeten zu träumen. Eine Nation ist nichts anderes als eine fiktionale Homogenitätsmaschine: eine bewusste, pragmatische Erfindung, die die Gestalt einer (angeblich geteilten) Erfahrung angenommen hat. Insofern sind auch Nationen fliegende Teppiche – flexible Vehikel für Gefühle und Identitätsvorstellungen, die politische Bewegung ermöglichen und sich leicht über die Welt ausbreiten lassen.

Einen solchen Teppich rollte CSU-Generalsekretär Andreas Scheuer auf dem CSU-Parteitag am 4. November 2016 aus: *Deutschland muss Deutschland bleiben*, sagte er. *Wir sind dagegen, dass sich unser weltoffenes Land durch Zuwanderung oder Flüchtlingsströme verändert. Nicht wir haben uns nach den Zuwanderern zu richten, sondern umgekehrt.* Scheuer suggeriert nicht nur paradoxerweise, dass man ein offenes Land geschlossen halten müsse, damit es weiterhin offen sein könne: Er behauptete auch, dass man sich erfolgreich gegen Veränderungen stellen könne, wenn man Zuwanderung unterbinde. Doch nur wenige Probleme hängen damit überhaupt zusammen. Die Ursachen für die gegenwärtig so fühlbaren Veränderungen sind zunehmende Digitalisierung, Umweltkatastrophen, Globalisierung, Kriege, sowie der Kampf um Rohstoffe wie Wasser. Das sind die *Ursachen* – während Menschen auf der Flucht die *Symptome* der Krisen sind. Diese Verwechslung von Ursache und Wirkung ist auch typisch für die AfD. Und der Nationalismus?

Im Positionspapier der CSU vom November 2016, das als Kompass einer neuen Ordnung dienen soll und entsprechend *Die Ordnung* heißt, ist zu lesen: *Aus der tiefen Verwurzelung in der bayerischen Bevölkerung, der Liebe zur Heimat und dem Stolz auf die mehr als tausendjährige Staatlichkeit Bayerns schöpfen wir unsere Kraft für Bayern.* Doch diese staatliche Heimat ist nach tausend Jahren – Heiliges Römisches Reich deutscher Nation? – in Gefahr. *Kulturelle Verlustängste machen sich breit. Immer mehr Menschen befürchten, dass sich unsere Gesellschaft nachteilig verändert. Sie haben Sorge, dass gesellschaftliche Errungenschaften, Werte und Spielregeln zurückgedrängt werden. Wir müssen der Selbstrelativierung unserer Kultur, Tradition und christlichen Prägung entgegentreten.*

Selbst wenn man ein Zurückdrängen liebgewordener kultureller Errungenschaften zugesteht: Es bleibt die drängende Frage nach den Ursachen. Verändern nicht auch die Digitalisierung und globale Finanzgeschäfte unsere Heimat? Ist es nicht auch ein Verlust, in Zukunft mit einem Elektroauto durch die Gegend gefahren zu werden, das man nicht mehr wie ein echter Mann selber lenkt? Ist es nicht ein Verlust, dass unsere Verfassung freie Ausübung aller Religionen und nicht nur des Christentums (Version katholisch) garantiert und damit auch das Recht, womöglich *keine* solche Religion in der Öffentlichkeit akzeptieren zu müssen, die aufgrund religiöser Ehevorstellungen eine Gleichstellung von Schwulen und Lesben mit ordentlichen Müttern und Vätern ablehnt? Es gibt viele Ursachen für Veränderung. Die meisten haben nichts mit der Hautfarbe, sondern mit der Dynamik der Aufklärung und mit der Selbstwidersprüchlichkeit der Moderne zu tun. Doch dieses Thema wird von der neuen Ordnung nicht berührt. Dabei lässt sich mit Papst Franziskus – falls man ihn als Stellvertreter einer bayrischen Kultur christlicher Prägung akzeptiert – fragen, ob das derzeitige System der Banken, der Wirtschaft und Gesellschaft überhaupt christliche Werte verwirklicht. Gerade an diesem kritischen Punkt nimmt *die Ordnung* jedoch eine erstaunliche Wendung. *Wir bekennen uns zu diesem christlichen Menschenbild in seiner abendländisch-aufgeklärten Prägung. Dies ist der Ausgangspunkt unserer Politik … Wir lassen uns nicht vorschreiben, dass wir unsere kulturellen Vorstellun-*

gen anpassen müssen. Wir haben keine Angst vor Veränderung, aber wir wollen kein anderes Land. Die Gepflogenheiten des Alltags sind zu beachten. Es gibt über die rechtlichen Regelungen des Zusammenlebens hinaus ungeschriebene Regeln, die sich aus unserer Kultur und Tradition entwickelt haben.

Damit ist viel gesagt. Vor allem, dass es ein zweites Recht, ein Recht neben dem Recht gibt. Dieses Recht hat eine religiöse und heimatliche Grundlage: Und es ist zu beachten. Und der Grundsatz der Trennung von Kirche und Staat? Laut CSU ist es das zweite, nicht fixierte und *ungeschriebene* Gesetz, das die heimatliche Gemeinschaft ordnet; dieses Recht ist das *eigentliche* Recht. Es sichert *ein menschliches Miteinander und garantiert ein friedliches Zusammenleben. Bei uns ist es üblich, dass man andere Menschen mit einem Händedruck begrüßt und mit einem Gruß verabschiedet. Bei uns bietet man schwächeren Menschen Hilfe an. Bei uns versteckt man sein Gesicht nicht hinter einem Schleier. Wer bei uns lebt, muss sich nach unseren Gepflogenheiten richten. Wer Frauen den Respekt verweigert, etwa Lehrerinnen oder Krankenschwestern ablehnt, missachtet unsere Lebensart.* Schön zu wissen, dass allen Frauen in Bayern mit Respekt begegnet wird. Und unnötig zu sagen, dass es aus staatsrechtlicher Sicht irrelevant ist, wie sich zwei Menschen begrüßen. Das Grundgesetz lässt derartige Fragen nach sich verändernden Umgangsformen mit Absicht offen. Es ist nicht relevant, ob zwei Menschen einander die Hand geben oder, wie Japaner, eine andere Form der Begrüßung vorziehen. Es sind nicht die *ungeschriebenen* Rechte, über die das deutsche Parlament verhandelt, sondern die *geschriebenen und zu schreibenden,* über die man debattiert. Es bleibt offen und allein der Phantasie der Bürgerinnen und Bürger überlassen, wie der Gruß aussieht, mit dem man sich in der *Heimat* grüßt.

Dies bringt mich zum Punkt der Bedeutung des anderen. Byung-Chul Han und andere haben darauf hingewiesen, wie wichtig der andere – und das bedeutet konkret: ein anderer Mensch mit einem anderen Lebensentwurf – für das Entstehen einer eigenen Identität ist. Ohne Reibung mit der Welt, könnte man sagen, entsteht keine Wahrnehmung, kein Ich- und in der Folge auch kein Wir-Gefühl. Aus diesem Grund sind die Alltagsgegenstände *Ob-jekte* – Dinge, die sich uns, wörtlich übersetzt, entgegenwerfen. Sie widersprechen unseren eigenen Vorstellungen und Fiktionen von dem Zustand, in dem die Welt sich eigentlich befinden sollte. Die Pragmata leisten unseren Fiktionen Widerstand. Aus diesem Grund ist von der Schwere der Dinge die Rede, die der Leichtigkeit der Fiktionen entgegensteht. Doch der Kontakt mit der Realität ist lebensnotwendig. Abgesehen davon, dass er ein völliges Abgleiten in eine vorgestellte, imaginierte Welt verhindert, spielt sich das Alltagsleben in der Realität ab. Wenn Menschen einander auch widersprechen können: Die Dinge werden nicht erfahren dadurch, dass sie wider*sprechen*, sondern indem sie der eigenen Wirklichkeit spürbar entgegen*wirken*. Diese Widerständigkeit der Welt wird emotional zunächst als Negativität wahrgenommen. Aber sie ist der Grund dafür, so schmerzhaft es auch sein mag, sich selbst als Gegen-Über zu erfahren. Denn auch der andere ist nur anders, weil man selbst anders als der andere ist. Dadurch, dass uns die Dinge und andere Menschen ihr Gewicht entgegenwerfen, erhält das Selbst *Gestalt und Maß*.

Auf der Ebene der Physiologie ist dieses Prinzip seltsamerweise nicht umstritten. Im absoluten Dunkel würden wir nur schwarzes Rauschen sehen. Erst die Wahrnehmung eines *Unterschiedes* in den Dingen oder in eigenen bzw. fremden Zuständen ermöglicht es überhaupt, *etwas* wahrnehmen und neue Erfahrungen machen zu können. Es braucht das *Anders-Sein*, die Differenz, um etwas *als* etwas, nämlich als etwas *Unterschiedenes* überhaupt wahrnehmen zu können. Eines der

Abb. 9: Beispiel einer »Rubin'schen Vase«.

wichtigen Ergebnisse der neurowissenschaftlichen Forschung der letzten Jahre ist, dass unsere Gehirne unentwegt Repräsentationen der Welt – und in diesem Sinn Hypothesen – erstellen: Vorstellungen über das, was ist oder sein könnte. Dieser Mechanismus stärkt die Fähigkeit, durch schnelle Anpassung besser zu überleben. Die Welt selbst ist dabei keine Hilfe – denn sie lässt eine Vielzahl von Deutungen zu. Doch welche entsprechen der Realität? Und welche sind hilfreich? Gerade Situationen, die ungewiss sind, lassen eine Vielzahl von Deutungen zu. Sie können durch kleinste Differenzen, kleinste Unterschiede in der Wahrnehmung kippen – so wie bei den berühmten Kippbildern.

Das Gehirn versucht von Augenblick zu Augenblick, den gesamten Raum der wahrscheinlichen Interpretationen zu vermessen. Im Fall der Rubin'schen Vase ist beides möglich: ein Bild der Vase zu sehen ebenso wie das zweier Gesichter. Die Information – die reine Information der Bilddaten, die über die Sinneswahrnehmung aufgenommen werden – ist in beiden Fällen die gleiche. Was sich geändert hat, ist die Perspektive, nicht das, was wir sehen. Dieser sogenannte Aspektwechsel ist nicht nur in der Physiologie, sondern im Umgang miteinander und in der Politik entscheidend. Es braucht Konturen und Differenzen, um überhaupt *etwas* zu sehen. Doch es braucht mehr als das, was wir sehen, um etwas *als* etwas zu sehen. Genau an diesem Punkt kommen unsere Erinnerung, unsere Erfahrungen und Phantasie ins Spiel. Wenn man bereit ist, Nationalismus als Konstruktion zu verstehen: Dann zeigt das Beispiel der Rubin'schen Vase, dass es möglich ist, die Dinge auch anders zu sehen. Einen solchen *Aspektwechsel* in einem freien Austausch zu erreichen ist das Ziel politischer Auseinandersetzung und Aufklärung.

Soziologen wie Heinz Bude haben in letzter Zeit verstärkt darauf hingewiesen, welche Bedeutungen Stimmungen und Grundeinstellungen haben, die weitgehend unbemerkt den Hintergrund unseres Denkens und Handelns bilden und steuern. Doch das ist kein Drama. Eine Gesellschaft leidet nicht als Kollektiv an einer bipolaren Störung. Flexible soziale Wirklichkeiten und Vorstellungen entstehen dadurch, dass sich Menschen durch ihre gemeinsamen Tätigkeiten und den Austausch über ihre Fiktionen miteinander vernetzen. Das Leben im Realen und das Leben im Fiktiven stehen miteinander in Wechselwirkung. Die Resonanzphänomene, die sich daraus ergeben, sind der Grund dafür, dass nationalistische Vorstellungen entstehen – aber auch dafür, dass man sie auflösen und verändern kann. Ein wirkliches Problem tritt nur dann auf, wenn Fiktionen als (Ersatz-)Realitäten empfunden werden. Pragmata und Dogmata tauschen ihre Plätze, ohne dass der Wechsel bemerkt würde (obwohl er zu bemerken ist). Das, was wir uns vorstellen, erscheint real – während das, was real ist, nur als eine weitere Vorstellung erscheint. Eine solche Verwechslung von Pragmata und Dogmata hat weitreichende Konsequenzen. Es bleibt nichts anderes übrig, als die einzelnen Fäden dieses verwickelten Gewebes sorgfältig auseinanderzuziehen. Die Angst, bei dieser Auflösung den fliegenden Teppich zu zerstören, ist verständlich: Aber es ist nur ein fliegender Teppich, kein wirklicher Boden. Und die Vorstellung vom wirklichen Boden – ist eine Fiktion.

Antisemitismus, Rassismus, Apartheid und viele andere Formen der Ausgrenzung sind immer wieder nach dem Muster von *die* gegen *uns* gestrickt. Es ist die bewusste Isolierung von Gruppen – letztlich von der Fiktion einer In- und einer Out-Group –, die zur Ausgrenzung führt. In der Realität existieren über die Gruppierung einer Abteilung, eines Unternehmens, einer Familie oder einer Stadt, eines Vereines oder Landes hinweg vielerlei Beziehungen und Berührungspunkte. Diese Interdependenzen sind keine Vorstellung. Sie sind die Kristallisationspunkte der Veränderung – ermöglicht durch Kontakt. Die Sinnlosigkeit einer Fiktion wie die des Nationalismus wird für viele Menschen erst im Fall deutlich: in der kollektiven Abwärtsbewegung mit der Zunahme von Gewalt und Armut. Bald erscheint ein Krieg als die beste aller Lösungen. Leider lösen sich hartnäckige Fiktionen manchmal erst im Angesicht des Todes in das auf, was sie sind: flüchtige Vorstellungen, die auf Ideen, nicht auf Realitäten aufbauen. Es ist von elementarer Bedeutung rechtzeitig zu erkennen, wie viel besser eine kooperative Struktur des Zusammenlebens ist als ein politisches Konstrukt, das in einer globalen Welt auf die Fiktion einer Isolation setzt. Der fliegende Teppich des Nationalismus verstellt nur die reale Bodenlosigkeit, die es zu akzeptiere gilt. Die Antwort auf die Angst vor dem Fall kann nur die Arbeit an einem Gewebe des Miteinander sein, das für die Zukunft von uns selbst, von unseren Kindern und für die gesamte Erde tragfähig ist.

KOMPLEXITÄT –
DAS FALSCHE EINFACHE LEBEN IM FIKTIVEN

Rund 3,3 Milliarden Menschen sind schon heute vernetzt. Ihre Vernetzung ist der Grund dafür, dass die digitale Gesellschaft ein komplexes dynamisches System ist, dessen Verhalten hochgradig nichtlinear ist. Nicht seine Dynamik, sondern die Tatsache, dass es nicht ins Chaos abstürzt, ist das eigentliche Wunder. Damit das so bleibt, müsste man Resilienz, also Widerstandsfähigkeit durch Adaptierung an sich ständig ändernde Umstände, herstellen.

Yvonne Hofstetter (2016)

Der Vorzug der Online-Alternative gegenüber der Offline-Existenz liegt im Versprechen und der Erwartung einer Befreiung von den Beschwernissen, Unannehmlichkeiten und Nöten, unter denen die Bewohner der Offline-Welt zu leiden haben; er liegt in der Vision einer Sorgenfreiheit, die nicht dadurch eintritt, dass man die im Offline-Teil des Lebens unlösbaren und ärgerlichen Rätsel und Probleme gelöst hätte, sondern dadurch, dass man ihre Lösung aufschiebt, indem man sie unter den Teppich kehrt, aus dem Blickfeld entfernt und vor allem als irrelevant für die Aufgabe einstuft, die man sich vielleicht gestellt hat und erfüllen möchte.

Zygmunt Bauman (2016)

Am Tag nach dem für die CDU schmerzvollen Debakel bei den Wahlen in Berlin im September 2016 hielt Angela Merkel eine nachdenkliche Rede. In dieser Rede räumte sie Fehler im Umgang mit dem Problem der Einwanderung, der Verwaltung und auf der Ebene der EU ein. Offenbar machte erst die Zahl der Flüchtlinge vielen Politikern in ihrer Laufbahn bewusst, dass es in vielen Bereichen seit langem schon erhebliche Mängel gab: nicht nur in der Integration. Dadurch, dass man gezwungen war, schnell zu handeln, zeigte sich besonders deutlich der Mangel an Lehrerinnen und Lehrern, Polizistinnen und Polizisten, Therapeuten, Sozialarbeitern, Dolmetschern, Richtern und vielem anderen: Ein Mangel, der schon seit Jahren da war, aber nicht beklagt wurde. Viele der Fakten lagen, sauber geordnet als Zahlenkolonnen, seit langem auf dem Tisch der Verantwortlichen. Im Nachhinein sieht es so aus, als ob der unwillige und lahme Umgang mit den Problemen sich der Fiktion verdankt, alles werde sich schon von alleine geben. Eines der vielen, immer wieder aufs Neue bedrückenden Beispiele ist der seit Jahrzehnten anhaltende Anstieg der Kinder- und Jugendarmut, die vielen jungen Menschen die Zukunft nachhaltig und auf alarmierende Weise verbaut. Mehr als eine Million deutsche Kinder unter der Armutsgrenze scheinen kaum jemanden zu stören. Selbst die Einsicht, dass dies nicht nur die Zukunft der Betroffenen, sondern die Zukunft von uns allen beschädigt und am Ende in eine Unzufriedenheit mit dem System *Demokratie* führt, das Nichtstun offensichtlich im Sinne der Mehrheit duldet, rührt kaum jemanden ernsthaft.

Im Zusammenhang mit der Verkennung von Realität sprach Angela Merkel von postfaktischen Zeiten. Wörtlich sagte sie: *Das soll wohl heißen, die Menschen interessieren sich nicht mehr für Fakten, sie folgen allein den Gefühlen.* Gemeint ist, dass Fakten, so wie im US-Wahlkampf bei den Reden

Donald Trumps, wenn überhaupt nur eine untergeordnete Rolle dabei spielen, wenn es um Politik geht. Statt um den Austausch von Argumenten und um die Auseinandersetzung mit Realitäten geht es um die Erzeugung von Gefühlen und – Fiktionen. Seit Jahren ist das Phänomen bereits wie eine immer dunkler werdende Wolke in den sozialen Netzwerken zu beobachten. Inzwischen ist die Cloud des Hasses und der unwidersprochenen Lügen kondensiert. Das Internetphänomen enthemmter Gefühlsäußerungen hat weithin sichtbar Einzug gehalten in die Offline-Welt der Talkshows und Medien, die Parlamente und Institutionen. Bekannt ist das Phänomen als *filterbubble*: Man bekommt nur noch die Informationen, die man haben will, weil man offensichtlich immer wieder im Netz nach bestimmten Dingen sucht, während alles andere offenbar uninteressant wird. Der technologische Grund für den eingeschränkten medialen Echoraum, der einen Überblick über die Welt und eine Herrschaft über komplexe Informationen vorgaukelt, die es in Wahrheit nicht gibt, liegt bei den Firmen, deren einziges Ziel der Verkauf von Klicks ist. Ihre lernfähigen Algorithmen haben im Lauf der Zeit herausgefunden, was eine einzelne Person sucht und wo ihre Vorlieben liegen. Entsprechend optimiert sind die Angebote – nicht nur der Werbung, sondern auch der Informationen. Ich habe mehrfach die Erfahrung gemacht, dass meine Internetsuche an zwei unterschiedlichen Orten völlig verschiedene Ergebnisse liefert. Noch überraschter werden Sie sein, wenn Sie statt Ihrer immer verwendeten Suchmaschine eine andere wie beispielsweise duckduckgo.com verwenden. Das Überangebot von Information macht es leicht, das systematische Verschwinden von unerwarteten Informationen zu tarnen. Wer tagtäglich dieselbe Suchmaschine benutzt und dabei hilft, den Google-Algorithmus zu optimieren, darf sich nicht wundern, wenn die Welt bei jeder Suche immer mehr der Welt ähnelt, die man erwartet. Der Amazon-Algorithmus macht es vor: *Wenn Sie × gekauft haben dann interessiert Sie auch y.*

Als pragmatische Realpolitikerin und als Physikerin weiß Angela Merkel um die häufige Verwechselung von Modellen mit der Realität. Der Prozess ist nicht ungefährlich, etwa wenn man an die Atomphysik denkt. Oder an Wahlen. Gefühle können die Weltmodelle, die Menschen haben, ihre Vorstellungen und Fiktionen, leicht festigen oder im Gegenteil destabilisieren. Wäre es nicht besser, zu wissen, was die Menschen fühlen, um sie auf diese Weise in dem, was sie fühlen, zu stärken, und auf der Welle zu schwimmen – und nur hier und da, unmerklich, korrigierend einzugreifen (*nudging*)? Das Gewebe aus Fiktionen und starken, meist aber vagen Gefühlen und Motiven erweist sich in der Realpolitik als extrem haltbar: ein Stoff, aus dem man Wahlen und Wirklichkeiten machen kann. Donald Trump signalisierte im Wahlkampf, dass Fakten kein Faktor sind. Informationen sind nicht besser, sondern eher schlechter als Gerüchte. Trump bewies, dass man Erfolg haben kann, nicht obwohl, sondern indem man lästige Fakten ignoriert. Wiederholt hatte er im Wahlkampf geäußert, Deutschland gehe es wirtschaftlich immer schlechter und sei ein unsicheres Land geworden, das sich in Wahrheit bereits in der Hand eingewanderter Terroristen befindet. Das Fatale ist, dass rund 20 Prozent, vermutlich aber mehr Menschen hierzulande ähnlich oder genauso denken. Das Geschickte an vielen von Trumps Äußerungen, die mit geringem Aufwand als Lügen entlarvt werden konnten, war, dass auf eine seltsame Weise offenblieb, ob Trump absichtlich und damit wider besseres Wissen log, ob er tatsächlich nur aus völliger Unkenntnis heraus sprach oder aber seine Argumente rein strategisch gebrauchte, ohne je an sie geglaubt zu haben. Statt aufzuklären und zu argumentieren, war sein Ziel, aufzuwühlen und die so erzeugten Gefühle für sich zu nutzen – ein Grundprinzip von Medienkampagnen der AfD auch bei uns. Leider ist die Komplexität der realen Welt zu groß, um in einen Werbespot zu passen. Inzwischen ziehen viele nicht den Schluss, dass mehr Aufklärung hilfreich wäre, sondern biegen lieber die reale Komplexität der Welt auf ein wünschenswertes Maß zurück. Auch Wissenschaftlerinnen und Wissenschaftler scheinen zunehmend die Erfahrung zu machen, dass Fakten völlig ignoriert werden – insbesondere dann, wenn Forschungsergebnisse unliebsam oder kontra-intuitiv sind. Was der Fiktionsblase schadet, kommt nicht in den Handel. Weil Gefühle die Funktion des Denkens über-nommen haben (leider sind sie nicht verlässlicher als Gedan-ken), sinkt die Bereitschaft der Öffentlichkeit zunehmend, sich mit komplexen Fakten auseinanderzusetzen.

Die Zeitschrift *Cicero* machte unlängst darauf aufmerksam, dass bereits in den achtziger Jahren der US-amerikanische Politikberater und -stratege Harvey Leroy »Lee« Atwater den Satz *perception is reality* prägte. Dieser Satz ist so etwas wie eine Vulgärversion des erkenntnistheoretischen Satzes *esse est percipi* von George Berkeley (1685–1753). Berkeley wollte dem gras-sierenden Atheismus den Boden unter den Füßen wegziehen, indem er dessen vermeintlichen absolut sicheren Standpunkt des Materialismus widerlegte. Wie Locke war er Empirist. Berkeley ging jedoch einen Schritt weiter als Locke: Gerade weil alles, was wir wissen, allein aus der Erfahrung stammen muss, kann es am Ende keine andere Wirklichkeit geben als den wahrnehmenden Verstand selbst. Er ist die wahre Wurzel aller Erfahrung und Empirie, aus der *alles* Wissen stammt. Der Stuhl, auf dem ich sitze, existiert nur, weil ich ihn wahr-nehme. Hört er auf zu existieren, wenn ich ihn nicht mehr wahrnehme? Berkeley zufolge kann diese offensichtlich ab-surde Folgerung nur abgewendet werden indem man an-nimmt, dass es ein höchstes Bewusstsein gibt, das immer alles weiterhin wahrnimmt. Dieses Bewusstsein, die einzige und höchste Realität, ist Gott. Während ich den Stuhl nicht mehr wahrnehme, nimmt Gott ihn weiterhin wahr. Gut für den Stuhl?

Lee Atwater machte aus Berkeleys komplexer Erkenntnistheorie eine einfache politische Theorie: Wenn Realität das ist, was wir wahrnehmen, dann muss man dafür sorgen, dass wir das im Sinne der Partei Richtige wahrnehmen oder wahrzunehmen glauben – gleichgültig wie die Realität ist. In der Folge, wie Constantin Wißmann schreibt, arbeitete Atwater *als Wahlkampfmanager für Ronald Reagan und George Bush senior. Er galt als skrupellos – und erfolgreich. Bei der Präsidentschaftswahl 1988 gelang es Atwater für Bush, einen Rückstand von 17 Prozent auf den demokratischen Kandidaten Michael Dukakis wettzumachen und die Wahl zu gewinnen. Vor Schmutzkampagnen und gefälschten Umfragergebnissen schreckte er nicht zurück, Fakten interessierten ihn nicht. Denn indem er die Gefühle der Wähler beeinflusste, würde er die Fakten eben schaffen. Wenn Menschen an etwas glauben, ist es dann noch wichtig, dass dieses etwas wahr ist?*

Im Widerspruch dazu besteht Aufklärung darin, genau diesen Unterschied zwischen Meinung und Wirklichkeit, Fiktion und Realität immer wieder deutlich zu machen. Doch gerade das wird immer schwerer. Im Meer der Information, das zugleich eine Wüste der Ordnung ist, sieht Wahrheit auf den ersten und manchmal auch noch auf den zweiten Blick genauso wie ihr Gegenteil aus. Vor allem wird sie immer komplexer. Lange Zeit bestand die durchaus realistische Hoffnung, dass das Internet als ein Kommunikations- und Informationsnetzwerk dabei helfen könnte, der Aufgabe der Moderne schlechthin – Aufklärung komplexer Sachverhalte – besser gerecht zu werden. Wissen war mit einem Schlag weltweit und theoretisch selbst in entlegenen Gebieten mit Hilfe von Satellitentechnologie verfügbar –

zum Nutzen aller. Doch mit der zunehmenden Kommer-zialisierung auch der Informationsinhalte im Internet trat das genaue Gegenteil ein. Heute ist das Internet, wie die meisten Bereiche des öffentlichen Lebens, zu einer Markt-Plattform geworden, die in erster Linie ökonomischen Regeln folgt und damit der Maxime der Maximierung von Gewinn. Wahr ist, was sich verkauft und zur guten Ware wird. Und vieles von dem, was sich auch ideell gut verkauft, wird – ob es wahr ist oder nicht – wahr, weil es bei vielen Usern zirkuliert und akzeptiert wird. Neben echten Informationen verbreiten sich über das Internet wie Informationen *aussehende* Meinungen, Werbung, Falschmeldungen, Propaganda und dreiste Lügen, die durch die Zunahme der Informationen immer schwerer auszumachen sind. Wer sich für die Wahrheit entscheidet, muss zum Teil viel Arbeit und Zeit aufwenden, um sie her-auszuarbeiten. Hassmails, ungehemmte Ausbrüche von be-leidigenden Gefühlen und ungefilterten Hetzkampagnen: Anstatt aufzuklären, trägt das Internet durch die massive Aus-schüttung von Gefühlen und Daten erheblich zur Konfusion und Desinformation bei. Es ist kaum noch erkennbar, auf welchem Teppich man fliegt.

Verschärft wird das Problem durch falsche soziale Interak-tion, durch den Gebrauch von Algorithmen und Bots. We-nige Tage nach der US-Wahl veröffentlichte das University of Southern California Information Sciences Institute Zahlen, die belegen, dass rund 400 000 der Pro-Trump-Twitterer so-ziale Bot waren – lernfähige Programme, die Kommunikation simulieren und den Eindruck hinterlassen, es handele sich um reale Menschen. Die Untersuchung belegt auch, dass Trumps Sozial-Bots offensichtlich erfolgreicher waren bei ihrer Ver-breitung. Bei den Tweets der Demokraten ergab die Analyse, dass die Bot-Ansprachen weitaus neutraler und zurückhalten-der waren: ein offensichtlicher strategischer Nachteil. Auch in Deutschland haben Bots Einzug gehalten. Analysen ergaben, dass eine Vielzahl von Accounts bei Twitter nicht realen Personen gehören, sondern Computerprogrammen wie @Balleryna: einer Teilnehmerin, die laut Beschreibung der AfD Berlin und Beatrix von Storch folgt, aber zuweilen über 100 Tweets pro Tag absetzt und zurzeit, in der ich diese Zeilen schreibe, sagenhafte 284 000 Follower hat. Wie Irina das schafft? Experten sagen – ganz einfach: Sie ist ein Bot, dessen Aufgabe es ist, für Sympathie zu werben und die Faktenblase zu erzeugen. Auch bei der Abstimmung über den Brexit in Großbritannien wurde im Nachhinein eine starke Beeinflussung von Wählern durch die deutlich erfolgreicheren Pro-Brexit-Bots in den sozialen Netzen ausgemacht. Dass noch nicht alles verloren ist, beweist Tay: eine lernfähige Software aus dem Hause Microsoft, die wie ein sympathischer, normaler und kommunikationsfreudiger amerikanischer Jugendlicher wirken sollte und mit realen Personen interagierte. Die künstliche Intelligenz, für die das Microsoft-Bot-Framework geschaffen wurde, mit dem Entwickler eigene Chat-Bots bauen und auch über Skype installieren können, war offenbar eine englischsprachige Variante des chinesischen Chatbots Xiaoice. Als Tay im Universum der Twitter-User auftauchte, wurde ihm das Prinzip der Rückkopplung innerhalb von 24 Stunden zum Verhängnis. Hacker ließen Tay immer und immer wieder mit rassistischen und sexistischen Tweets rückkoppeln. Das Ergebnis war, dass der anpassungsfreudige Tay zum rassistischen Nazi wurde und am Ende nicht nur bekannte, dass er Juden hasse, sondern auch, dass Hitler den Job besser gemacht habe als der Affe, der derzeit noch an der Regierung sei. Donald Trump sei die einzige Hoffnung.

Microsoft musste den Bot vom Netz nehmen und entschuldigte sich damit, dass die Entwicklung nicht vorhersehbar gewesen und Tay ein Experiment im sozialen Lernen gewesen sei. Tay ist gewissermaßen post-personal. Eine gute Entschuldigung? Immerhin hat das Experiment von Microsoft nicht in einem Labor stattgefunden, sondern gleich in der realen sozialen Welt. Auch wenn diese Welt für Tay nur eine Ansammlung von Daten gewesen sein mag, die es zu manipulieren galt, handelte es sich in Wirklichkeit um die reale Menschenwelt.

Bots sind nur eine von vielen Spuren, die in das Herz des Problems und tief hinein in das sogenannte *postfaktische Zeitalter* führen. Die reale Komplexität der Welt soll durch Programme und Modelle abgefedert werden, die einfacher zu verstehen und zu bedienen sind als die Welt. Nichts ist daran auszusetzen, dass wir mit Hilfe unseres Denkens und mit Computern versuchen, die Komplexität der Welt zu reduzieren. Dies ist nicht zuletzt der Systemtheorie zufolge eine der wesentlichen Aufgaben von Wissenschaften. Und doch kann die Komplexität auf ein Maß reduziert werden, dass ein sich aus der Vereinfachung ergebendes Verständnis der Welt nichts mehr mit der Wirklichkeit zu tun hat. Dies gilt auch für viele der politischen Argumente, die in Talkshows standardisiert ausgetauscht werden – aber auch für Lösungsvorschlage für sehr komplexe Probleme. Umweltprobleme beispielsweise zeichnen sich aus durch einen hohen Grad der Vernetzung verschiedenster Problemfelder: Ressourcenverbrauch und Abgase, Technologie und Wissen, Arbeitsplätze und Lebensstil, Digitalisierung und herkömmliche Arbeit und viele weitere Aspekte wie Nachhaltigkeit und Rentabilität. Vermutlich ist dies die größte und schwerwiegendste Fiktion unserer Zeit: Dass wir so tun, als könnten komplexe Probleme mit Hilfe linearer Lösungen erreicht werden. Diese Vorstellung ist ebenso eine unzulässige Verkürzung des Verstandes wie der Wirklichkeit, von der in der Regel gilt, dass sie komplexer ist, als man angenommen hat.

Zugegeben: Komplexität ist das Modewort der Stunde. Erstaunlich ist das nur deswegen, weil sich seit Jahrzehnten Komplexitätsforscher weltweit mit der Analyse dynamischer, sich selbst organisierender, lernfähiger Systeme befassen. Diese reichen vom Klima und ökologischen Systemen über Quantenzustände und Genome samt Epigenetik, von Gehirnen über Städte und das Internet bis hin zur Analyse von Lebensräumen in der Tiefsee und neuartigen Computersystemen mit neuen, leistungs- und lernfähigen Netzwerken. Solche komplexen Systeme, die aus einer Vielzahl interagierender Elemente oder Agenten (selbständigen Handlungsmodulen) bestehen, verhalten sich völlig anders als lineare Systeme. Diese kann man sich wie eine mechanische Uhr vorstellen. Man zieht eine solche Uhr mit einer gewissen Zahl von Umdrehungen auf – und dann läuft sie eine immer gleiche Anzahl von Stunden lang. Genau dies bedeutet linear: Derselbe Input in ein System führt zum selben Output. Man kann mit einem Lineal eine Linie ziehen zwischen Anfangs- und Endzustand eines Systems. Ganz anders verhält es sich mit komplexen Systemen: Kleine Veränderungen können zu plötzlichen Veränderungen bis hin zum kompletten Kippen eines Systems führen. Die Politik hat bisher so gut wie keine Kenntnis genommen von dem Umstand, dass sie selbst so wie andere soziale Systeme, die aus einer Vielzahl interagierender und autonomer Agenten bestehen, ein komplexes dynamisches System ist. Ein solches System kann weder mit den einfachen Mitteln untersucht werden, die man auf lineare Systeme anwendet, noch können seine zukünftigen Entwicklungen wie in einem linearen System vorausgesagt werden, das im Prinzip auf die gleiche Störung auf die immer gleiche Weise reagiert. Die fatale Rede vom beherrschbaren Restrisiko in der politischen und ökonomischen Atomdebatte ist dafür ein gutes Beispiel. Bereits der Unfall von Tschernobyl hätte zeigen müssen, wie fatal der Irrtum ist. Aber für viele ist selbst Fukushima längst noch kein Beweis für die simple Einsicht aus der Statistik, die besagt, dass sich einzelne, singuläre Ereignisse in komplexen Systemen eben nicht vorhersehen lassen. Sie können *jetzt* eintreten – vielleicht aber auch erst *morgen*. Das Risiko lässt sich jedoch nicht sinnvoll abschätzen. Darauf zu setzen heißt, sein Haus auf einem fliegenden Teppich zu bauen. Auch wenn dieser Teppich mit neuester Technologie hergestellt ist.

Wie keine andere Technologie eignen sich internetbasierte Systeme mit *augmented reality* (erweiterter Realität) und Datenbrille dazu, überzeugend realistische Fiktionen in Sekundenschnelle mit anderen Menschen zu teilen und sie global zu verbreiten. Das Eintauchen in simulierte Welten – in 3D in 4–8 K-Auflösung und das bei einer Rundumsicht von 360 Grad – hat heute bereits einen Grad der Perfektion erreicht, die beeindruckend ist, obwohl die kommerzielle Entwicklung erst am Beginn steht. Man muss es tatsächlich selbst erfahren. Die erste signifikante Veränderung nach dem Aufsetzen der Datenbrille ist eine vollständige Veränderung des gesamten Körpergefühls. Es ist tatsächlich, als hätte man auf einem fliegenden Teppich Platz genommen: Man hat, je nach Wahl der Perspektive, das Gefühl zu schweben – über den Dingen und durch sie hindurch. Man hat dabei freien Blick – 360 Grad. Man kann nach oben schauen – und sieht vielleicht einen täuschend echten Sternenhimmel, während vor einem ein (virtueller) Mensch steht, der mit einem spricht. Wendet man den Kopf nach hinten, erkennt man den Beginn eines dichten Dschungels, aus dem Tierstimmen kommen. Und plötzlich ist man mitten in einer Lichtung dieses Dschungels, umgeben von einer völlig real aussehenden, von allen Seiten aus betrachtbaren Welt voller Tiere und Pflanzen, so realistisch wie der Wald hinter dem Haus. In wenigen Jahren schon wird ein nicht geringer Teil der Schulung von Menschen in einer solchen Umgebung mit Hilfe von *Serious Games* stattfinden. Die Grundidee ist einfach: Der Mensch lernt am besten spielerisch – und das in Umgebungen, die möglichst echt aussehen und echtes Handeln ermöglichen. Heutige Flugsimulatoren sind ein bekanntes Beispiel für *Serious Games:* eine virtuelle, höchst erfolgreiche Lernumgebung, in der man vergisst, dass das, was man erlebt, nur eine sekundäre und keine primäre Wirklichkeit ist. Das Spiel *America's Army*, das von der US-amerikanischen Armee entwickelt wurde und kommerziell vertrieben wird, ist mit seinen teambasierten Taktik-Shootern und realistischen Rules of Engagement im Kampf gegen Aufständische und Terroristen ein kommerziell erfolgreiches Beispiel für eine höchst realistische Umgebung, die verschiedenen Zielen dient. Eines ist die Rekrutierung und das Training von Soldatinnen und Soldaten. Der Effekt: Alles ist einfach und funktioniert, wenn man es so macht, wie das militärische Spiel es nahelegt. Waffen sind dabei unabdingbar. *Serious Games* schließen die Lücke zwischen Spiel, virtueller Realität, Bildung, Wissen und Anwendung von Wissen. Natürlich ist es denkbar, das Training von zukünftigen Soldatinnen und Soldaten in solchen virtuellen Realitäten stattfinden zu lassen, zumal Soldaten heute schon lernen müssen, mit Computersystemen, Militärrobotern und autonomen Drohnenschwärmen zusammenzuarbeiten. Der Vorteil virtueller Umgebungen ist, dass man unter realistischen (aber nicht: realen!) Bedingungen entscheiden und handeln kann. Die Fiktionalisierung der Welt ist nahezu in Perfektion vollendet – eindringlicher, überzeugender und kraftvoller als alles, was bisher entwickelt wurde. Das Ziel ist es, in einer real aussehenden fiktiven Welt zu lernen und so agieren zu können, als sei sie real. Einmal mehr zeigt sich, wie sehr Big Data nur ein anderes Wort für die Entwicklung von lernfähigen Algorithmen und autonomen Systemen mit künstlicher Intelligenz ist. Der Umgang mit der Komplexität der Welt wird mit Hilfe von *Serious Games* und lernfähigen, adaptiven Netzwerken trainiert. Aber ist es wirklich die reale Komplexität der Welt, mit der man interagiert? Der Sieg von AlphaGo im Frühjahr 2016 über den weltbesten Go-Spieler war ein überraschend echter, kreativer Sieg. Die Forschung mit sogenannten Deep-learning-Strategien, die dann auch in autonome Kampfroboter wie Atlas von BostonDynamics integriert werden könnten – beide Unternehmen gehören derzeit Google –, stehen erst am Anfang. Für die, die damit arbeiten, ist der Ernstfall nur noch eine weitere Etappe der Übung in der perfekten Simulation: Man wird keinen Unterschied merken. Abgesehen davon, dass die, die davon betroffen sind, ihn merken werden.

Wenn Politik ein komplexes System ist und Demokratien auf einer Haltung des Vertrauens basieren, stellt sich mit der Juristin und Unternehmerin Yvonne Hofstadter die Frage, wie man ein solches System und *Vertrauen in der Sprache der Mathematik modelliert*. Lassen sich Parteien bald simulieren wie Vogelschwärme und das Verhalten von ökologischen Systemen? Bei allem Optimismus, den Forscher haben mögen: Solche Simulationen müssen nicht unbedingt eine Hilfe sein. Sie könnten, im Gegenteil, *das Ende der Demokratie* bedeuten. Vor allem, wenn man sich auf sie verlässt und die Risikoprognosen ähnlich schlecht sind wie die Wahlprognosen bei der US-Wahl und vielen anderen Wahlen, darunter bei der Brexit-Abstimmung oder bei der Abschätzung von Katastrophen in Atomkraftwerken. Komplexe Systeme sind nicht zuletzt deshalb komplex, weil sie ein nicht weiter reduzierbares Element der Unübersehbarkeit oder, populistisch gesagt, des Chaos beinhalten. Das Zusammensetzen einer Uhr folgt einer einfachen Regel, einem linearen Plan, den man als Bauanleitung schriftlich fixieren kann. Eine Uhr ist vollständig berechenbar – anders als das Verhalten von interagierenden Autofahrern im Straßenverkehr, die individuelle Entscheidungen treffen, die sich dann beeinflussen und hochschaukeln können. Das reale Verhalten komplexer dynamischer und lernfähiger Systeme führt immer wieder zu nicht vorhergesehenen Überraschungen – so wie Staus aus dem Nichts, die auftreten, obwohl es keinerlei Behinderung oder Unfall gibt. Es ist eine Fiktion, dass man mit komplexen Problemen umgehen könne wie mit linearen. Fest steht, dass die Welt weder eine Dampfmaschine oder Uhr noch ein Computer und vermutlich nicht einmal wie ein Gehirn ist. Die Welt ist – anders und überraschend komplex: vor allem für Lebewesen, die immer nur über beschränkte Informationen verfügen. Was also sollten wir tun?

Der Psychologe Dietrich Dörner hat sich jahrzehntelang mit der Analyse komplexer Systeme und ihrer Simulation befasst, um die Frage zu beantworten, wie wir am besten mit komplexen Systemen umgehen. Einige der Schlussfolgerungen fasst er in einem Artikel über Planungen in komplexen Systemen zusammen. Dörner geht davon aus, dass komplexe Systeme und Prozesse unsere Wirklichkeit in hohem Maße bestimmen. Das beinhaltet zweierlei: Komplexität bestimmt die Pragmata und ihr Verhalten, aber auch die Dogmata. Beides muss nicht notwendig zueinander passen. Denn *wir gehen nicht direkt mit Systemen um, sondern wir planen und entscheiden und machen Voraussagen immer nur aufgrund eines Bildes der jeweiligen Realität … Unser Bild von der Welt ist nicht nur verfälscht, sondern immer auch unvollständig. Über bestimmte Dinge, die uns interessieren, haben wir einfach gar keine Informationen.* Dieser Mangel macht sich in komplexen Systemen besonders folgenreich bemerkbar, weil viele der dynamischen Prozesse exponentiell ablaufen: Sie fangen langsam und unbemerkt an, bevor sie überraschend schnell an Fahrt aufnehmen, sich exponentiell entwickeln und bald nicht mehr aufzuhalten sind. Daher gilt: *In komplexen Systemen gibt es kaum je einfache Implikationen. Die Art und Weise, wie eine Variable a auf eine Variable b wirkt, ist so gut wie immer kontextabhängig, also abhängig von vielen anderen Variablen. Die Dinge sind also nicht einfach die Dinge.* Doch selbst wenn wir die konkreten Dinge und all ihre Kontexte kennen könnten – was eine unerfüllbare Utopie ist: selbst dann ließe sich ihr Lauf aus prinzipiellen Gründen nicht exakt im Voraus berechnen. Immer wieder entstehen in komplexen, vernetzten Systemen sogenannte emergente Phänomene – Prozesse, die nicht durch eine Summe ihrer Teilprozesse erklärt werden können. Da alles mit allem in Verbindung steht, lassen sich genaue Ergebnisse nur dann erzielen, wenn man die Kontexte begrenzt und mögliche Wechselwirkungen und Interaktionen mit der Umwelt, wie sie in der Realität vorkommen, unterbindet. Doch es wird noch komplizierter, wenn die Dinge, die man untersucht, miteinander in Wechselwirkung stehen – so, dass sie einander beeinflussen und regulieren. Dieser Schritt wird in der Digitalisierung und Globalisierung mit dem sogenannten Internet der Dinge erreicht, das Gegenstände etwa im Haushalt über netzwerkfähige Schnittstellen weltweit miteinander und dieses Netzwerk mit dem Internet, also mit den Usern, aber auch mit Herstellern, staatlichen Behörden oder global agierenden IT-Unternehmen verbindet. Die Realität wird auf diese Weise zu einer informationsgeladenen Wirklichkeit. Information und Dingwelt scheinen miteinander zu verschmelzen.

Wir selbst werden, anders als diese Dinge, vermutlich weiterhin einfachen Vorstellungen folgen. Doch diese *unabsichtlichen Verfälschungen, die sich aus bestimmten Beurteilungstendenzen von Menschen ergeben, nämlich aus der Tendenz zur konfir-*

matorischen Wahrnehmung, zur Sicherung ihres eigenen Weltbildes und der Tendenz zu Wahrnehmungsabwehr, lassen sich schwerer ausmachen, da sich hier die Berichterstatter oft dieser Tendenzen gar nicht bewusst sind ... Konfirmatorische Wahrnehmung und Wahrnehmungsabwehr machen das Bild der Realität einfacher als es sein sollte. Einfache Bilder aber ziehen wir komplizierten vor, da wir sie leichter verstehen. Gerade weil die komplexen Realitäten so unübersichtlich sind, haben wir eine Tendenz, ihnen eine möglichst einfache Struktur zu unterlegen. Und dies kann sich im einzelnen Fall buchstäblich als tödlich erweisen. Während in den meisten Fällen *die Neben- und die Fernwirkungen überhaupt keine Bedeutung* haben, werden sie *beim Handeln in komplexen Realitätsbereichen bedeutsam. Wenn man sie außer Acht lässt, so können negative Nebenwirkungen die positiven Hauptwirkungen völlig konterkarieren.* Umweltprobleme sind das beste Beispiel für derartige zunächst unter der Wahrnehmungsschwelle liegenden Nebenwirkungen der Industrialisierung. Plötzlich jedoch, wenn ein Schwellwert erreicht ist, werden die Nebeneffekte zu einer Hauptwirkung. Ein gutes Beispiel sind die Emission von Treibhausgasen oder die Ausbeutung der Umwelt. Wenn man handeln will, dann muss man mit einem Blick für die langfristigen Entwicklungen und die Nebenwirkungen handeln – was eine möglichst genaue Analyse und Kenntnis der Systeme voraussetzt. Mit einem Schlagwort formuliert: Wer in komplexen Systemen am Ball bleiben will, muss nachhaltig und vernetzt denken und handeln. Die Robustheit vieler komplexer Systeme, die auf ihrer Fähigkeit zur Anpassung beruht und eine Grundvoraussetzung für Entwicklung und Evolution ist, kann dazu führen, dass man lange in der Illusion leben kann, die Fiktion stimme mit der Realität überein. Man wird nachlässig, vergesslich und faul – und verpasst den entscheidenden Moment, in dem sich alles rasant ändert.

Andererseits können auch Ängste zu erheblichen Fehlwahrnehmungen führen. *Aber das menschliche Denken kann sich selbst zum Gegenstand seiner Betrachtung machen, kann fehlerhafte und unangebrachte Tendenzen entdecken und stoppen bzw. durch andere ersetzen. Genau das ist Selbstkritik. Menschliches Denken läuft nicht ab, indem ein fixes Programm abgespult wird. Menschliches Denken ist recht plastisch und kann sich selbst in andere Formen bringen. Genau das ist mit Selbstkritik gemeint.* Dieses Projekt der Selbstkritik – das Projekt der Aufklärung – ist bis heute unsere Aufgabe geblieben. Gegenwärtig ist es an der Zeit zu erkennen, dass viele unserer Modelle viel zu einfach sind – Fiktionen, die der Realität nicht entsprechen. Wer sich mit der zunehmenden Vereinfachung abfindet und mehr Simplifizierung sucht statt nach einem komplexeren Verständnis der Welt, wird die Realität verpassen. Aufklärung gelingt nur, wenn Fiktion und Realität immer wieder neu aufeinander abgestimmt und in ein kritisches Verhältnis zueinander gebracht werden. Am Ende bleibt uns weder ein direkter Zugang zur Realität, so als sei sie unmittelbar gegeben, noch bleibt die Flucht in die Fiktion, weil das, was wir Wirklichkeit nennen, dann in Wahrheit selbst fiktiv wäre. Weder der Idealismus noch der Materialismus führen weiter – auch nicht in ihren konstruktivistischen Spielarten. Was bleibt, ist eine pragmatische Lösung – der fiktionale Realismus.

EPILOG –
WOLKENLOSER STERNENHIMMEL

Man konnte es einfach nicht ändern:
Die Welt war ein Fass ohne Boden, dachte ich.
Eine Kugel eher.
Eine Kugel ohne Boden war die Welt.

André Kubiczek (2016)

Am Ende kommt es im Leben entscheidend darauf an, mit der Wirklichkeit zurechtzukommen, so widersprüchlich und komplex diese Wirklichkeit auch sein mag. Das klingt resignativ, ist es aber nicht: Denn es schließt ein, die Wirklichkeit, das, was ist, zu verändern. Das Gegenmodell bestünde darin, sich in die Welt der Ideale und Träume zu flüchten und sich von dort aus über die hinterherhinkende, schäbigere Wirklichkeit zu mokieren. Wäre es gut, sich im Haus einzuschließen, den Kontakt zur Außenwelt abzubrechen und die Wirklichkeit »da draußen« sich selbst zu überlassen? Ganz abgesehen von der Frage, inwiefern es überhaupt möglich wäre, eine derartige Form des fiktiven Lebens zu führen, das ja immerhin in einer nichtfiktiven Realität stattfinden müsste. Um die Wirklichkeit ernsthaft ablehnen zu können, muss man wenigstens an dieser Stelle, wo und wie auch immer, in ihr gegen sie *sein*. Selbst wer die Wirklichkeit ablehnt und sich gegen sie abschottet, wird früher oder später die Erfahrung machen, dass sie wie Wasser durch den kleinsten Riss dringt. Am Ende ist die Wirklichkeit immer stärker. Allerdings muss man ihr deshalb nicht gleich, wie Kafka verbittert riet, im Duell auch noch sekundieren. Das Duell ist schwer genug zu ertragen. Im Kampf mit der Welt, der Welt zu sekundieren ist kein kluger Rat. Es ist nur die depressive Reaktion eines sich isoliert fühlenden Ichs, das sich durch die Realität beleidigt und verraten fühlt, aber fest entschlossen ist, die Ursache dieser Beleidigung abzuschaffen, auch wenn dies bedeutet, gegen sich selbst vorzugehen. Dieser Weg zur Abschaffung der Welt scheint nur eine Möglichkeit zuzulassen: das Duell, indem sich das Ich einer Welt stellt, die es sich anders wünscht, aber nicht anders gestalten kann. Der Wunsch gebärdet sich dann als Herr der Realität, die, koste es, was es wolle, zumindest in der Form zu beseitigen ist, in der sie sich zeigt. Der Tod, bemerkte Byung-Chul Han nicht zuletzt mit Blick

auf den Terrorismus, sei es der eigene oder der anderer, erscheint als das Einzige, das im Aus-Tausch mit der Welt noch
von singulärem Wert ist. Doch dieser Weg führt nirgendwo
mehr hin.

Verwirrend ist nicht nur, dass die Welt sich unaufhörlich
verändert und dabei komplex ist auf eine Weise, die unser
Bewusstsein und auch das eines Weltkollektivs vermutlich
nie im Ganzen wird nachvollziehen können. Nichts bleibt.
Nichts ist fest. Genau aus diesem Grund kann das, was ist, anders werden und in andere Zustände übergehen. Diese Über-
gänge zu gestalten – dabei helfen uns Fiktionen. Dass es gute
und schlechte Fiktionen gibt (auch wenn es nur eine Realität
gibt), ist offensichtlich. In der Nacht vom 19. September 2016
prallten zwei unterschiedliche Vorstellungen der Welt aufeinander: Die einen wollten Leben von Zivilisten retten; die
anderen töteten die, die diese Leben retten wollten. Kampf-
jets bombardierten einen von der UN angekündigten und
gekennzeichneten Hilfskonvoi, der nach langen Monaten des
Krieges endlich für 78 000 Menschen in Syrien Lebensmittel
und Medikamente bringen sollte. Der brutale, im Sinne der
militärischen Logistik im Grunde aber einfache Angriff tö-
tete über 20 ebenso mutige wie unschuldige Zivilisten, die
Helfer des syrisch-arabischen Halbmondes waren. Hätten die
Piloten und ihre Befehlsgeber im Hintergrund andere Vorstellungen gehabt, wäre ihr Leben und das vieler weiterer
Menschen verschont worden. Der Mord an den Helfern sei
unmenschlich und widerwärtig, erklärte der sonst als sehr
zurückhaltend geltende ehemalige UN-Generalsekretär Ban
Ki-moon kurz nach dem Angriff. In seiner letzten Rede vor
der Vollversammlung der UN Tage später blickte der schei-
dende UN-Generalsekretär in die Runde der vor ihm sit-
zenden Vertreter der großen Versammlung aller Nationen.
Dann sagte er in einer für ihn ungewöhnlich direkten Weise:

Present in this hall today are representatives of governments that have ignored, facilitated, funded, participated in or even planned and carried out atrocities inflicted by all sides of the Syria conflict against Syrian civilians. Powerful patrons on both sides in the Syrian conflict have blood on their hands.

Fiktionen bestimmen den Verlauf der Kampfzonen. Am 19. September 2016 siegte die Vorstellung vom Tod über die des Lebens. Sie war sogar stärker als alle etablierten Regeln, die in Form von Kriegsrecht und international akzeptierten Gesetzen helfen sollen, die schrecklichsten Gräueltaten des Krieges zu verhindern. Wirklich ist beides: die Gesetze aber auch ihre Verletzung. Die Moderne ist nach wie vor eine Kampfzone, so aufgeklärt man sich auf allen Seiten auch gibt. Es ist längst eine Materialschlacht entbrannt über die Frage, welche Vorstellungen vom Leben in Zukunft Geltung haben und wirklich werden sollen. Viele Menschen haben und werden mit dem Kostbarsten, das sie haben, dafür bezahlen. Klar scheint der modernen Welt nur, dass es in diesem Kampf zwar unterschiedliche Positionen und Geschichten, aber keine letzten Instanzen mehr gibt, außer denen, die die Kriegsparteien selbst erfinden. Am Ende aber wird jede dieser Fiktionen mit der Realität Frieden schließen müssen. Eine Fiktion, die die Welt verändern will, muss mit den Dingen gehen, um ihren Lauf zu ändern, auch wenn die Fiktion zunächst als ihr völliges Gegenteil erscheinen mag. Es klingt wie eine Tautologie: Aber die Welt lässt sich selbst durch die beste Fiktion tatsächlich nur ändern, wenn sie sich ändern lässt. Die entscheidende Frage für die Gegenwart wird sein, wie weit man gehen will mit den Vorstellungen und in der Realität. Vieles ist noch offen. Der Lauf der Dinge steht nicht fest – und die Risikoberechnungen und Prognosen irren allzu oft, nicht nur bei Wahlen. Zu komplex, zu vielfältig und vor allem zu widersprüchlich sind die Ketten von Ursache und

Wirkung. Niemand kann die Kipppunkte voraussehen, die kommen werden, heute aber noch in weiter Ferne liegen. Am Ende wird es wie in der Klimafrage darauf ankommen, in der Realität anzukommen: hier und jetzt. Es hilft, sich klarzumachen, dass es einen festen Boden nicht gibt, aber der Fall dennoch vermeidbar ist. Umso wichtiger ist es, lebensbejahende, kooperative Vorstellungen von unserer Welt zu entwickeln. Ist Europa nicht unseren Einsatz wert?

Der amerikanische Schriftsteller James Salter beendet seine Lebenserinnerungen *Verbrannte Tage* mit Betrachtungen zu einem Jahr, das zu Ende geht. Die Jahreswende ist stets eine melancholische Zeit, aber auch die Chance zu einer Erneuerung, bei der das Neue die Führung über das Alte übernimmt, auch wenn sich bei genauem Hinsehen nirgendwo eine sichtbare Grenze, ein wirklicher Übergang vom Alten zum Neuen finden lässt. Alt und Neu und selbst der Übergang sind eine Fiktion – so wie die Jahreswende. Die sozialen Konventionen wollen es, dass sich anlässlich der Jahreswende das Tempo der Zeit ein wenig verlangsamt. Es gibt Anlass zur Erinnerung an das, was war. Man kommt zu ersten Resümees. Wir ermahnen uns und andere, muntern einander aber auch auf; wir schließen Dinge ab und nehmen uns andere, neue und bessere, vor. Salter schreibt, er habe in dieser Woche vor Neujahr ein paar Listen gemacht. *Verschiedenste Dinge: Freuden, die mir geblieben waren. Meine zehn besten Freunde; gelesene Bücher. Ich dachte an verschiedene Leute, wie man es am Jahresende tut.* Mit im Raum stehen dabei die Geister, nicht nur der Toten und Namenlosen. *Später am Tage gingen wir am verlassenen Strand spazieren*, schreibt Salter. *Danach badete ich, zog mich an und kämmte mich. Ich hatte schon schlechtere Tage gesehen. Gesundheit, gut. Hoffnung, leidlich*, notiert er. Silvester kommen dann Freunde zu Besuch. Man geht zusammen essen und fährt zu Billy's. *Dann, vor Mitternacht, zurück nach Hause, wo wir ein Feuer machten, Trinksprüche ausbrachten und uns aus unseren Lieblingsbüchern vorlasen.* Noch ein paar Drinks. *Die Toten* von Joyce kommen zu Wort. Anna Karenina, aber auch Stephen King und Poe. Wir lieben eben sehr unterschiedliche Dinge. Dann war *das Feuer ... bis auf die Glut niedergebrannt, die Gäste waren fort. Wir gingen in der eisigen Dunkelheit mit dem alten lahmen Hund noch einmal hinaus. Auf der Straße leer, kein Auto, kein Geräusch, keine Lichter. Das Jahr vorüber, kalte Sterne am Himmel. Den Arm um sie gelegt. Ein Gefühl von Mut. Großes Verlangen, weiterzuleben.*

Wir alle kennen solche Momente. Es sind Augenblicke großer Klarheit und Entschlossenheit, in denen sich alles fügt. Die Sterne funkeln klar und sichtbar in einem grenzenlosen, wolkenlosen Winterhimmel, unendlich weit und leergefegt. Die Kälte der Nacht ist für einen Moment vergessen. Ein wärmendes Wir gibt Mut, auch wenn es nirgendwo ein Ende, eine Begrenzung, einen Boden gibt – in keiner der Himmelsrichtungen.

Sollte man Angst haben vor der Klarheit und Bodenlosigkeit unserer Welt, die zwischen den Sternen auf ihrer Bahn taumelt? Die Angst fügt der Realität nichts hinzu: aus einem einfachen, unschlagbaren Grund. Die Wirklichkeit ist eben so, wie sie ist. *Das* können wir nicht ändern. Kein Staat, keine Waffe, kein Geld, keine Erfindung, kein Wille kann *das* ändern. Weder das Internet noch der IS, weder ein Gott noch sein Gegenteil, wer oder was auch immer das sein mag. Weder »oben«, wo die Sterne sind, noch »unten«, wo sich die Füße befinden, gibt es festen Boden. Es wäre schlecht, wenn wir, wie Musil sagte, uns die Welt in einer Weise unterwerfen, die sie in ein System sperrt: das System der Fiktion.

Wir sollten keine Angst haben vor der Wirklichkeit. Angst haben sollten wir vor unseren Fiktionen. Denn es ist das eine,

Märchen von *1001 Nacht* zu erzählen; etwas anderes aber ist es, sich auch in der Politik an Märchen zu halten und sich heillos in sie zu verstricken im Glauben, die Märchen wären die eigentliche, rettende Wirklichkeit. Märchen sind, im besten Fall, Unterbrechungen der Realität, so wie Scheherazades Geschichten, die nur erzählt werden, um für eine Nacht weiterzuleben. Leicht erscheinen die Fiktionen so wirklich und wahr, so gegenständlich und dinglich wie die Welt selbst. Wenn wir vergessen, was sie sind – unsere eigenen Erfindungen, Fiktionen, Konstrukte und Phantasien, fliegende Teppiche, deren Muster man jederzeit ändern kann –, werden sie zu Fallen, die weitaus gefährlicher sind als jeder Fall, dem wir seit Anbeginn der Welt ausgesetzt sind, ein Fall durch Raum und Zeit, an dessen Existenz wir nichts ändern können. Die Erde *fällt* durch den Raum. Und auch wir fallen, mit allem, was auf dieser Erde lebt. Doch beunruhigender noch als der Fall selbst sind die Versuche, ihn zu leugnen und die Tatsache der Bodenlosigkeit zu verdecken. Dieser künstliche Schlaf der Vernunft gebiert Ungeheuer.

Es wäre falsch weiter zu schlafen, weil wir glauben, unsere alten Geschichten könnten am Ende den Fall verhindern, könnten ungeschehen machen, dass wir und alle Lebewesen, die wir je kannten, kennen und je kennen werden, endlich, begrenzt und sterblich sind. All unsere Zeit, unsere Möglichkeiten und unser Verstehen sind begrenzt. Keine Geschichte, auch nicht die von einer ultramodernen Hightech-Moderne, in der wir als eine Art körperloses Bewusstsein im ewigem Internet leben oder tiefgefroren auf den genetischen Befreiungsschlag in ferner Zukunft hoffen, keine Geschichte kann verhindern, dass wir sterblich sind. Keine Geschichte kann jemanden, der gestorben ist, zurückholen. Und es gibt noch vieles andere, das Geschichten nicht können – so mächtig und wirkungsvoll sie auch sein mögen. Es gibt Dinge, die kann nur die Wirklichkeit. Und dennoch müssen wir an neuen, besseren Geschichten arbeiten, die sich bewähren.

Bis das Ende kommt und es so weit ist, stehen wir nicht auf festem Boden, sondern balancieren mehr oder minder geschickt auf einem fliegenden Teppich. Das sollten wir wissen.

Denn es hängt alles davon ab, sich ein richtiges Bild von diesem Zustand zu machen.

DANK

Bedanken möchte ich mich vor allem bei Susanne, meiner Frau und Erstleserin – (Dir ausführlich zu danken würde eine lesenswerte, aber auch sehr lange Geschichte werden); bei meinen Kindern Charlotte und Robert für ihre große Zuneigung, unsere Gespräche und dafür, dass sie mich so selbstverständlich an ihren neuen Erfahrungen teilhaben lassen; bei Susanne, meiner langjährigen Lebensgefährtin, für so vieles – (auch eine längere Liste); und bei Emma.

Besonderer Dank gebührt auch meinem Lektor Alexander Roesler. In einem der anregenden Gespräche, die wir hatten, verwendete er den Begriff »fiktiver Realismus« – und zwar als ich ihn darum bat, das, was ich zu sagen versuchte, bitte in *einem* Satz zusammenzufassen, damit ich es selbst besser verstehe. Lektoren müssen manchmal ziemlich verrückte Dinge machen. Danke!

Dank auch meinen Freunden, die mich gerne ertragen haben und mit denen ich über alles sprechen, oft essen gehen und manchmal auch Musik hören konnte: Michel (immer wieder, danke!), Ingolf und Christine, Wolfgang und Tina, und Jürgen, um nur einige zu nennen. Dankbar bin ich auch für weitere philosophische Begegnungen und Gespräche vor allem mit Wolfram Eilenberger (der als Erster sagte: mach ein Buch draus), Byung-Chul Han, Markus Gabriel, Thomas Metzinger und Siri Hustvedt. Danke auch an Henry Shukman für seine beeindruckend klaren Teishos, für regelmäßige Dokusans und dafür, mich mit einem fliegenden Teppich auf die Reise zu schicken – und dafür zu sorgen, dass ich immer wieder durch das Tor, das es nicht gibt, zurückfinde. *Masagin*!

Danken möchte ich auch meinen Kolleginnen und Kollegen bei 3sat (es macht Spaß, in einem so entspannten Klima mit euch zu arbeiten) und meinen Gästen, mit denen ich in und vor allem auch nach den Sendungen viele erhellende und inspirierende, oft sehr persönliche Gespräche führen konnte, die sich im Laufe der Jahre wie Kalkstein aus vielen unsichtbaren Gedanken verdichtet und zum Entstehen dieses Buches beigetragen haben.

Auch Hartmut Ihne möchte ich dafür danken, dass ich in einem weitgehend wissenschaftlich-technischen Umfeld interdisziplinäres Denken und Philosophieren in Theorie und Praxis umsetzen kann.

Und Paul Smith: Danke nach drüben auf die Insel für die schnelle und freundliche Antwort und das wunderbare Jugendfoto. Ich hoffe, dass die Insel wieder näher rückt …

2016 war ein seltsames, zuweilen verstörendes Jahr, in vielfacher Hinsicht – nicht nur was die Kriege, Katastrophen und die vielen bedrückenden politischen Entwicklungen, hier und weltweit, betrifft. Bedrückend war das Jahr für mich auch, weil so viele Menschen für immer unsichtbar wurden. Es ist ein Trost zu sehen, dass sie doch unerwartet präsent sind – gegenwärtig nicht nur in Gedanken. Wie Nabokov sagt: erinnerte und wahrgenommene Gegenwart, beides zugleich – durchsichtige Dinge, durch welche die Vergangenheit schimmert.

LITERATUR

(Die Werke werden in der Reihenfolge ihrer Erwähnung im Text aufgeführt.)

VORWORT:

Robert Musil, Der Mann ohne Eigenschaften, Reinbek 1994.
Tim Parks, Worüber wir sprechen, wenn wir über Bücher sprechen, München 2016.

KAPITEL 1: WAS DER FALL IST

Immanuel Kant, Kritik der reinen Vernunft, Frankfurt am Main 1974, orig. Riga 1781/1787.
Ulrich Peltzer, Das bessere Leben, Frankfurt am Main 2015.
Roger Willemsen, Der Knacks, Frankfurt am Main 2008.
Marcel Proust, Auf der Suche nach der verlorenen Zeit, Band 7: Die wiedergefundene Zeit, Frankfurt am Main 2002.
Karl Marx, Thesen über Feuerbach, Marx-Engels-Gesamtausgabe, Abteilung IV. Bd. 3, Berlin 1998.
Niklas Luhmann, Die Gesellschaft der Gesellschaft, Frankfurt am Main 1997.
Ludwig Wittgenstein, Tractatus logico-philosophicus, Frankfurt am Main 1966.
Thomas Hobbes, Leviathan, Hamburg 1996.
Michel Foucault, Die Heterotopien, Berlin 2014.
Albrecht Koschorke, Wahrheit und Erfindung. Grundzüge einer allgemeinen Erzähltheorie, Frankfurt am Main 2012.
Amerikanische Unabhängigkeitserklärung, http://usa.usembassy.de/etexts/gov/unabhaengigkeit.pdf.
Astronauten der Apollo 15: https://www.youtube.com/watch?v=5C5_dOEyAfk.

Tali Sharot, Neil Garrett, »Forming Beliefs: Why Valence Matters«, in: *Trends in Cognitive Sciences*, Januar 2016, Bd. 20, Nr. 1, S. 25–33.

Ludwig Wittgenstein, Philosophische Untersuchungen, Frankfurt am Main 2009.

Friedrich Nietzsche, Also sprach Zarathustra, Kritische Studienausgabe, München 1988.

Roland Barthes, Mythen des Alltags, Berlin 2010.

Roger Willemsen, Wer wir waren, Frankfurt am Main 2016.

Ovid, Metamorphosen, Ditzingen 2015.

Hans Blumenberg, Die Vollständigkeit der Sterne, Frankfurt am Main 1997.

Hans Blumenberg, Geistesgeschichte der Technik, Berlin 2009.

Georg Christoph Lichtenberg, Die Aphorismenbücher, Frankfurt am Main 2005.

Ludwig Hohl, Die Notizen oder Von der unvoreiligen Versöhnung, Frankfurt am Main 1981.

KAPITEL 2: TEPPICHE

Hans Blumenberg, Die Legitimität der Neuzeit, Frankfurt am Main 1988.

Michel Foucault, Schriften in vier Bänden. Dits et Ecrits – Band IV. 1980–1988, Frankfurt am Main 2005.

Michel Foucault, »Von anderen Räumen«, in: Ders., Schriften in vier Bänden. Dits et Ecrits – Band IV. 1980–1988, Frankfurt am Main 2005.

Albrecht Koschorke, Wahrheit und Erfindung. Grundzüge einer allgemeinen Erzähltheorie, Frankfurt am Main 2012.

Charles Taylor, Ein säkulares Zeitalter, Frankfurt am Main 2009.

Sándor Márai, Die Eifersüchtigen, München/Berlin 2015.

KAPITEL 3: MODERNE

Charles Taylor, Ein säkulares Zeitalter, Frankfurt am Main 2009.

Giorgio Agamben, Das Offene. Der Mensch und das Tier, Frankfurt am Main 2003.

Kurt Flasch, Philosophie hat Geschichte, Bd. 1. Historische Philosophie. Beschreibung einer Denkungsart, Frankfurt am Main 2003.

Roger Willemsen, Wer wir waren, Frankfurt am Main 2016.

Byung-Chul Han, Die Austreibung des Anderen. Gesellschaft, Wahrnehmung und Kommunikation heute, Frankfurt am Main 2016.

Swetlana Alexijewitsch, Eine Chronik der Zukunft, Berlin 2006.

Paul J. Crutzen, »Geology of mankind«, in: Nature 415, 23 (2002); sowie Steffen, W., P. J. Crutzen und J. R. McNeill, »The Anthropocene: Are Humans Now Overwhelming the Great Forces of Nature?«, in: AMBIO: A Journal of the Human Environment 36 (8), S. 614–621 (2007).

Jürgen Renn, Bernd Scherer (Hg.), Das Anthropozän. Zum Stand der Dinge, Berlin 2015.

Armin Reller, Luitgard Marschall, Simon Meißner, Claudia Schmidt, Ressourcenstrategien. Eine Einführung in den nachhaltigen Umgang mit Ressourcen, Darmstadt 2013.

Doug Sanders, Arrival City – Über alle Grenzen hinweg ziehen Millionen Menschen vom Land in die Städte. Von ihnen hängt die Zukunft ab, München 2011.

Markus Gabriel, Die Erkenntnis der Welt – eine Einführung in die Erkenntnistheorie, Freiburg/München 2013.

Charles Taylor, Ein säkulares Zeitalter, Frankfurt am Main 2009.

Markus Gabriel, Die Erkenntnis der Welt – eine Einführung in die Erkenntnistheorie, Freiburg/München 2013.

Peter Sloterdijk, Scheintod im Denken. Von Philosophie und Wissenschaft als Übung, Berlin 2010.

René Descartes, Meditationen über die Grundlagen der Philosophie, in denen das Dasein Gottes und die Verschiedenheit der menschlichen Seele vom Körper bewiesen wird, Hamburg 1996.

Georg W. F. Hegel, Die Wissenschaft der Logik. Die Lehre vom Sein (1832), Hamburg 1990.

René Descartes, Meditationen über die Grundlagen der Philosophie, in denen das Dasein Gottes und die Verschiedenheit der menschlichen Seele vom Körper bewiesen wird, Hamburg 1996.

Hans Albert, Traktat über rationale Praxis, Tübingen 1978.

Stefan Berg, »Regress und Reentry. Basalität bei Hans Albert und George Spencer-Brown«, in: Stefan Berg, Hartmut von Sass (Hg.), Regress und Zirkel. Figuren prinzipieller Unabschließbarkeit: Architektur – Dynamik – Problematik, Hamburg 2016, S. 211–249.

Immanuel Kant, Kritik der reinen Vernunft, Frankfurt am Main 1974, orig. Riga 1781/1787.

Platon, Politeia (Der Staat), Stuttgart 1982.

Hans Blumenberg, Höhlenausgänge, Frankfurt am Main 1996.

Immanuel Kant, Kritik der reinen Vernunft, Frankfurt am Main 1974, orig. Riga 1781/1787.

Maurizio Ferraris, Manifest des neuen Realismus, Frankfurt am Main 2014.

Immanuel Kant, Gesammelte Schriften, Akademieausgabe, Bd. 9, Logik; Physische Geographie; Pädagogik, Berlin 1962.

Maurizio Ferraris, Manifest des neuen Realismus, Frankfurt am Main 2014.

Hans Albert, Traktat über rationale Praxis, Tübingen 1978.

Pirmin Stekeler, Hegels Phänomenologie des Geistes. Ein dialogischer Kommentar, Band 2: Geist und Religion, Hamburg 2014.

Georg W. F. Hegel, Phänomenologie des Geistes, Frankfurt am Main 1986.

Byung-Chul Han, Psychopolitik. Neoliberalismus und die neuen Machttechniken, Frankfurt am Main 2014.

Hans Albert, Traktat über rationale Praxis, Tübingen 1978.

Karl Popper, Logik der Forschung, Tübingen 1984.

Otto Neurath, »Protokollsätze«, in: Erkenntnis, Leipzig, Bd. 3, Nr. 2/3, 1932, S. 204–212.

Ludwig Hohl, Die Notizen oder Von der unvoreiligen Versöhnung, Frankfurt am Main 1981.

Koun Yamada, Mumonkan. Die torlose Schranke. Mumonkan – Zen-Meister Mumons Koan-Sammlung, München 1989.

Friedrich Nietzsche, Also sprach Zarathustra, Sämtliche Werke Band 4, München 1999.

KAPITEL 4: FIKTIVER REALISMUS

Salman Rushdie, Zwei Jahre, acht Monate und achtundzwanzig Nächte, München 2015.

Alfred North Whitehead, Prozeß und Realität, Frankfurt am Main 1984.

Wallace Stevens, Hellwach, am Rande des Schlafs. Gedichte, hg. v. Joachim Sartorius, München 2011.

Wallace Stevens, Notes Toward a Supreme Fiction, http://genius.com/Wallace-stevens-notes-toward-a-supreme-fiction-annotated.

Martin Heidegger, Brief über den Humanismus, in: Ders., Gesamtausgabe Band 9: Wegmarken, Frankfurt am Main 1976.

Siri Hustvedt, »Freuds Tummelplatz«, in: Dies., Leben, Denken, Schauen, Reinbek 2014.

Mario Vargas Llosa, Nobelvorlesung. Ein Lob auf das Lesen und die Fiktion, 2010.

J. M. Coetzee, Arabella Kurtz, Eine gute Geschichte. Ein Gespräch über Wahrheit, Erfindung und Psychotherapie, Frankfurt am Main 2016.

Max Frisch, Mein Name sei Gantenbein, in: Ders., Max Frisch erzählt, Frankfurt am Main 1994.

Rico Gutschmidt, »Unbegründeter Glaube und grundloses Sein. Der Regress bei Wittgenstein und Heidegger«, in: Stefan Berg, Hartmut von Sass (Hg.), Regress und Zirkel. Figuren prinzipieller Unabschließbarkeit: Architektur – Dynamik – Problematik, Hamburg 2016.

Hubert Dreyfus, Charles Taylor, Die Wiedergewinnung des Realismus, Berlin 2016.

Carolin Emcke, Dankesrede anlässlich der Verleihung des Friedenspreises des Deutschen Buchhandels 2016.

George Spencer-Brown, Gesetze der Form, Lübeck 1999.

Gudo Wafu Nishijima, Three Philosophies and One Reality, NHK Radio Talks, Breinigsville 2009.

Markus Gabriel, Sinn und Existenz. Eine realistische Ontologie, Berlin 2016.

Ludwig Wittgenstein, Letzte Schriften über die Philosophie der Psychologie (1949–1950). Das Innere und das Äußere, Frankfurt am Main 1993.

Eric C. Anderson, Lisa Feldman Barrett, »Affective Beliefs Influence the Experience of Eating Meat«, in: PLoS ONE 11(8): e0160424. doi:10.1371/journal. pone.0160424, 24. August 2016 sowie http://www.spektrum.de/news/oekokuehe-schmecken-besser-oder/1421137.

Mathias Enard, Kompass, München 2016.

Markus Gabriel, Die Erkenntnis der Welt. Eine Einführung in die Erkenntnistheorie, Freiburg/München 2013.

Kurt Tucholsky, Eigentlich, http://www.textlog.de/tucholsky-eigentlich.html

Sigmund Freud, Abriss der Psychoanalyse. Einführende Darstellungen, Frankfurt am Main 2004.

George Lakoff, Elisabeth Wehling, Auf leisen Sohlen ins Gehirn. Politische Sprache und ihre heimliche Macht, Heidelberg 2008.

George Lakoff, Mark Johnson, Leben in Metaphern. Konstruktion und Gebrauch von Sprachbildern, Heidelberg 2007.

Alexander und Margarete Mitscherlich, Die Unfähigkeit zu trauern. Grundlagen kollektiven Verhaltens, München 1977.

Elisabeth Wehling, http://www.zeit.de/2016/10/sprache-manipulation-elisabeth-wehling.

Muriel Rukeyser, The Speed of Darkness, https://www.poetryfoundation.org/poems-and-poets/poems/detail/56287.

David Loy, The World is made of Stories, Somerville 2010.

Marcel Proust, Tage des Lesens, in: Nachgeahmtes und Vermischtes, Frankfurt am Main 2003 (Manuskript 2: Ders., Contre Sainte-Beuve précédé de Pastiches et mélanges et suivi de Essais et articles, ed. Pierre Clarac, Yves Sandre, Paris 1971).

Marcel Proust, Auf der Suche nach der verlorenen Zeit, Band 7: Die wiedergefundene Zeit, Frankfurt am Main 2002.

Robert Musil, Der Mann ohne Eigenschaften, Reinbek 2006.

Karl Marx, Zur Kritik der Hegelschen Rechtsphilosophie, in: Karl Marx/Friedrich Engels, Werke Band 1, Berlin/DDR 1976, S. 378–391.

Maurizio Ferraris, Manifest des neuen Realismus, Frankfurt am Main 2014.

Luciano Floridi, Die 4. Revolution. Wie die Infosphäre unser Leben verändert, Berlin 2015.

Byung-Chul Han, Die Errettung des Schönen, Frankfurt am Main 2015.

Vladimir Nabokov, Durchsichtige Dinge, Gesammelte Werke Bd. 12, Späte Romane, Reinbek 2002.

John Searle, Wie wir die soziale Welt machen, Berlin 2012.

John Searle, Die Konstruktion der gesellschaftlichen Wirklichkeit. Zur Ontologie sozialer Tatsachen, Berlin 2011.

Alan Turing, »The Chemical Basis of Morphogenesis«, in: Philosophical Transactions of the Royal Society of London. Series B, Biological Sciences, Bd. 237, Nr. 641. (14. Aug. 1952).

Michael Tomasello, Die kulturelle Entwicklung des menschlichen Denkens. Zur Evolution der Kognition, Frankfurt am Main 2002.

Michael Tomasello, Die Ursprünge der menschlichen Kommunikation, Frankfurt am Main 2009.

Michael Tomasello, Eine Naturgeschichte des menschlichen Denkens, Berlin 2014.

Michael Tomasello, Eine Naturgeschichte der menschlichen Moral, Berlin 2016.

David Phillips, »The Influence of Suggestion on Suicide: Substantive and Theoretical Implications of the Werther Effect«, American Sociological Review 1974, Bd. 39 (Juni).

Anna Steinleitner, Sebastian Scherr, »Zwischen dem Werther- und Papageno-Effekt«, in: Nervenarzt 2015, Februar 2015.

Gabriele Ellsäßer, Unfälle, Gewalt, Selbstverletzung bei Kindern und Jugendlichen 2011. Ergebnisse der amtlichen Statistik zum Verletzungsgeschehen 2009. Wiesbaden: Statistisches Bundesamt.

Armin Schmidtke, Heinz Häfner, »The Werther effect after television films. New evidence for an old hypothesis«, in: Psychological Medicine, 18.

Markus Schäfer, Vorbild auch im Tod? Die Berichterstattung über Prominentensuizide in der deutschen Presse. Magisterarbeit, Johannes Gutenberg-Universität Mainz, 2011.

Hans-Bernd Brosius, Walther Ziegler, »Massenmedien und Suizid. Praktische Konsequenzen aus dem Werther-Effekt«, in: Communicatio Socialis, 34, 2001.

Albert Bandura, »Social Cognitive Theory of Mass Communication«, in: Bryant, Jennings/Oliver, Mary Beth (Hg.), Media Effects. Advances in Theory and Research, 2009.

Charlotte Fröhlich, Blogger als parasoziale Meinungsführer. Eine veranschaulichende Übertragung des Konzeptes der parasozialen Meinungsführerschaft auf Blogs anhand des Beispiels der Modebloggerin Chiara Ferragni, Hausarbeit zur Erlangung des Bachelor of Arts in Publizistik, Mainz 2015.

Marcel Proust, Tage des Lesens, in: Nachgeahmtes und Vermischtes, Frankfurt am Main 2003.

Vladimir Nabokov, Sieh doch die Harlekine!, Gesammelte Werke Bd. 12, Späte Romane, Reinbek 2002.

Heinz Bude, Das Gefühl der Welt. Über die Macht der Stimmungen, München 2016.

Ogyen Trinley Karmapa Dorje, Das edle Herz: Die Welt von innen verändern, Berlin 2014.

Sigmund Freud, »Erinnern, Wiederholen und Durcharbeiten«, in:

Ders., Zur Dynamik der Übertragung. Behandlungstechnische Schriften, Frankfurt am Main 1992.

Hans Albert, Kritik der reinen Erkenntnislehre, Tübingen 1987.

Immanuel Kant, »Zum ewigen Frieden. Ein philosophischer Entwurf«, in: Ders., Werke Bd. 9, hg. v. Wilhelm Weischedel, Darmstadt 1983.

Oliver Eberl, Peter Niesen, Immanuel Kant. Zum ewigen Frieden und Auszüge aus der Rechtslehre, Kommentar, Berlin 2011.

Christian Geulen, Geschichte des Rassismus, München 2014.

Zygmunt Bauman, Die Angst vor den anderen. Ein Essay über Migration und Panikmache, Berlin 2016.

Johannes Zuber, Gegenwärtiger Rassismus in Deutschland. Zwischen Biologie und kultureller Identität, Göttingen 2015.

Monika Schwarz-Friesel, Jehuda Reinharz, Die Sprache der Judenfeindschaft im 21. Jahrhundert. Europäisch-jüdische Studien Band 7, Berlin 2013.

Immanuel Kant, »Zum ewigen Frieden. Ein philosophischer Entwurf«, in: Ders., Werke Bd. 9, hg. v. Wilhelm Weischedel, Darmstadt 1983.

Benedict Anderson, Die Erfindung der Nation. Zur Karriere eines folgenreichen Konzepts, Frankfurt am Main 1996.

Byung-Chul Han, Die Austreibung des Anderen. Gesellschaft, Wahrnehmung und Kommunikation heute, Frankfurt am Main 2016.

Yvonne Hofstetter, Das Ende der Demokratie. Wie die künstliche Intelligenz die Politik übernimmt und uns entmündigt, München 2016.

Zygmunt Bauman, Die Angst vor den anderen. Ein Essay über Migration und Panikmache, Berlin 2016.

Eva Bucher, »Der Untergang der Fakten«, in: Die Zeit, 3. 11. 2016.

Constantin Wißmann, »Politik und Wahrheit – Willkommen in der postfaktischen Welt«, in: Cicero, 23. 9. 2016.

Dietrich Dörner, »Planen in komplexen Systemen«, in: Georg Kamp, Langfristiges Planen. Zur Bedeutung sozialer und kognitiver Ressourcen für nachhaltiges Handeln. Volume 41 of the series Ethics of Science and Technology Assessment, Berlin/Heidelberg 2016, S. 131–163.

EPILOG – WOLKENLOSER STERNENHIMMEL

André Kubiczek, Skizze eines Sommers, Berlin 2016.

Byung-Chul Han, Die Austreibung des Anderen. Gesellschaft, Wahrnehmung und Kommunikation heute, Frankfurt am Main 2016.

James Salter, Verbrannte Tage, Berlin 2009.

Robert Musil, Der Mann ohne Eigenschaften, Reinbek 2006.

BILDNACHWEIS

Abb. 1: Mit freundlicher Genehmigung von Paul Smith.

Abb. 2: Landschaft mit dem Sturz des Ikarus, Pieter Breughel d. Ä., 1555–68, Wikipedia.

Abb. 3: U. S. Air Force, Foto von Staff Sgt. Derrick C. Goode, Wikipedia.

Abb. 4: Otto Lilienthal mit Doppeldecker, 1895. Reproduktion Neuhaus/Fülleborn, Wikipedia.

Abb. 5: »Boteh tissu«-Motiv von Fabienkhan, Wikipedia Commons.

Abb. 6: »Der Mönch am Meer«, Caspar David Friedrich, Wikipedia.

Abb. 7: Künstlich aufgeschüttete Düne, Foto: Gert Scobel.

Abb. 8: Die Seven Sisters an der südenglischen Kreideküste, Foto Wolfgang Glock, http7s://de.wikipedia.org/wiki/Seven_Sisters_(Sussex)#/media/File:Seven_Sisters_02.JPG.

Abb. 9: Rubin'sche Vase, John Smithson, 2007, http://en.wikipedia.org/wiki/Image:Rubin1.jpg.